DuMont Dokumente

Eine Sammlung von Originaltexten,
Dokumenten und grundsätzlichen Arbeiten
zur Kunstgeschichte, Archäologie,
Musikgeschichte und Geisteswissenschaft

In der vorderen Umschlagklappe: Karte archäologischer Ausgrabungen

Miriam Magall

Archäologie und Bibel

Wissenschaftliche Wege zur Welt des Alten Testaments

DuMont Buchverlag Köln

Auf der Umschlagvorderseite: Jerusalem, die Klagemauer (Foto: Heinz Josef Schmitz, Köln)
Auf der vorderen Umschlagklappe: Beth-Alpha, Fußbodenmosaik: Opferung Isaaks, 6. Jh. (Foto: UNESCO)
Auf der Umschlagrückseite: Timna, König Salomons Säulen (Foto: Avraham Hay, Herzliya)
Auf Seite 2: Astarte-Figur. Ton. Jüngere Bronzezeit (1500–1200 v. Z.; Foto: Israel-Museum, Jerusalem)

CIP-Kurztitelaufnahme der Deutschen Bibliothek

Magall, Miriam:
Archäologie und Bibel: wiss. Wege zur Welt d.
Alten Testaments / Miriam Magall. –
Köln: DuMont, 1986
ISBN 3-7701-1644-5

© 1986 DuMont Buchverlag, Köln
Alle Rechte vorbehalten
Satz, Druck und buchbinderische Verarbeitung: Boss-Druck, Kleve

Printed in Germany   ISBN 3-7701-1644-5

Inhalt

EINLEITUNG: Kurzer Überblick über die Geschichte der Archäologie
im Heiligen Land 8

KAPITEL 1: »Israel verwüstet, sein Samen ist dahin« – Belege von außen . . . 30

KAPITEL 2: »Ziehe ... in das Land, das ich dir zeigen werde« –
Von Abraham bis zu den ersten Eroberungen der Israeliten . . . 44

KAPITEL 3: »So unterwarf Josua das ganze Land« – Landnahme und Besiedlung 56

KAPITEL 4: »Ein König soll uns regieren!« – Der Aufstieg der Monarchie . . 71

KAPITEL 5: »... und salbten dort David zum König« –
Die vereinte Monarchie unter David und Salomo 85

KAPITEL 6: »So fiel Israel vom Hause David ab« –
Das nördliche Königreich Israel 112

KAPITEL 7: »Rechabeam wohnte nun in Jerusalem« –
Das südliche Königreich Juda 136

KAPITEL 8: »Er ziehe nach Jerusalem hinauf ...« – Die Rückkehr aus dem Exil 164

KAPITEL 9: »In den Tagen des Herodes, des Königs von Judäa« –
Das herodianische Zeitalter 179

KAPITEL 10: »Ich will euch zu Menschenfischern machen« –
Greifbare Spuren aus der Zeit Jesu 207

Kleiner Führer zu den beschriebenen Stätten 215
Zeittafel 225
Liste von Museen mit archäologischen Funden 230
Literaturhinweise 232
Danksagung 234
Foto- und Copyrightnachweis 235
Namens-, Sach- und Ortsregister 236

Hinweis: Die Bibelzitate wurden von der Verfasserin aus dem hebräischen Original übersetzt und mit den neuesten deutschen Fassungen verglichen. Wie andere israelische Autoren datiert sie nicht »v. Chr.« bzw. »n. Chr.«, sondern, wie im Hebräischen üblich, »v. Z.« bzw. »n. Z.« (= vor bzw. nach unserer Zeitrechnung). Die Verfasserin verwendet die Schreibweise »Tel« oder »Tell« je nachdem, ob es sich um einen hebräischen Namen wie in Tel Aviv und Tel Arad oder um einen arabischen wie in Tell Qasile und Tell el-Cheleife handelt.

Für Yoseph und Ya'ir

Und der Herr sprach zu ihm:
»Das ist das Land, welches ich Abraham, Isaak und
Jakob mit den Worten zugeschworen:
Deinen Nachfahren will ich es geben!«
5. Mose 34,4

Kurzer Überblick über die Geschichte der Archäologie im Heiligen Land

Im heutigen Israel – wie zuvor schon in Palästina – kommt zu der grundsätzlichen Faszinationskraft archäologischer Forschung ein Weiteres hinzu: Namen von Menschen und Orten, die praktisch der Hälfte der Menschheit seit dem 4. Jh. n. Z. aus Altem und Neuem Testament wohlvertraut sind, nehmen in Funden aus der biblischen Zeit greifbare Gestalt an. Die Suche nach der Vergangenheit dauert im Heiligen Land nunmehr schon über 150 Jahre, ihren Anfang nahm sie mit jenen Pionieren, die in der ersten Hälfte des 19. Jh.s das Land bereisten und darangingen, die biblischen Stätten zu identifizieren (siehe Karte vordere Umschlagklappe).

Die Schwierigkeiten, die sie überwinden mußten, sind kaum zu überschätzen: Das Land war damals eine vernachlässigte Provinz des Osmanischen Reiches mit schlechten Wegen, die darüber hinaus durch Straßenräuber verunsichert wurden; außer christlichen Herbergen gab es praktisch keine Unterkunftsmöglichkeiten. Hinzu kam, daß die aus der Bibel vertrauten Namen einerseits von den Römern durch lateinische und griechische Ortsnamen ersetzt, andererseits die Stätten, die mit der Heilsgeschichte zusammenhängen, von Anfang an willkürlich bestimmt worden waren.

Einer der ersten, der sich dazu entschloß, Licht in dieses Dunkel zu bringen, war der Amerikaner Edward Robinson (1794–1863). Im Alter von 44 Jahren brach er 1838 zu seiner ersten Reise in das Heilige Land auf. In seinem Reisegepäck befanden sich Teleskop, Thermometer, Kompaß und Bandmaß sowie umfassende biblische Studienmaterialien und eine Bibel auf englisch, hebräisch, griechisch und lateinisch. Von Ägypten aus durchquerte er die Sinai-Halbinsel bis nach Aqaba. Von dort aus zog er über Beerscheba und Hebron weiter in den Norden bis nach Jerusalem. Nach einer Rundreise durch Judäa und Besuchen in Samaria, Nazareth, Tiberias und im Jordantal sowie einem Abstecher nach Galiläa traf er zwei Monate später in Beirut ein. 1852 führte ihn eine zweite Reise, wie die erste von zweimonatiger Dauer, durch Galiläa und Samaria.

Daß die drei Jahre später veröffentlichten Ergebnisse dieser beiden Expeditionen trotz der kurzen Reisedauer Epoche machten, ist darauf zurückzuführen, daß Robinson zukünftigen Ausgräbern sagte, wo sie ihren Spaten ansetzen mußten.

Er untersuchte und vermaß die Überreste jedes alten Gebäudes, jeder Mauer, jedes Brunnens und jedes Aquäduktes, wenn er sie für einen bedeutsamen Fingerzeig auf die Vergangenheit hielt. Zum Reisegefährten wählte er einen ehemaligen Schüler, der als Missionar in Beirut lebte und Arabisch sprach: den protestantischen Pastor Eli Smith. Smith war ihm vor allem bei der Identifizierung hebräischer Bibelnamen aus ihrer leicht verzerrten arabischen Form behilflich. In der Umgebung von Hebron fanden die beiden Forscher auf diese Weise acht Orte, darunter:

»Jattir, Socho ... Anab, Eschtemoa, Anim« (Jos. 15, 48-50). Noch ergiebiger war ihre Suche nördlich und nordöstlich von Jerusalem: Hier identifizierten sie Anatot, den Geburtsort des Propheten Jeremia; Schilo, wo lange Jahre die Bundeslade aufgestellt gewesen war; Beth Schemesch, wohin die Bundeslade zunächst gebracht worden war, nachdem die Philister sie den Israeliten zurückgeschickt hatten; das Elatal, in dem David zum Zweikampf gegen Goliath angetreten war, und Gibea (vgl. S. 84, 138), den Heimatort Sauls, des ersten Königs der Israeliten. In Galiläa stieß Robinson am Nordufer des Sees Genezareth auf eine unter der ansässigen Bevölkerung als Tell el-Hum bekannte Ruine, die er als Kapernaum (vgl. S. 209 f.) identifizierte. Am südlichen Rand des Judäischen Berglands entdeckte er Marescha, das König Rehabeam im 10. Jh. v. Z. befestigt hatte, und nicht weit davon entfernt Beth Guvrin, das in römischer Zeit, nach dem Niedergang von Marescha, zu einem bedeutenden Verwaltungszentrum aufgestiegen war.

Robinsons wichtigste Identifizierungen in Jerusalem waren der unterirdische Kanal, den Hiskia im 8. Jh. v. Z. von der Gichonquelle zum Siloamteich in den Fels hatte schlagen lassen, sowie der seither nach ihm benannte Rest eines Bogens (vgl. S. 190; Abb. 2), dessen Ansatz er nur wenige Meter vom südlichen Ende der Westmauer des Tempelbergs entfernt in der Wand entdeckte. Allerdings handelte es sich hier nicht, wie Robinson glaubte, um den Bogen, der die von Flavius Josephus beschriebene Brücke vom Tempel über das Tyropoiontal trug, sondern um den Gewölbeansatz des Unterbaus einer Plattform vor einem der Westtore des Tempelareals. Dorthin führte eine Monumentaltreppe, die ihrerseits wieder von einer Reihe kleinerer Bögen gestützt wurde. Aber abgesehen davon und von einigen anderen geringfügigen Korrekturen haben spätere eingehendere Sondierungen und Ausgrabungen die Richtigkeit fast aller Identifizierungen von Robinson und Smith bestätigt. Alle späteren Forscher haben sich mit gebührender Dankbarkeit auf ihre wegweisende Arbeit bezogen.

Robinsons unmittelbarer Nachfolger war der Schweizer Titus Tobler (1806-1877). Zwar hatte Tobler Medizin studiert, aber eine Reise ins Heilige Land weckte in ihm den Wunsch, hier historische Geographie zu betreiben. Als er im Zuge seiner Vorbereitungen auf Robinsons dreibändiges Werk stieß, das 1841 gleichzeitig auf englisch und deutsch erschienen war, zeigte er sich anfangs enttäuscht, weil der Amerikaner ihm zuvorgekommen war. Ein sorgfältiges Studium von Robinsons Bericht machte ihn jedoch auf einen grundsätzlichen Mangel aufmerksam: Die Voreingenommenheit des streng protestantischen Amerikaners gegen die vornehmlich katholisch und orthodox bestimmten Glaubenstraditionen im Heiligen Land hatte ihn daran gehindert, die überlieferten heiligen Stätten der Christenheit zu untersuchen, außerdem konnte Robinson, wie bereits erwähnt, aus Zeitmangel die von ihm bereisten Gebiete nicht gründlich erforschen. Genau dies setzte sich Tobler zum Ziel, als er 1845 zu seiner fünfmonatigen Forschungsreise nach Palästina aufbrach. Er verzeichnete sorgfältig die Topographie von Jerusalem und Umgebung sowie die des nördlichen Judäa. Das Ganze rundete er mit exakten Baubeschreibungen und Geschichtsabrissen ab. Tobler legte die Ergebnisse seiner Untersuchungen 1846 in einem zweibändigen Werk vor; es erweiterte die Kenntnisse der wissenschaftlichen Welt um weitere 70 neu identifizierte Orte. Eine zweite Reise nach Palästina erfolgte 1857; ihre Ergebnisse sind im dritten Band seines Werkes, das 1859 im Druck erschien, niedergelegt.

ZUR GESCHICHTE DER ARCHÄOLOGIE

2 Jerusalem. Robinsonbogen. 2. Hälfte 1. Jh. v. Z.

Wie seine beiden Vorgänger führte auch der Franzose H. V. Guérin (1821–1891) keinerlei Ausgrabungen durch; mit sparsamsten Mitteln unternahm er zwischen 1852 und 1875 fünf Studienreisen ins damalige Palästina, deren Ergebnis ein siebenbändiges Werk mit einer detaillierten Beschreibung der Geographie, Geschichte und Archäologie Judäas, Samarias und Galiläas war. Nachfolgende Archäologen waren ihm insbesondere für seine aufmerksamen Beobachtungen und Bauerfassungen an zahlreichen Ruinenstätten des Altertums dankbar.

Mit der Arbeit Guérins ging die Zeit der Beschränkung auf die historische Geographie zu Ende, die **Archäologen** hielten ihren Einzug ins Heilige Land. Der erste, der Engländer Charles William Wilson (1836–1905), traf im Oktober 1864 in Jerusalem ein, um dort eine Aufnahme aller sichtbaren Überreste der Vergangenheit durchzuführen. Neun Monate später kehrte er mit einer eindrucksvollen Sammlung von Daten in seine Heimat zurück. Seine ergebnisreiche Arbeit als Topograph hatte zur Folge, daß der 1865 gegründete Palestine Exploration Fund ihn in seine Dienste nahm, um den Survey von Jerusalem zu vollenden und dann archäologische Sondierungen durchzuführen, die das vorhandene Wissen erweitern und vertiefen sollten.

Im November 1865 war Wilson wieder im Heiligen Land. Hier erstellte er zunächst einen umfassenden und exakten topographischen Plan der Altstadt von Jerusalem, der bis heute als grundlegend gilt. Trotz aller Schwierigkeiten, die die mißtrauischen türkischen Behörden dem Forscher bereiteten, gelang es ihm, zusätzlich eine Reihe von Sondierungen durchzuführen, sogar in der Nähe der Westmauer des Tempelbergs. Hier drang er zu einer damals unterirdischen architektonischen Struktur vor (heute ist sie ebenerdig): eine vollständig erhaltene monumentale Bogenkonstruktion aus der Zeit des Herodes (Abb. 3), die Flavius Josephus zufolge zur Zeit des zweiten Tempels die Oberstadt Jerusalems mit dem Tempelgelände verbunden hatte. Wie schon der von Robinson entdeckte Bogen am Südende der Westmauer nach seinem Entdecker benannt worden war, trägt dieser Bogen seither den Namen Wilsons (vgl. S. 190. Der Bogen wurde übrigens kurz nach dem Sechstage-Krieg 1967 von israelischen Archäologen ein zweites Mal entdeckt, denn seit Wilsons Sondierungen war er überbaut worden).

Die damit erbrachten Ergebnisse waren so befriedigend, daß der Palestine Exploration Fund 1867 einen weiteren Royal Engineer in seine Dienste stellte, Leutnant Charles Warren (1840–1926), der die Sondierungen seines Vorgängers durch Ausgrabungen sichern sollte. Warrens Ingenieurberuf und seine Zugehörigkeit zum britischen Feldzeugkorps sollten ihm vor allem bei seinen ersten Ausgrabungen in Jerusalem von großem Nutzen sein. Denn der Vorzug der unzweifelhaften historischen Identifizierung Jerusalems infolge seiner über 3000jährigen ununterbrochenen Geschichte setzte der Erforschung der Stadt gleichzeitig die größten Schranken: Zahllose Schichten mit den Hinterlassenschaften der verschiedenen Siedlungsphasen lagerten in historischer Folge übereinander. Sie alle hätte man abtragen müssen, um die älteste Stadt zu erreichen, was einfach undenkbar war. Die Aufgabe, die der Palestine Exploration Fund Warren gestellt hatte, erforderte angesichts dieses Hindernisses geradezu eine Herkulesarbeit, sollte er doch die Überreste und die genaue Lage des Tempels Salomos (erbaut zu Beginn des 1. Jt.s v. Z.) ermitteln. Nun war aber der salomonische Tempel im 6. Jh. v. Z. zerstört und nach der Rückkehr der Juden aus dem babylonischen Exil mehr als 50 Jahre später (zwischen 520 und 516 v. Z.) wiederaufgebaut, um die Zeitwende von Herodes herrlich restauriert und im Jahr 70 n. Z.

ZUR GESCHICHTE DER ARCHÄOLOGIE

3 Jerusalem. Wilsonbogen, vom gleichnamigen Entdecker im 19. Jh. freigelegt. Stich

schließlich von den Römern endgültig zerstört worden. Nach der Eroberung des Landes durch die Araber im Jahre 638 wurden auf dem ehemaligen Tempelgelände zwei Moscheen errichtet und der Ort so zu einer heiligen muslimischen Stätte gemacht. Durch all diese Schichten hindurchzugraben, um zu den Überresten aus Salomos Zeit vorzustoßen, wäre unmöglich gewesen. Deshalb versuchte Warren, sich über Tunnel und Schächte (vgl. S. 86f.; 191) dem ehemaligen Tempelberg zu nähern. Im Verlauf seiner Ausgrabungen entdeckte er längst vergessene Wasserläufe und ausgetrocknete Teiche. Systematisch verzeichnete er jeden Gegenstand, den er fand. Wegen ihrer Unscheinbarkeit ließ er allerdings die überall verstreut liegenden Tonscherben unbeachtet. Lediglich zwei Kruggriffe mit der hebräischen Aufschrift *la-Melech,* »für den König«, erregten sein Interesse und das der Öffentlichkeit, denn sie stellten den ersten Fund dieser Art dar.

Bedeutende historische Aufschlüsse erbrachten jedoch seine Sondierungsschächte. Sie zeigten, daß die von Herodes errichteten Stützmauern für die vergrößerte Plattform des Tempelbergs noch weiter in die Tiefe reichten, als man bis zu jenem Zeitpunkt allgemein angenommen hatte, nämlich um stellenweise bis zu 15 Steinlagen. Ein Schacht an der südöstlichen Ecke des Tempelbergs brachte die Überreste eines Turms und einer Stadtmauer ans Licht. Hier lag der Ophel (vgl. S. 89f.), Davids Jerusalem, das sich erst unter Salomo weiter nach Norden ausbreitete. (Einen dieser Schächte fanden moderne Ingenieure übrigen 1968 unversehrt in der Nähe des Wilsonbogens, als sie das Gelände von Schutt und Trümmern befreiten; Abb. 4).

Weniger erfolgreich war Warrens Suche nach der Stadtmauer des 1. Jh.s n. Z., die endgültig Antwort darauf geben sollte, ob Golgatha und das traditionell verehrte Grab Jesu innerhalb oder außerhalb der Stadtbefestigung gelegen hatten. Aber nicht nur Warren ist in dieser Hinsicht erfolglos geblieben. Die Frage ist trotz aller archäologischen Bemühungen bis heute unbeantwortet.

Da zu Warrens Zeit weder Methoden für eine systematische Klassifizierung der Funde noch eine Keramiktypologie entwickelt worden waren, schlichen sich bei seinen Datierungen eine Reihe grober Irrtümer ein. So schrieb er zum Beispiel die wuchtigen Stützmauern des Tempelbergs Salomo zu, obwohl sie erst 1000 Jahre später unter Herodes errichtet wurden, und die Reste, die er bei seinen Ausgrabungen auf dem knapp 5 km nördlich von Jerusalem gelegenen Tell el-Ful, Sauls Geburtsort Gibea (vgl. S. 84, 138), fand, bezeichnete er als Ruinen aus der Kreuzritterzeit (12. Jh.), während es sich in Wirklichkeit um eine hasmonäische Festung aus dem 2. Jh. v. Z. handelte, wie William Foxwell Albright bei seinen Untersuchungen im Jahr 1922 bewies. So wertvolle Ergebnisse sie auch erbrachte, konnte Warrens Methode, Tunnels und Schächte zu vermuteten markanten Punkten vorzutreiben, auf die Dauer nicht zufriedenstellen. Ganz abgesehen davon, daß das Verfahren zeitraubend und teuer war, wurden dabei auch wichtige Zeugnisse der Vergangenheit unwiederbringlich zerstört. Darüber hinaus bestand stets die Gefahr, daß man ein wichtiges Gebäude um nur wenige Zentimeter verfehlte.

Aufgrund dieser Erkenntnisse und der Empfehlungen Wilsons und Warrens beschloß der Palestine Exploration Fund, alle Grabungen in Jerusalem vorerst einzustellen. Statt dessen beauftragte die Organisation ein Topographenteam, anfangs unter der Leitung des englischen Offiziers Claude Reignier Conder (1844–1910), anschließend unter Horatio Herbert Kitchener (1850–1916), das **Heilige Land systematisch zu vermessen und zu kartographieren.** Damit sollte der Boden für die Archäologen bereitet werden, die man später nach Palästina zu schicken beabsichtigte. Das Projekt nahm nahezu zwei Jahrzehnte in Anspruch.

1872 brach Conder zu seiner groß angelegten Studien- und Forschungsreise auf. Ein Archäologe und ein Arabist sowie zwei weitere Assistenten begleiteten ihn. Ausgerüstet war er mit den neuesten Meßinstrumenten, und ihm stand genug Zeit zur Verfügung, um das Land von der Grenze zum Libanon im Norden bis zum Sinai im Süden und vom Jordan im Osten bis zum Mittelmeer im Westen zu bereisen und kartographisch aufzunehmen. Die große Karte, die er 1880 veröffentlichte, erfaßte ein Gebiet von ca. 10 000 km². Sie verzeichnete Hunderte von Ruinenstätten, die nur darauf warteten, archäologisch untersucht und anhand der Funde endgültig identifiziert zu werden. Um die Mitte des Jahres 1875 mußte Conder seine Arbeit unterbrechen, zunächst weil er Schwierigkeiten mit arabischen Straßenräubern hatte, dann behinderte ihn und seine Mannschaft eine regionale Choleraepidemie.

Leutnant Horatio Herbert Kitchener setzte die Arbeit Conders fort. 1874 hatte er als Assistent Aufnahme in dessen Forschungsteam gefunden. 1877 kehrte er mit einer eigenen Mannschaft nach Palästina zurück und kartographierte die verbliebenen 3000 km² Galiläas, die das erwähnte große Kartenwerk komplettierten. Seinen sorgfältigen Beobachtungen entgingen auch die bescheidensten Wasserläufe, Feldwege, Behausungen und Zisternen, Obst- und Weingärten, Gräber oder Weinkeltern nicht.

ZUR GESCHICHTE DER ARCHÄOLOGIE

4 *Jerusalem.
   Warrenschacht*

    Gleichzeitig griff der Palestine Exploration Fund in dieser Phase der Erkundung auf die Dienste von Ausländern zurück, die in Palästina lebten und deshalb mit dem Land, seinen Einwohnern und der Landessprache vertraut waren und vielleicht auch schon die eine oder andere archäologische Sondierung oder Ausgrabung durchgeführt hatten.
    Einen vielversprechenden Kandidaten für solche Aufklärungsarbeit fand man in einem jungen französischen Konsulatsangestellten, Charles Clermont-Ganneau (1846–1923). Er war Semitist und verbrachte jede freie Minute mit der Suche nach Altertümern. Der Palestine Exploration Fund sah sich schließlich in seinen Erwartungen hinsichtlich der Fähigkeiten des jungen

Franzosen nicht enttäuscht. Clermont-Ganneaus erste Leistung war der Erwerb der sogenannten Mesa-Stele in Ostjordanien, ein Erfolg schnellen Handelns, nicht von Ausgrabungen (vgl. S. 36). Auf seinen Wanderungen in und um Jerusalem entdeckte der junge Franzose 1872 auf einem alten Friedhof bei der Ostmauer des Tempelbergs vor dem Löwentor das Bruchstück einer Tafel mit einer griechischen Inschrift. Wie sich herausstellte, handelte es sich um einen der öffentlichen Anschläge, wie sie einst in den diversen Vorhöfen des Tempels angebracht worden waren. In diesem Fall war er in die Schranken des Hofes für Nichtjuden eingesetzt gewesen und hatte sie bei Androhung der Todesstrafe davor gewarnt, die Schranken zu überschreiten. (Das Bruchstück einer lateinischen Inschrift wurde 1935 ebenfalls in der Nähe der Ostmauer gefunden.) Sein dritter Fund war nicht weniger eindrucksvoll als die beiden vorhergehenden. Im Rahmen seines Abkommens mit dem Palestine Exploration Fund bemühte sich Clermont-Ganneau, die exakte Lage des biblischen Geser (vgl. S. 100 f., 135, 172 f.) zu bestimmen, ein Ort, der als eine der drei Wagenstädte Salomos schon im 10. Jh. v. Z. geblüht hatte und, wie Funde in Ägypten und Mesopotamien später bewiesen, ungefähr seit der Mitte des 3. Jt.s v. Z. bis zum 1. Jh. n. Z. mit kurzen Unterbrechungen fast ständig bewohnt gewesen war. Clermont-Ganneau hatte die Gegend, in der er Geser vermutete, schon wiederholt vergeblich untersucht. Das Studium einer arabischen Schriftquelle des 15. Jh.s gab ihm endlich einen deutlichen Fingerzeig auf die mögliche Lage von Geser. Knapp 11 km südlich von Ramla machte er eine große Erhebung aus, die den in der Bibel beschriebenen strategischen und geographischen Bedingungen entsprach. Einen greifbaren Beweis für seine Theorie, von dem jeder Archäologe im allgemeinen nur zu träumen wagt, fand er bei einem seiner zahlreichen Besuche des Ortes im Jahr 1878, ohne daß er auch nur einmal einen Spaten angesetzt hätte: Im Fels am Fuße der Anhöhe identifizierte er mehrere Inschriften mit den hebräischen Worten für »Grenze von Geser«. Damit hatte er eine seit dem 1. Jh. n. Z. vergessene biblische Stätte wiederentdeckt. Rund 30 Jahre später finanzierte der Palestine Exploration Fund die Ausgrabungen des Ortes (vgl. S. 18)

Im Jahr 1890 traf der Engländer Flinders William Matthew Petrie (1853–1942) im Heiligen Land ein, und mit ihm begann erneut eine **Ausgrabungsphase**. Im Gegensatz zu seinen Vorgängern, Topographen wie Ausgräbern, betrachtete er jede scheinbar natürliche Erhebung mit kritisch prüfendem Blick, denn in den beiden vorangegangenen Jahrzehnten hatten Heinrich Schliemann und Wilhelm Dörpfeld mit ihren Ausgrabungen von Troja in Kleinasien und Mykene auf der Peloponnes bewiesen, daß es sich bei den sogenannten Tells des Nahen Ostens keineswegs um natürliche Anhöhen handelte, sondern um Hügel, die dadurch entstanden waren, daß neue Siedlungen immer wieder auf den Resten jeweils vorhergehender errichtet wurden. Petrie machte sich diese Erkenntnis zunutze und hielt deshalb nach einem Tell Ausschau, der nach Lage und Ausdehnung die Überreste von Lachis bergen konnte. Bei den Grabungen an diesem biblischen Ort wollte er seine in Ägypten (wo er seit 1884 gearbeitet hatte) aufgestellte Theorie über den Zusammenhang zwischen der Chronologie eines Ortes und den dort gefundenen Tonscherben in der Praxis überprüfen (Abb. 5). Seine Wahl fiel auf den ca. 20 m hohen Tell el-Hesi auf halbem Weg zwischen Gaza und Bethlehem. Er hätte kaum eine geeignetere Stelle als diese Anhöhe finden können, denn an ihrem Osthang zog sich ein Wadi hin, ein nur im Winter wasserführender Fluß, der den Hang im Laufe der Jahrhunderte an dieser Seite unaufhaltsam abgetragen hatte, so daß alle Siedlungsschichten bloßgelegt waren. Petrie brauchte also nur die Tonscherben der deutlich erkennbaren einzelnen Schichten auszugraben. Die Ergebnisse seiner sechswöchigen Arbeit bestätigten eindrucksvoll die Theorie von einem direkten Zusammenhang zwischen Tonscherben und Stratigraphie. In einem wesentlichen Punkt, in der Identifizierung des Tells nämlich, hatte Petrie sich allerdings geirrt, denn der Hügel barg nicht die Ruinen des alten Lachis, sondern die des biblischen Ortes Eglon (vgl. S. 136), der wie Lachis von Josua erobert worden war. Das wahre Lachis wurde erst 45 Jahre später in dem nur wenige Kilometer entfernten Tell ed-Duweir entdeckt (vgl. S. 154 ff.).

Petrie reiste ab und überließ das Feld dem Amerikaner Frederick Jones Bliss (1859 bis 1937), der als einer der ersten die Bedeutung von Petries Keramiktypologie erkannt hatte und sie bei seiner Arbeit anwendete. Allerdings unterließ er es bei seinen weiteren Ausgrabungen am Tell el-Hesi, eine genaue Korrelation zwischen den von Petrie sorgfältig beschriebenen und verzeichneten Tonscherben der verschiedenen Perioden und den eigenen stratigraphischen Ergebnissen herzustellen. Hätte er schon damals die für jede Schicht typischen Tonscherben aufgezeichnet, wäre ihm das Verdienst zugekommen, die Chronologie der Töpferei von Kanaan/Israel und Juda/Palästina endgültig bestimmt zu haben.

Von 1894 bis 1897 arbeitete Bliss – wie schon am Tell el-Hesi – im Auftrag des Palestine Exploration Fund in Jerusalem mit dem Architekten A. C. Dickie zusammen.

640 u. Z.	
byzantinische Zeit	
330 u. Z.	
römische Zeit	
63 v. Z.	
hellenistische Zeit	
330 v. Z.	
persische Zeit	
586 v. Z.	
Eisenzeit II	
930 v. Z.	
Eisenzeit I	
1200 v. Z.	
späte Bronzezeit	
1550 v. Z.	
mittlere Bronzezeit II	
1850 v. Z. (mittlere Bronzezeit I 2100 v. Z.)	
– frühe Bronzezeit	
3100 v. Z.	
Kupferzeit (Chalkolithikum)	
4000 v. Z.	

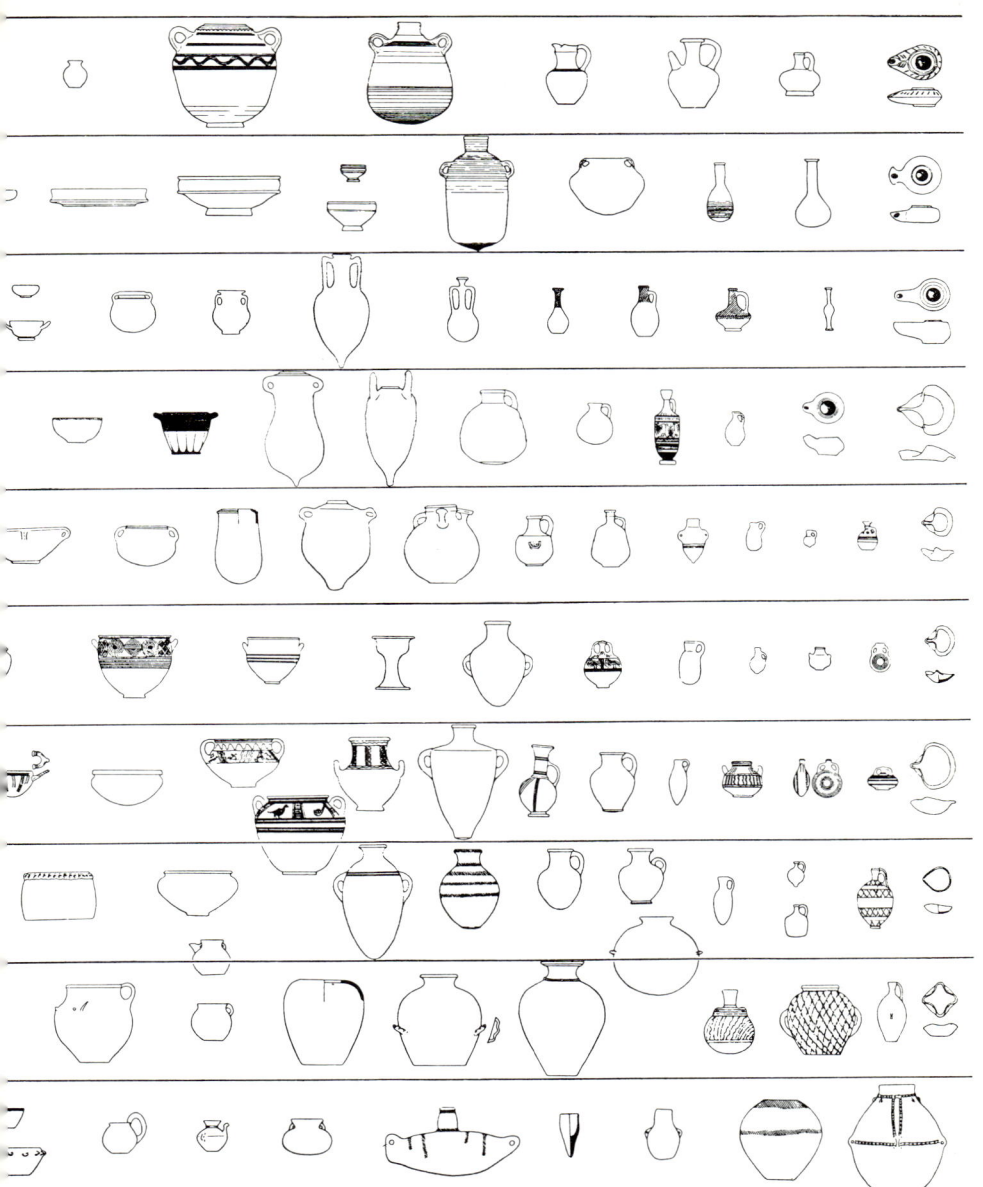

5 Diagramm von Tonwarentypen (nach Petrie)

Wie seine Vorgänger Wilson und Warren sah er sich wegen der mißtrauischen Haltung der türkischen Behörden gezwungen, Schächte anzulegen statt Ausgrabungen durchzuführen, wenn er in der Stadt arbeiten wollte. Trotz aller Schwierigkeiten legten Bliss und Dickie in der Nähe des Siloamteiches beträchtliche Abschnitte der südlichen Stadtmauer von Jerusalem aus verschiedenen Epochen frei, aber sie irrten sich in der Datierung, wie spätere Archäologen nachwiesen.

Zwischen 1898 und 1900 ergrub Bliss in Zusammenarbeit mit Robert Alexander Stewart Macalister (1870–1950) weitere Tells, darunter den Tell el-Dschudede – möglicherweise die Stadt Moreschet-Gat des Propheten Micha – sowie den Tell es-Safi. Sie fanden dort Tonware, die sich von aller bis zu jenem Zeitpunkt bekannten völlig unterschied. Später identifizierten andere Archäologen sie als philistäische Keramik, und es-Safi selbst, wenn auch mit Vorbehalt, als das philistäische Gat.

Nur wenige Jahre später übernahm der Palestine Exploration Fund die Schirmherrschaft über die Ausgrabung jenes Ortes, den Clermont-Ganneau als Geser (vgl. S. 100, 135, 172 f.) identifiziert hatte. Sie wurde von dem Iren Macalister durchgeführt, der unter Bliss bei der Spatenforschung in Judäa bereits praktische Erfahrungen gesammelt hatte. Die Entdeckungen, die er in Geser machte, waren zum Teil atemberaubend und schlossen vier Stadtmauern aus verschiedenen Epochen, einen in den Fels gehauenen Schacht, der zu einer unterirdischen Quelle führte, sowie die Reste eines kanaanäischen Heiligtums ein. Darüber hinaus fand Macalister einige der bis zu jenem Zeitpunkt noch selten ans Licht gebrachten Schriftzeugnisse, darunter eine Tonscherbe mit Hieroglyphen aus dem 7. oder 6. Jh. v. Z., die als eines der frühesten Beispiele für Piktographie gilt und seither als »Geser-Tonscherbe« bezeichnet wird. Weiter grub er drei Tontafeln mit Texten in Keilschrift aus, die er alle ins 7. Jh. v. Z. datierte. Eine von ihnen war jedoch, wie Albright später bewies, sehr viel älter. Sie stammte aus der el-Amarna-Zeit, d. h. aus dem 14. Jh. v. Z., und wies den Fürsten von Geser an, sich zum ägyptischen Befehlshaber zu begeben. Die beiden anderen gehörten, genau wie Macalister angenommen hatte, in die assyrische Zeit, d. h. in das 7. Jh. v. Z., und trugen rechtsgültige Verträge. Im weiteren stieß der Archäologe auf eine Reihe von Krughenkeln mit dem Stempel eines der Könige von Juda sowie bisher unbekannte Grenzsteine mit dem hebräischen Namen für Geser (vgl. S. 15).

Der bedeutendste Fund jedoch, den Macalister in Geser machte (1908), war der sogenannte »Geser-Bauernkalender« (Abb. 6) aus der zweiten Hälfte des 10. Jh.s v. Z., d. h. aus der Zeit Salomos, von Macalister allerdings wiederum fälschlich um einige Jahrhunderte zu spät datiert. Diese bis heute älteste bekannte hebräische Inschrift, eingraviert in weichen Kalkstein, gibt in Versform den Zyklus landwirtschaftlicher Arbeiten an und war möglicherweise als Gedächtnisstütze und Schreibübung für Kinder gedacht. Die am häufigsten zitierte Übersetzung stammt von Albright.

Trotz allen Fleißes und glücklicher Funde waren die Ausgrabungsmethoden zu Macalisters Zeit noch immer verhältnismäßig grob, und er selbst war weder in der Lage, alle Arbeiten persönlich zu überwachen, noch die erforderlichen Karten und Zeichnungen mit der notwendigen

6 *Geser-Bauernkalender. 10. Jh. v. Z. Jerusalem, Israel-Museum*

Präzision anzufertigen. Außerdem führten ihn seine falschen Inschriftendatierungen zu einer fehlerhaften Einordnung der aufgedeckten Strukturen. Seine frappierendste Fehleinschätzung schlug sich in der Bezeichnung »makkabäische Festung« für ein von Salomo im 10. Jh. v. Z. erbautes dreikammriges Stadttor nieder; erst 50 Jahre später konnte der israelische Archäologe Yigael Yadin den Sachverhalt richtigstellen.

1905 führten die Deutschen Heinrich Kohl (gest. 1916) und Carl Watzinger (1877–1949) an dem zuvor von Robinson und Warren untersuchten Tell el-Hum Ausgrabungen durch, und sie bestätigten Robinsons ursprüngliche Vermutung, daß er die Synagoge von Kapernaum (vgl. S. 209) barg, eine der besterhaltenen frühen Synagogen in Galiläa.

In den Jahren zwischen 1907 und 1909 wandte sich Watzinger zusammen mit seinem Landsmann Ernst Sellin (1876–1946) dem Tell es-Sultan in Jericho (vgl. S. 58, 173 f.) zu. Schon im Jahr 1913 veröffentlichten sie die Ergebnisse ihrer Spatenforschung. Der Bericht war gründlich, wie man es von einer wissenschaftlichen Arbeit erwartet: die Stratigraphie war sorgfältig festgehalten, die Funde klar beschrieben und von ausgezeichneten Karten, Plänen und Zeichnungen begleitet. Jedoch: Watzinger und Sellin hatten sich in der Chronologie der biblischen Perioden geirrt! Beherrscht von dem Ziel, die »Mauern von Jericho« zu finden, die unter Josuas Trompetenstößen eingestürzt waren, datierte Sellin Befestigungsanlagen in das 9. Jh. v. Z., die in Wirklichkeit aus dem 17. Jh. v. Z. stammten, also 800 Jahre älter waren. Die daraus folgenden falschen Zuweisungen der Funde aus den Schichten darunter und darüber führten zu einem der schwerwiegendsten Irrtümer in der Geschichte der Bibelarchäologie überhaupt.

Mehr Glück als die Deutschen hatte der Amerikaner George Andrew Reisner (1867–1942). Er stand mit seinem Assistenten Clarence Stanley Fisher (1876–1941) an der Spitze eines archäologischen Teams, das Landmesser, Zeichner und andere Spezialisten umfaßte. Genau wie Petrie konnte Reisner schon eine zehnjährige archäologische Erfahrung in Ägypten vorweisen. Die drei Jahre dauernden Ausgrabungen in Samaria (1908–1910; vgl. S. 128 f., 204 f.), im Auftrag der Harvard University (USA) durchgeführt, waren die erste Kampagne von solchem Ausmaß und mit einer so gut ausgebildeten und erfahrenen Mannschaft im Heiligen Land.

Reisners Expedition grub in der Hauptstadt der Könige Omri und Ahab im Bergland von Samaria, wobei sie Omris rechteckige Zitadelle auf der Bergspitze und gut erhaltene Abschnitte der sie umgebenden Mauer aus behauenen quadratischen Steinen entdeckte. Sie fand Reste des Palastes, den Omri erbaut und sein Sohn Ahab erweitert hatte (Abb. 7). In einem Annexgebäude, einem Lagerhaus, stieß Reisner auf Dutzende von Ostraka, Tonscherben mit althebräischer Schrift, allem Anschein nach Belege für Öl und Wein, die die Pächter der königlichen Güter in der Umgebung von Samaria in den Palast geschickt hatten. Reisner datierte sie auf das 9. Jh. v. Z., später korrigierten Archäologen diese Datierung auf das Jahrhundert danach, die Zeit von Jerobeam II. (787–747 v. Z.). Auch ein großes verputztes Wasserbecken fanden die Ausgräber, was ihnen sofort den Bibelbericht vom »Teich in Samaria« und Ahabs Tod (1. Kön. 22,38) ins Gedächtnis rief. Alle Funde wurden aufgenommen, ihre genaue Lage sowie die Beziehung zu ihrer unmittelbaren Umgebung sorgfältig verzeichnet. Aber obwohl Reisner eine verfeinerte Technik für die Datierung der Tonscherben verwendete, wiesen Archäologen nach ihm auf eine Reihe von Irrtümern hin.

Jener Forscher, der Reisners Chronologie und die seiner Vorgänger endgültig korrigierte, war der Amerikaner William Foxwell Albright (1891–1970), der 1920 nach Jerusalem kam, um die Leitung der American School of Oriental Research zu übernehmen, zunächst bis 1929 und dann noch einmal zwischen 1933 und 1936.

Indem er Stratigraphie und Keramiktypologie mit einer Fülle von historischen Daten korrelierte, stellte er eine bindende archäologische Chronologie auf und schuf für die Zeit des Alten Testaments ein gültiges Gerüst für alle späteren Verfeinerungen. Die Disziplinen biblische und historische Archäologie, wie sie seither bekannt sind und für alle Ausgrabungen im damaligen Palästina – später in Israel – maßgebend wurden, sind weitgehend seine Schöpfung.

Albright war dabei kein reiner Theoretiker, er arbeitete auch praktisch im Feld: 1922/23 und noch einmal 1933 grub er auf dem Tell el-Ful an der nördlichen Peripherie von Jerusalem. Diesen Ort identifizierte er als das biblische Gibea (vgl. S. 84, 138), Geburtsort und Residenz des ersten israelitischen Königs Saul. Bei der Ausgrabung von Tel Beth Mirsim (1926–32) gelang ihm der entscheidende Schritt hin zu jener Chronologie archäologischer Funde im Heiligen Land, von der gerade die Rede war.

Tel Beth Mirsim liegt ca. 16 km südwestlich von Hebron und 25 km nordwestlich von Beerscheba im Judäischen Bergland, das kurz darauf in die Küstenebene ausläuft. Diesen Tell identifizierte Albright als das biblische Debir (auch: Kirjat-Sepher; Jos. 15, 15). Er legte zehn Besiedlungsschichten frei, vom ausgehenden 3. Jt. bis zum 6. Jh. v. Z. Die unterste Schicht datierte Albright anhand importierter Tonware aus dem Ägypten der 6. Dynastie

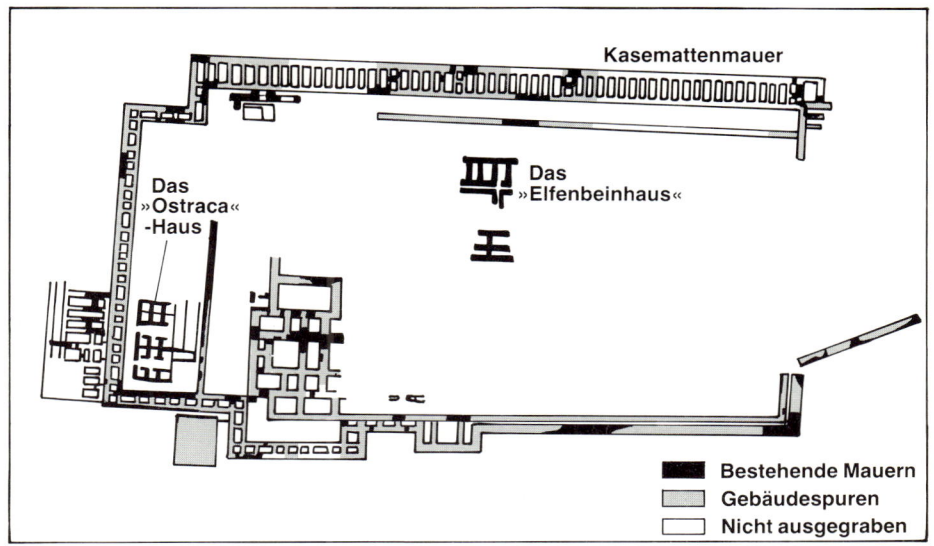

7 *Samaria. Stadtplan zur Zeit Ahabs. 9. Jh. v. Z.*

(2320–2160 v. Z.). In einer anderen Schicht fand er die für die Hyksos typischen Erdwälle aus gestampfter Erde aus dem 18. bis 16. Jh. v. Z. Und schließlich zeugten zwei Krughenkel mit der aufgestempelten hebräischen Inschrift »Eljakim, der Knecht des Jochan« in der Asche der letzten Besiedlungsschicht von der Zerstörung des Ortes durch die Babylonier auf ihrem Feldzug gegen Juda (589–587 v. Z.).

Als Folge des Ersten Weltkriegs entglitt Palästina der Kontrolle des Osmanischen Reiches und wurde britisches Mandatsgebiet. Damit verbesserten sich die Möglichkeiten der Archäologen, denn 1920 gründete die Mandatsregierung die Abteilung Altertümer, und bereitwilliger als die türkischen Behörden unterstützte sie fortan jene Forscher, die über die Zeit der Bibel arbeiten und Spatenforschung treiben wollten.

Die erste Ausgrabung im großen Maßstab wurde von dem Amerikaner Clarence Stanley Fisher durchgeführt, der zehn Jahre zuvor Reisners Assistent in Samaria gewesen war. Ab 1927 grub er am Tell el-Hosn, dem »Berg der Festung«, wie die wörtliche Übersetzung lautet. Tatsächlich barg dieser Hügel die Ruinen einer Zitadelle, zudem kamen die Wohnviertel der aufeinanderfolgenden Siedlungsschichten des biblischen Beth Schean zutage. Von der Bedeutung der genannten Ortschaft sprechen die Bibelberichte (Sauls Leichnam hefteten die Philister an die Mauer von Beth Schean; seine Rüstung legten sie im Tempel der Astarte nieder; 1. Sam. 31,10), die ägyptischen Ächtungstexte aus dem 19. und 18. Jh. v. Z. (vgl. S. 33) sowie die Siegeslisten von Thutmosis III. aus dem 15. Jh. v. Z. Zu den wichtigsten Funden, die Fisher in Beth Schean/Tell el-Hosn machte, gehörten die Überreste einer Reihe von Tempeln, die von den Ägyptern zu

Ehren lokaler Götter errichtet worden waren. Ein Doppeltempel, der einem Gott und einer Göttin geweiht war, nach Ansicht Fishers und seiner Archäologenkollegen dem Dagon und der Astarte, diente ungefähr bis zum Jahr 1000 v. Z. dem Kultus. Daß der Kultplatz gewaltsam zerstört wurde, wahrscheinlich durch David, erschien ihnen als eine Bestätigung ihrer Zuweisung.

Fisher überließ die weitere Erforschung des Tell el-Hosn seinen von ihm ausgebildeten Assistenten und wandte sich 1926 einem verlockenderen Projekt zu, der Freilegung von Megiddo (vgl. S. 68, 98 f., 130 f., 134 f.); seine Arbeit stand unter der Schirmherrschaft der Universität Chicago (USA). Fisher und seine Nachfolger, die die Grabungen bis 1939 fortführten, legten die Reste von mehr als 20 übereinander errichteten Städten frei. Die unterste Siedlungsschicht, direkt auf dem gewachsenen Fels, barg Steinwerkzeuge, für das folgende Jahrtausend fanden sich bereits Reste von einfachen heiligen Stätten und Lehmziegelhäusern. Spätere Schichten enthielten Relikte aus dem 18. bis zum 16. Jh.v.Z., d. h. aus der Zeit der Patriarchen, als die Hyksos, die zuerst Kanaan, dann Ägypten unterwarfen, ihre typischen Wälle aus gestampfter Erde bauten. In die Zeit zwischen dem 16. und 12. Jh. v. Z. datierten Reste von Palästen, die kanaanäische Könige immer wieder über untergegangenen älteren Residenzen errichtet hatten. In einer der letzten dieser kanaanäischen Schichten fanden die Archäologen 1937 Inschriften von Ramses III. und Ramses IV., Pharaonen des 12. Jh. v. Z., sowie fast 200 geschnitzte Elfenbeintäfelchen aus der Zeit um 1140 v. Z., die damit um 300 Jahre älter waren als wenige Jahre zuvor in Samaria gefundene. Ebenso legten die Archäologen das Megiddo Salomos und das Ahabs mit Teilen der zugehörigen Stadtmauern und -tore sowie Ställe aus dem 10. bzw. 9. Jh. v. Z. frei. Zwanzig Jahre später bestimmte der israelische Archäologe Yigael Yadin endgültig die zeitliche Zugehörigkeit dieser Funde. Aufsehen erregte die Entdeckung der Wasserversorgungsanlage, die die Forscher anfangs irrtümlich in das 12. Jh. v. Z. wiesen; auch in diesem Fall wurde die Datierung 1960 auf das 9. Jh. v. Z. korrigiert.

Im Jahr 1928 traf Nelson Glueck (1900–1971) in Jerusalem ein, um an der American School of Oriental Research Archäologie zu studieren. Von 1932 bis 1933 war er ihr Leiter, dann noch einmal von 1936 bis 1940 und ein drittes Mal von 1942 bis 1947. 1933 begann Glueck seine umfassende archäologische Aufnahme von Transjordanien, die er bis 1946 fortführte. Bei seiner gründlichen Arbeit, die sich auf das Gebiet von der syrischen Grenze im Norden bis zum Golf von Aqaba im Süden erstreckte, stellte er fest, daß das Land jenseits des Jordan, abgesehen vom fruchtbaren Jordantal und dem Norden, nur vom 13. bis 6. Jh. v. Z. mehr oder minder kontinuierlich besiedelt gewesen war – das entspricht ungefähr der Zeit von Josua bis zur Zerstörung des ersten Tempels und damit dem Ende des Königreiches Juda. Bis zur Ankunft der Nabatäer im 3. oder 2. Jh. v. Z., die erneut in festen Orten und Städten wohnten, lebten in diesem Gebiet lediglich Halbnomaden.

Zusätzlich zu seinem Transjordanien-Survey führte Glueck auch mehrere gründliche Untersuchungen in Westpalästina durch und legte Tell el-Chelife frei, das allgemein für das biblische Ezjon-Geber (1. Kön 9, 26; vgl. S. 101) gehalten wurde. Er fand einen von ihm als Industriestadt bezeichneten Ort mit Schmelzhütten und Werkstätten, in denen seiner Ansicht nach die Kupferbarren und Werkzeuge hergestellt wurden, die Salomo für sein umfassendes Bauprogramm und seinen weitläufigen Handel benötigte. Das dafür verwendete Kupfer wurde nicht am selben Ort gefunden, sondern an der Südspitze des Negev, in Timna (vgl. S. 102), wo das Erz im Tagebau gewonnen wurde. Allerdings haben seither eine ganze Reihe von Archäologen Gluecks Datierung auf die Zeit Salomos sowie seine Interpretation der Stätte als Kupferhütte angezweifelt, vor allem, weil inzwischen gesichert ist, daß das Kupferbergwerk in Timna hauptsächlich von den Ägyptern betrieben wurde und zu Salomos Zeit bereits stillgelegt war. Möglicherweise wurde in Ezjon-Geber aber Erz aus der Bergwerksstadt Fenan (dem biblischen Punon) im Wadi Araba verhüttet.

Der englische Archäologe John Garstang (1876–1956) war Leiter der Abteilung Altertümer der britischen Mandatsregierung, als er 1928 das biblische Hazor (vgl. S. 59f., 97f., 131ff.) fand, das weder Robinson im 19. noch Albright im 20. Jh. hatten identifizieren können. Auf einem Berg mit dem Namen Tell el-Qeda, ungefähr 14 km nördlich vom See Genezareth, führte er in nur wenigen Wochen eine Versuchsgrabung durch. Er fand ausreichendes Material, um belegen zu können, daß der Hügel tatsächlich die Reste von Hazor barg. Weniger Spürsinn bewies er, als er die Zerstörung der Stadt durch Josua auf das 14. Jh. v. Z. ansetzte. Er wurde später von seinem israelischen Kollegen Yigael Yadin korrigiert, der wichtige Hinweise für die richtige Datierung nur wenige Schritte von Garstangs Suchgräben entfernt fand.

Von 1930–1936 führte Garstang die von Sellin und Watzinger begonnene Suche nach den »Mauern von Jericho« fort, die Josua zum Einsturz gebracht hatte (Jos. 6,20). Zwar fand er eine Fülle von Überresten aus biblischer wie auch aus nach- und vorbiblischer Zeit, jedoch nicht die von ihm gesuchte Mauer (vgl. S. 58, 173f.).

Aufsehenerregend waren dagegen die Funde, die sein Landsmann, der Orientalist John Winter Crowfoot (1873–1959), bei seinen Ausgrabungen in Samaria (vgl. S. 128f., 204f.) zwischen 1931 und 1935 machte. Ihm zur Seite standen Kathleen Kenyon, die später vor allem durch ihre eigenen Ausgrabungen in Jerusalem und Jericho bekannt werden sollte, und der erste Vertreter der Hebräischen Universität in Jerusalem, der bald Professor für Archäologie an dieser Hochschule werden sollte, Eliezer Lipa Sukenik (1889–1953). 1932 stießen diese Forscher auf Elfenbeintäfelchen, die jenen in Kalach, dem heutigen Nimrud, und Arslan Tasch, beides Orte in Mesopotamien, auffallend ähnlich waren. Die Gebäuderuinen, in denen diese Täfelchen zutage kamen, identifizierten Crowfort und Sukenik übereinstimmend als die des »Elfenbeinhauses«, das König Ahab für seine Gemahlin, die bei ihren Untertanen verhaßte phönikische Prinzessin Isebel, gebaut hatte. Auch die dunklen Spuren der Zerstörung fehlten nicht: Eine dicke Ascheschicht kennzeichnete das Stratum des ausgehenden 8. Jh.s v. Z., als Samaria zerstört wurde und das nördliche Königsreich unterging (721 v. Z.).

Ein dritter Engländer, James Lesley Starkey (1895–1938), ein Schüler von Petrie, erforschte zwischen 1932 und 1938 eine weitere bedeutende biblische Stätte, die Albright als erster richtig identifiziert hatte, nämlich Lachis (vgl. S. 154ff.). Die israelitische Stadt war 701 v. Z. zum ersten Mal von dem assyrischen König Sanherib und ein zweites Mal während der Feldzüge des Babyloniers Nebukadnezar (von 589–587 v. Z.) zerstört worden. Im Laufe seiner Ausgrabungen fand Starkey nicht nur die Spuren der von Sanherib dem Erdboden gleichgemachten Stadt, sondern auch Ostraka aus dem 6. Jh. v. Z., die kurz vor der Zerstörung derselben Stadt durch Nebu-

8 Jericho. 9000 Jahre alter Turm mit angrenzender Stadtmauer 7. Jt. v. Z.

kadnezar in biblischem Hebräisch geschrieben worden waren. Starkeys Ausgrabungen wurden jäh unterbrochen, als er von arabischen Straßenräubern ermordet wurde.

Die Reihe bedeutender englischer Archäologen beschließt Kathleen Kenyon (1906–1978), die vor allem durch ihre Ausgrabungen in Jericho von 1952 bis 1958 (vgl. S. 58, 173f.) bekannt geworden ist. Genau wie ihre Vorgänger suchte sie die »Mauern von Jericho«, die Josua zerstört hatte (Abb. 8). Und genau wie jene fand sie sie nicht. (Heute vertreten eine Reihe von Archäologen die Ansicht, daß die Lehmziegelmauern möglicherweise durch jahrhundertelange Erosion abgetragen wurden.) Statt dessen entdeckte sie die Reste einer gewaltigen Steinmauer mit einem runden Turm aus Lehm und Stein, dessen Inneres eine Treppe barg, so daß die Stadtbewohner den Turm ersteigen konnten, ohne von außen gesehen zu werden. Organische Stoffe, die zusammen mit Mauer und Turm gefunden wurden, konnten mit Hilfe des Radiokarbon-Tests auf das Jahr 6850 v. Z. – mit einer Abweichung von plus oder minus 200 Jahren – datiert werden, d. h. die Befestigungen waren fast 9000 Jahre alt und machten Jericho zur ältesten Stadt der Welt.

In Jerusalem, wo Kenyon 1961 ihre Ausgrabungen am Osthang des Ophelbergs (d. h. am Steilhang zum Kidrontal; vgl. S. 88) aufnahm, legte sie nach dem Abtragen großer Schuttmengen aus späterer Zeit eine starke Stadtmauer frei, die sie als die Ostmauer der jebusitischen Stadt vor der Eroberung durch David identifizierte. Der Wall lag unterhalb des Eingangs zum sogenannten Warrenschacht, den jener Archäologe bereits 1867 erkundet hatte. Demnach hatten die Jebusiter schon damals über diesen Schacht Zugang zum Süßwasser der Gichonquelle.

Bis zum Ende des Ersten Weltkriegs waren sämtliche Ausgrabungen in Palästina von ausländischen Expeditionen durchgeführt worden. Um auch Forschungen von jüdischer Seite zu ermöglichen, wurde 1914 die **Jewish Palestine Exploration Society** gegründet, die wegen des kurz danach ausbrechenden Ersten Weltkrieges zunächst jedoch lediglich auf dem Papier bestand. 1920 wurde sie wiederbelebt, und unter ihrer Schirmherrschaft fanden einige Versuchsgrabungen und Sondierungen statt. Ihre eigentlichen Aktivitäten aber setzten erst 1925 mit der Gründung der Hebräischen Universität in Jerusalem ein. Die seitdem durchgeführten Ausgrabungen fanden zum Teil als gemeinsame Projekte der archäologischen Fakultät der Universität und der Exploration Society statt. Mehrere der jungen Wissenschaftler, die an diesen eher bescheidenen Unternehmungen teilnahmen, sollten später internationales Renommee erlangen, so zum Beispiel Moshe Stekelis (1899–1967). Er wählte das Fachgebiet prähistorische Archäologie und leitete ab 1932 zahlreiche bedeutende Forschungsprojekte im ganzen Land. Ein anderer war der Ägyptologe und jetzige Professor für Geschichte an der Tel Aviver Universität, Shmuel Yeivin. Michael Avi-Yonah war Fachmann für die römische Periode und leistete einen entscheidenden Beitrag beim Aufbau der Abteilung Altertümer des israelischen Erziehungsministeriums. Avraham Negev konzentrierte sich vor allem auf nabatäische Archäologie und die Archäologie des Negev allgemein. Er leitete u. a. die Ausgrabungen in der nabatäischen Stadt Avdat (1958–1961 und 1976) und ist seit 1976 Professor für Archäologie an der Hebräischen Universität in Jerusalem. Benjamin Mazar stand an der Spitze einer Expedition, die die bedeutenden jüdischen Katakomben von Beth Schearim in Galiläa ausgrub (1930–1940); nach 1967 leitete er die Ausgrabungen am Fuß des Tempelbergs in Jerusalem, wo ihn ein jüngerer Kollege, Meir Ben-Dov, inzwischen abgelöst hat. In Beth Schearim trat 1953 Nahman Avigad seine Nachfolge an, der als erster jüdischer Archäologe eine umfassende Untersuchung der alten Grabmonumente im Kidrontal von Jerusalem (vgl. S. 140 ff.) durchführte. Gleichzeitig beteiligte er sich an einer Reihe von Ausgrabungen in verschiedenen Landesteilen, die von Eliezer Lipa Sukenik geleitet wurden.

Wie schon erwähnt (vgl. S. 23), entdeckte Sukenik zusammen mit dem Engländer Crowfoot 1932 die berühmten Elfenbeintäfelchen in Ahabs Hauptstadt Samaria. Bereits 1925 hatte er in Jerusalem die Mauer identifiziert, die von Herodes' Enkel Agrippa I. während seiner kurzen Herrschaft (41–44 n. Z.) begonnen worden war. Schon Robinson war diese Mauer aufgefallen, als er seine Vermessungen durchführte; anschließend war sie jedoch von den Forschern ignoriert worden. Nach Ansicht von Sukenik lag Agrippas Mauer sehr viel weiter im Norden als die heutige Stadtmauer der Jerusalemer Altstadt, deren Verlauf ungefähr der von Hadrian im 2. Jh. n. Z. erbauten entspricht. Darüber hinaus entdeckte der Forscher verschiedene antike Synagogen sowie jüdische Gräber, und seine Studien über frühe Grabinschriften warfen Licht auf das jüdische Leben gegen Ende der Periode des zweiten Tempels. Sukeniks wichtigster Beitrag zur Bibelarchäologie war jedoch nicht das Ergebnis von Grabungen, sondern resultierte aus seinen guten Beziehungen zu arabischen Antiquitätenhändlern. Als erster erkannte er die Authentizität der Schriftrollen von Qumran am Toten Meer (vgl. S. 167ff.) und erwarb 1947 drei der zwölf heute bekannten vollständigen Schriftrollen für die Hebräische Universität.

Sukeniks Sohn Yigael Yadin (1917–1984), der seinen Haganna-Decknamen (illegale israelische Verteidigungskräfte zur britischen Mandatszeit vor der Staatsgründung) auch im zivilen Leben beibehalten hatte, wurde führend in der zweiten Generation der israelischen Archäologen. Er vervollständigte das Werk seines Vaters, als er 1954 vier weitere Qumran-Schriftrollen kaufte. Yadin leitete seine erste Ausgrabung im Jahr 1955 in Hazor (vgl. S. 59f., 97f., 131ff.), die nächste führte ihn 1960 – zusammen mit drei Kollegen – in die schwer zugänglichen Höhlen am Toten Meer, wo er die Bar-Kochba-Dokumente (geschrieben zur Zeit des Bar-Kochba-Kriegs in den Jahren 132–135 n. Z.) fand. Kurz danach (1963–1965) begann Yadin mit seinen spektakulären Ausgrabungen auf dem abweisenden Felsen von Masada am Ufer des Toten Meeres (vgl. S. 183).

Yohanan Aharoni (1919–1976) war der zweite Archäologe, der mit Yadin die Höhlen am Toten Meer erforschte. Er entdeckte eine von Bar Kochba im zweiten Kriegsjahr (133 n. Z.) geprägte Münze, ein ganzes Arsenal von Pfeilen und Fragmente von Schriftrollen mit Teilen von Kapitel 1 des 2. Buches Mose sowie Fragmente von Gebetstexten in winziger hebräischer Schrift.

Nahman Avigad, der dritte Expeditionsteilnehmer, fand bei der Erforschung der Höhlen in seinem Abschnitt chalkolithische (d. h. aus der Kupfersteinzeit stammende) und israelitische Überreste sowie eine Zisterne, die allem Anschein nach von Bar Kochbas Anhängern in ihrem Versteck vor den Römern nahe dem Höhleneingang in den Fels gehauen worden war.

Pesach Bar-Adon (1908–1985), der vierte in diesem Archäologenquartett, machte schließlich noch einen überraschenden Fund aus dem Chalkolithikum: 420 Kupferartefakte aus dem 4. Jt. v. Z. (Abb. 9). Die Gegenstände stammten eindeutig aus einem Tempel oder Palast und waren, als Gefahr drohte – anscheinend in Matten gewickelt – in diese unzugängliche Höhle getragen und in einer Höhlenwand versteckt worden – wohl in der Hoffnung, sie in ruhigeren Zeiten wieder zu bergen. Wer immer sie auch versteckt haben mag, er fand keine Gelegenheit mehr dazu. 5000 Jahre lang verblieben sie unberührt im Dunkel.

Yadin zur Seite stand bei seinen Forschungen in Hazor Ruth Amiran, die nach 1967 zusammen mit Avraham Eitan (in Hazor noch Student der Archäologie) die Zitadelle in Jerusalem (vgl. S. 187f.), wo einst Herodes' Palast gestanden hatte, ausgegraben hat. Trude Dothan spezialisierte sich später auf die philistäische Periode, unterstützt von ihrem Mann, Moshe Dothan, dem Leiter der archäologischen Abteilung an der Universität Haifa. Magen Broshi, ebenfalls noch Student während der Ausgrabungen von Hazor, arbeitete zusammen mit Nahman Avigad, Ruth Amiran, Avraham Eitan und Benjamin Mazar in der Altstadt von Jerusalem

9 Kupferschatz aus den Höhlen am Toten Meer. 4. Jt. v. Z. Jerusalem, Israel-Museum

ZUR GESCHICHTE DER ARCHÄOLOGIE

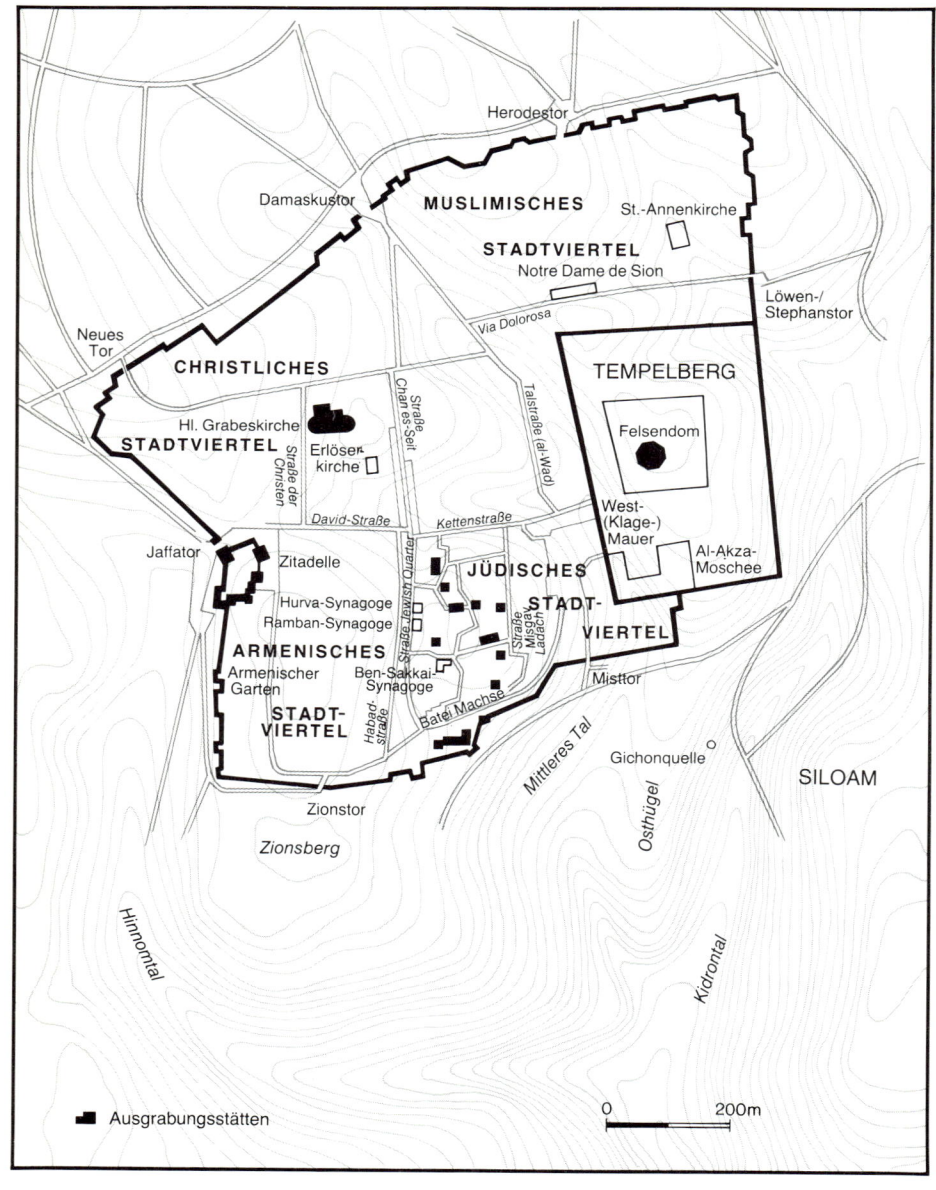

10 Jerusalem. Plan der Ausgrabungen in der Altstadt

(Abb. 10), unter anderem im Hof des armenischen Klosters St. Savion; dieses Kloster ist um das Haus errichtet, das im allgemeinen als das »Haus des Kaiphas« (vgl. S. 212) bezeichnet wird. David Ussishkin (in Hazor gleichfalls noch Student) ist heute Leiter des Instituts für Archäologie der Universität Tel Aviv. Ein letzter Student aus Hazor ist Moshe Kochavi, der seit 1972 Tel Aphek bei Petach Tikwa ausgräbt.

Diese Namen beschließen unseren kurzen Überblick über die Geschichte der Archäologie in Israel. Der Abriß erhebt keinen Anspruch auf Vollständigkeit; er soll lediglich eine ungefähre Vorstellung von der Entwicklung jener faszinierenden Disziplin geben, die biblische Archäologie genannt wird.

Kapitel 1:
»Israel verwüstet, sein Samen ist dahin« Außerbiblische Zeugnisse

Merenptah-Stele

Die Kapitel 1–11 des 1. Buches Mose – oder der Genesis, d. h. des Schöpfungsberichts – geben die Urgeschichte wieder und haben den gesamten Erdkreis zum Gegenstand. Dieser Bericht über die Schöpfung und die Anfänge der Geschichte der Menschheit ist allerdings nicht israelitischen Ursprungs. Er umfaßt zahlreiche Elemente, die auf die Mythen der Sumerer und Babylonier aus dem ausgehenden 3. Jt. bzw. Beginn des 2. Jt.s v. Z. zurückgeführt werden können, doch gaben die Israeliten den polytheistischen Sagen und Dichtungen eine geschlossene, monotheistische Gestalt.

In Mesopotamien (Abb. 11) haben Archäologen ganze Bibliotheken aus dem Altertum zutage gefördert, die **Sammlungen von mythologischen Texten** umfassen. Die Churriter, ein bedeutendes Kulturvolk des alten Orients, das um 1800 v. Z. (anderen Quellen zufolge um 1600 v. Z.) aus seiner Heimat beim Van- und Resaiehsee in der heutigen Osttürkei bzw. im westlichen Iran zuerst nach Mesopotamien und dann über Syrien bis zur ägyptischen Grenze vordrang, eigneten sich auf der Wanderung die mesopotamischen Traditionen an und brachten sie mit nach Kanaan.

Ein Vergleich des *Enuma elisch* (akkadisch für »Als droben«), des babylonischen Schöpfungsepos, mit den ersten Versen der biblischen Schöpfungsgeschichte ergibt verblüffende Parallelen, vor allem in der Reihenfolge der Schöpfungsakte: An erster Stelle steht in beiden Epen der göttliche Geist; als nächstes wird hier wie dort von einer Erde gesprochen, die wüst und leer ist, während Finsternis über dem Abgrund liegt. Dann wird das Licht geschaffen und danach das Firmament. In der Folge entsteht das Festland, werden »Leuchten am Firmament des Himmels ... und Sterne« (1. Mose 1, 14–16) gesetzt und schließlich der Mensch erschaffen. Nach ihrem Schöpfungswerk ruhen die Götter im babylonischen Schöpfungsepos ebenso wie der Gott der Genesis (1. Mose 2,3).

Nicht weniger aufschlußreich ist ein Vergleich zwischen dem 1. Buch Mose, Kapitel 6–8 und der 11. Tafel des **Gilgamesch-Epos** sowie dem **Atrachasis-Epos,** das die ältere, allerdings unvollständigere der beiden sumerisch-babylonischen Quellen ist. In der israelitischen wie in der sumerisch-babylonischen Sintflutgeschichte überlebt ein gerechter Mann, weil er von einem Gott bzw. dem einzigen Gott rechtzeitig gewarnt worden ist, damit er eine Arche bauen konnte. In beiden Fällen nimmt dieser Mann Tierpaare mit in die Arche, und hier wie dort werden nach der Flut Vögel ausgeschickt, die nach trockenem Land Ausschau halten. Nach Ansicht

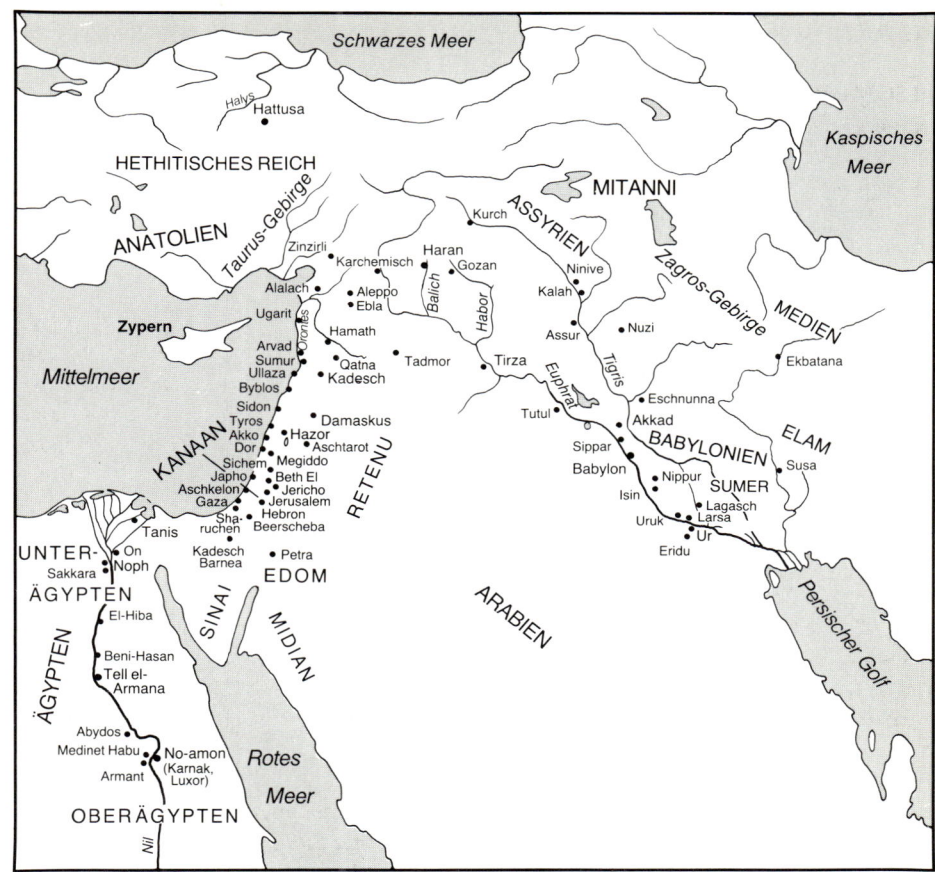

11 Der Nahe Osten im Altertum. Mitte 2. Jt. v. Z.

von S. Löwenstein wurden die Hebräer auf dem Umweg über die kanaanäische Literatur und nicht direkt aus mesopotamischen Quellen mit dem Gilgamesch-Epos bekannt. Ein Beweis für diese Annahme ist eine Tonscherbe mit Bruchstücken des Gilgamesch-Epos (Abb. 12), die in einer der kanaanäischen Schichten von Megiddo gefunden und in die Amarna-Zeit, d. h. das 14. Jh. v. Z., datiert wurde.

Die nächsten literarischen Quellen – auch sie außerhalb der Grenzen Kanaans gefunden – beziehen sich auf die Zeit vor der israelitischen Landnahme. Für unsere Thematik sind sie nicht zuletzt deshalb wichtig, weil ein großer Teil der in der Bibel erwähnten Ortschaften damals offenbar schon existiert hat. Darüber hinaus zeigen sie vor allem im Hinblick auf Personennamen interessante Parallelen zur Bibel.

AUSSERBIBLISCHE ZEUGNISSE: ARCHIV VON EBLA/ÄGYPTEN

12 Megiddo. Fragment des Gilgamesch-Epos. 14. Jh. v. Z.

Im Jahr 1975 fand eine italienische Expedition, die schon seit 1964 unter der Leitung von Paolo Matthiae und Giovanni Pettinato am Tell Mardich einige Dutzend Kilometer südlich von Aleppo in Syrien grub, in zwei kleinen Räumen neben dem Eingang zu einem Königspalast das offizielle **Staatsarchiv der vergessenen Stadt Ebla** aus der Zeit zwischen 2400 und 2250 v. Z. Insgesamt haben die italienischen Archäologen inzwischen 15 000 beschriebene Tontäfelchen ans Licht gebracht, abgefaßt in einer bis zu jenem Zeitpunkt unbekannten Sprache, die Pettinato als Frühkanaanäisch bezeichnet und deren Entzifferung voraussichtlich noch eine ganze Generation von Orientalisten beschäftigen wird. Die bereits entschlüsselten Texte berichten vor allem von Wirtschaft und Handel und erfassen in langen Listen Kauf und Verkauf von Holz, Textilien, Kupfer und Edelsteinen. Auf weiteren Tafeln finden sich königliche Edikte, staatliche Korrespondenz sowie Diplomatenpost, die in die gesamte damals bekannte Welt ging. Auch eine Liste von Ortschaften und Städten, die Ebla untertan waren, fehlt nicht. Das Bild, das sich nunmehr abzeichnet, ist das einer dritten Großmacht zwischen Mesopotamien und Ägypten in einem Gebiet, von dem die Gelehrten bis dahin angenommen hatten, daß es im Wechsel der Zeitläufe entweder vom Zweistromland oder dem Reich am Nil abhängig gewesen sei.

Für die Bibelforschung von ganz besonderem Interesse waren die Namenslisten, die sich auf Orte im damaligen Kanaan bezogen und u. a. Städte wie Hazor, Gaza, Lachis, Megiddo, Akka und sogar Jerusalem – in der Form Urusalima – nannten. Noch erstaunlicher sind die aufgeführten Personennamen, die aus der Bibel bekannt sind, in Ebla aber nahezu 1000 Jahre früher niedergeschrieben wurden: Ab-ra-mu = Abraham, E-sa-um = Esau, dazu auch Namen aus späterer Zeit wie Da-'u-dum = David und Sa-'u-lum = Saul. Besonderes Aufsehen erregte die Entdeckung des Namens Ebrum, den der dritte und mächtigste der sechs Könige von Ebla trug, Herrscher um das Jahr 2310 v. Z. Denn auf einen Eber oder Heber (1. Mose 11, 16), einen Ur-Ur-Ur-Ur-Großvater Abrahams, führten die Hebräer ihre Herkunft zurück. Die italienischen Archäologen warnten zwar davor, voreilige Schlüsse zu ziehen, doch liegt es durchaus im Bereich des Möglichen, daß mit der Geschichte Abrahams tatsächlich Erinnerungen an den vergessenen kanaanäischen Staat von Ebla in den Patriarchenbericht einfließen.

Während die Texte aus Tell Mardich/Ebla die damals wichtigsten Orte und Städte lediglich im Rahmen der diplomatischen und wirtschaftlichen Beziehungen erwähnen, sind die zwischen dem 19. und 18. Jh. v. Z. in Ägypten geschriebenen **Ächtungstexte** hervorragende Belege für kriegerische Beziehungen zwischen den Staatswesen des alten Orients: Die Namen jener Herrscher, Städte und Stammesgruppen, die abtrünnig geworden oder als abtrünnig verdächtig waren, schrieb man auf ein Tongefäß oder eine kleine Tonfigur, die dann zerschlagen wurde. Durch diese magische Handlung oder ihre Androhung wollte Ägypten Regenten von Städten wie Aschkelon, Beth Schean oder Jerusalem, Sichem, Akka oder Hazor aufs Neue in Abhängigkeit zwingen, denn überall im Land hatten sich Kleinfürsten damals gegen die Autorität des Pharao erhoben.

Die Ächtungstexte lassen sich in zwei Gruppen teilen: Eine erste Gruppe wurde um die Mitte des 19. Jh.s v. Z. – wie oben angeführt – auf Tongefäße geschrieben und erwähnt vornehmlich die Namen von nomadischen Gruppen und Scheichs, an Städten dagegen nur Aschkelon und Jerusalem. Diese ältere Liste spiegelt so eine kanaanäische Gesellschaft wider (Farbtafel 1), die noch in Stammesverbänden organisiert war und die Autorität von Stammesältesten anerkannte. Die zweite Gruppe datiert in das beginnende 18. Jh. v. Z. und nennt nun jeweils den Namen des Herrschers einer Stadt oder einer Region. Dies kann als Indiz dafür angesehen werden, daß in Kanaan inzwischen der Prozeß der Verstädterung abgeschlossen war.

Noch ausführlichere Informationen gaben die **Amarnabriefe** über die ägyptische Provinz Kanaan im 15. und 14. Jh. v. Z. Sie wurden 1887 in der Hauptstadt des religiösen Reformers Amenophis IV. (auch: Echnaton; 1364–1347 v. Z.) gefunden. Bei diesen in Keilschrift abgefaßten Tafeln (insgesamt ca. 385, davon allein 150 aus Kanaan und Westasien) aus dem Archiv des Herrschers und seines Vaters Amenophis III. (1403–1364 v. Z.) handelt es sich vor allem um Berichte ägyptischer Vasallen über das Geschehen in ihren Kleinreichen; daneben finden sich Aufstellungen über Waren, die Ägypten aus Kanaan bezog: Silber, Kupfer und Bronze sowie Glas, Holz und Fertigwaren wie etwa Streitwagen, schließlich auch männliche und weibliche Sklaven.

Wie schon die Ächtungstexte sind auch die Amarnabriefe Beleg für eine Schwächeperiode Ägyptens, dessen Oberherrschaft über die Stadtstaaten in Kanaan ins Wanken geriet. Wichtige Städte wie Hazor und Sichem befreiten sich für kurze Zeit völlig von der ägyptischen Vormundschaft, andere verfolgten stillschweigend eigene Interessen und nur wenige, darunter Jerusalem und Aschkelon, blieben Amenophis IV. treu.

Des weiteren sprechen die Amarnabriefe über eine *'apiru* genannte Menschen- bzw. Stammesgruppe – dieselbe vielleicht, die seit dem 19. Jh. v. Z. unter der Bezeichnung *Habiru* oder

Chabiru in Archiven des mesopotamisch-nordsyrischen Raums auftaucht. In den Mari-Archiven ist die Rede von einem Stamm oder einer Gruppe von Räubern und Plünderern, die den Herrschern von Mari endlose Schwierigkeiten bereiteten. Nach Ansicht einiger Gelehrter sind aus diesen Habiru oder Chabiru Mesopotamiens durch Lautverschiebung in Ägypten die 'apiru geworden. Einige Gelehrte haben diese wiederum mit den biblischen *Ibrim*, den Hebräern, gleichzusetzen versucht.

Noch in anderer Hinsicht geben die Habiru Rätsel auf: Handelt es sich hier um Einheimische oder um Menschen, die aus einem Nachbarland oder sogar aus einer weit entfernten Gegend in den Vorderen Orient kamen? Nach Ansicht einiger Forscher waren sie königliche Kaufleute, andere Gelehrte sehen in ihnen Karawanenführer oder einfache Nomaden, Hirten oder Söldner, die in schlechten Zeiten auch nicht vor Raub zurückschreckten oder sogar freiwillig in die Sklaverei gingen. In allen Fällen aber bezog sich die Bezeichnung Habiru oder 'apiru auf die Angehörigen einer niederen Gesellschaftsschicht, auf Fremde, die keinen dauerhaften Wohnsitz für sich beanspruchten und sich nicht in festen Ortschaften niederlassen durften, gleichwohl aber unter dem Schutz des jeweiligen Herrschers standen.

So verführerisch und plausibel die Identifikation der Habiru mit den Ibrim auch erscheinen mag, die meisten Gelehrten lehnen sie heute als unbegründet ab, wobei sie einräumen, daß Abraham und seine Nachfolger als königliche Kaufleute oder Nomaden durchaus der Klasse der Habiru angehört haben mögen, nicht aber mit *den* Habiru schlechthin gleichzusetzen sind.

Das nächste Dokument, das syrisch-kanaanäische Orte vor der Ankunft der Israeliten erwähnt, ist ein **Zinninventar aus Mari** in Mesopotamien, das Auskunft gibt über den Handel mit diesem für die Bronzezeit so wichtigen, weil u. a. für die Herstellung von Waffen benötigten, Metall. Geschrieben wurde es in der ersten Hälfte der Regierungszeit von Zimrilim (ca. 1780–1760 oder 1715–1695 v. Z.), und zwar auf akkadisch. Es belegt zum ersten Mal die Existenz der Stadt Lais – aus der später Dan wird – in Nordkanaan, und die Schreibweise ist jener ähnlich, die man aus den ägyptischen Ächtungstexten und den geographischen Listen von Thutmosis III. (1490–1436 v. Z.) kennt. Im übrigen läßt der Name des in diesem Zusammenhang erwähnten Herrschers der Stadt auf seine churrische Herkunft schließen – ein Beweis dafür, daß die Churriter bereits früher als bisher angenommen in diese Region vorgedrungen sind.

Die außerbiblische Quelle, in der Israel erstmals namentlich erwähnt wird, ist die **Stele**, die der ägyptische Pharao **Merenptah** (1224–1204 v. Z.) in seinem Totentempel im oberägyptischen Theben aufstellen ließ. Es ist überhaupt das einzige altägyptische Dokument, das den Namen »Israel« trägt. Auf diesem Monument rühmt sich der Herrscher seiner Siege in Kleinasien und der Verwüstung Israels. Gelehrte haben nach eingehendem Studium des Textes darauf hingewiesen, daß beim Wort »Israel« nicht das Determinativum – das ist in der Sprachwissenschaft das sinnbestimmende Zeichen der ägyptischen Schrift – für »fremdes Land«, sondern dasjenige für »fremdes Volk« verwendet wurde, was beweist, daß die bereits gegen Ende des 13. Jh.s v. Z. in Kanaan lebenden Israeliten noch nicht seßhaft geworden waren.

Als das Reich Davids und Salomos in die Teilkönigreiche Juda und Israel zerfiel (10. Jh. v. Z.), bot sich für Pharao Scheschonk I., den Schischak der Bibel, eine gute Gelegenheit, in das Gebiet der israelitischen Stämme einzufallen. Seine Siegesinschrift im Amuntempel von Karnak bestätigt und erweitert den Bibelbericht (1. Kön. 14, 25 + 26), denn neben Jerusalem, auf das die Heilige Schrift besonderes Gewicht legt, verwüstete Scheschonk I. nach eigener Aussage noch eine ganze Reihe anderer Städte und Ortschaften sowohl in Juda als auch in Israel (ca. 925 v. Z.).

Die nächste Erwähnung Israels oder eines seiner Könige stammt wieder aus dem Norden, aus Mesopotamien, wo der assyrische König **Salmanassar III.** (859–824 v. Z.) im Rahmen einer **Regierungschronik** gleich in mehreren Texten von den Kämpfen gegen die Kleinstaaten im Süden, darunter auch Israel, berichtet.

Die Inschrift auf dem **Kurch-Monolithen** – die vor allem eine genaue Beschreibung des sechsten Regierungsjahrs Salmanassars III. liefert – sowie die ausführlichen Bildannalen der Bronzebeschläge eines Doppeltores, die in Balawat im Irak gefunden wurden, geben Auskunft über Größe und Zusammensetzung der gegen Assyrien verbündeten syrisch-israelitischen Streitkräfte, die im Jahre 853 v. Z. in Qarqar am Orontes gegen Salmanassar III. zum Kampf angetreten waren. Aus den genannten Dokumenten ergibt sich, daß der assyrische König nur ungefähr halb soviel Streitwagen wie seine Gegner ins Feld führen konnte. Namentlich erwähnt wird Israels König Ahab, der der Inschrift zufolge die eindrucksvolle Zahl von 2000 Streitwagen und 10 000 Infanteristen für die Schlacht von Qarqar aufgebracht hat. Die Bibel geht übrigens mit keinem Wort auf diesen militärischen Zusammenstoß ein.

In den Jahren darauf (849, 848 und 845 v. Z.), führte Salmanassar III. noch dreimal Krieg gegen das Bündnis der »zwölf Könige von der Meeresküste«, an deren Spitze nun Benhadad, der König von Aram-Damaskus, und Irhuleni, der König von Hamath, standen. Ahab, Benhadads ehemaliger israelitischer Verbündeter, war kurz nach der Schlacht von Qarqar auf einem Feldzug gegen denselben Benhadad ums Leben gekommen (1. Kön. 22,37). Die Auseinandersetzung betraf den Ort Ramot in Gilead und war ausgebrochen, weil der Herrscher von Aram nicht sein Versprechen gehalten hatte, Ahab all die Städte zurückzugeben, die unter dessen Vater Omri annektiert worden waren (1. Kön. 20,34). Benhadad konnte sich jedoch nicht lange seines Sieges freuen: Im Jahre 843 oder 842 v. Z. wurde er ermordet, und zum neuen Herrscher über Aram-Damaskus stieg Hasael auf. Unter ihm zerbrach das Bündnis der zwölf Könige. Deshalb konnte Salmanassar III., der seit der Schlacht von Qarqar sein Heer und vor allem sein Streitwagenkontingent entscheidend vergrößert hatte, die Kleinstaaten einzeln unterwerfen.

Um eben diese Zeit lehnte sich König Jehu von Israel (845–818 v. Z.) gegen die Vorherrschaft von Aram-Damaskus auf. Dazu bat er sogar Salmanassar III. um Unterstützung. Ein vierkantiger Stein aus schwarzem Marmor, der sogenannte **Schwarze Obelisk** (Abb. 13), den Austen Henry Layard 1846 im Palast des Assyrers in Nimrud, dem alten Kalach, fand, zeigt einen sehr unterwürfigen Jehu, der dem assyrischen König seinen Tribut darbringt. Aber daß Jehu sich vor Salmanassar III. in den Staub wirft, bedeutet nicht etwa, daß er vom Assyrer in die Knie gezwungen worden war – vielmehr muß Jehu sich freiwillig gedemütigt haben, denn auf dem Schwarzen Obelisken wurden nur jene ausländischen Könige dargestellt, die sich dem Assyrerkönig aus freien Stücken unterworfen und zu Tributzahlungen verpflichtet hatten.

Das nächste Dokument, das israelitische Könige namentlich erwähnt, stammt aus dem Königreich Moab, Judas südlichem Nachbarn. Geschrieben wurde es gegen 850 v. Z. auf Anweisung des moabitischen Königs Mesa. Die ursprünglich 1,20 m hohe und ca. 60 cm breite Stele aus schwarzem Basalt (Abb. 14) berichtet, daß König Omri von Israel Moab jahrelang unterdrückt hatte, bis es Mesa unter Omris Enkel Joram (851–845 v. Z.) gelang, das Joch der israelitischen Könige abzuwerfen.

Die **Mesa- oder Moab-Stele** – ihre eigenartigen Schriftzeichen erwiesen sich erst später als fast mit der althebräischen Schrift identisch, Moabitisch selbst praktisch als ein hebräischer Dialekt – wurde im Jahr 1868 von dem deutschen Geistlichen F. A. Klein in Diban, dem biblischen Dibon, in Transjordanien entdeckt. Klein vermaß den Stein und kopierte einige Zeichen der insgesamt 34 Textzeilen. Später nahm Clermont-Ganneau die Stele in Diban in Augenschein, fertigte einen Abklatsch des Textes an und kaufte sie schließlich, nachdem die Araber in der Hoffnung, mehr Geld dafür zu erhalten, den Stein bereits in Stücke geschlagen hatten. Mit Hilfe des Abklatsches konnte Clermont-Ganneau den Text jedoch rekonstruieren und den Stein, mit Ausnahme der verlorengegangenen Teile, originalgetreu wieder zusammensetzen.

Ebenso wie die gerade beschriebenen Textfunde sprechen auch die nächsten von einer Schwächeperiode der israelitischen Könige und bestätigen damit den Bibelbericht, der als einzige Quelle dieser Zeit nicht nur die eigenen Siege, sondern auch die schmachvollsten Niederlagen der Israeliten verzeichnet. Durch außerbiblische Quellen aber werden die knappen Informationen der Bibel um manches Detail bereichert.

13a   Nimrud, Mesopotamien. Der Schwarze Obelisk von Salmanassar III. Gesamtansicht. 9. Jh. v. Z. London, British Museum

13b *Nimrod, Mesopotamien. Der Schwarze Obelisk von Salmanassar III. Ausschnitt mit Jehu. 9. Jh. v. Z. London, British Museum*

Erst als Paul Emile Botta 1843 Reliefs und Inschriften an den Wänden des **Palastes Sargons II. (722–705 v. Z.) in Dur-Scharrukin,** dem heutigen Chorsabad im Irak, fand, wurde deutlich, welcher assyrische König im Jahr 721 v. Z. das Königreich Israel unterworfen und die Hauptstadt Samaria eingenommen hatte. Denn die Bibel spricht zwar von Salmanassar V. (726–722 v. Z.), der gegen den aufrührerischen israelitischen Hosea (732–724 v. Z.) in den Krieg zog (2. Kön. 17,3); aber zwei Verse weiter (2. Kön. 17,5) heißt es nur kurz, der König von Assyrien sei gegen Samaria ausgezogen, um es einzunehmen. Sargon II. berichtete nun in seiner Inschrift in knappen Worten, er habe Samaria belagert, es eingenommen und mehr als 27 000 Einwohner in die Gefangenschaft geführt. Damit hörte das Königreich Israel auf zu bestehen.

Das Königreich Juda mit der Hauptstadt Jerusalem war das Ziel Sanheribs (704–681 v. Z.), des Nachfolgers Sargons II., der die Stadt belagerte, wegen Widerstands von König Hiskia (725–697 v. Z.) jedoch nicht einnehmen konnte. Doch auch ohne diesen besonderen Triumph war Sanheribs Beute so eindrucksvoll, daß er seinen Sieg in Juda in Wort und Schrift festhielt: Auf einem der Tonprismen, gefunden in **Sanheribs Palast in Ninive,** heißt es, er habe insgesamt

AUSSERBIBLISCHE ZEUGNISSE: ASSYRIEN/BABYLONISCHE CHRONIK

14   Die Moab-Stele. 9. Jh. v. Z. Paris, Louvre

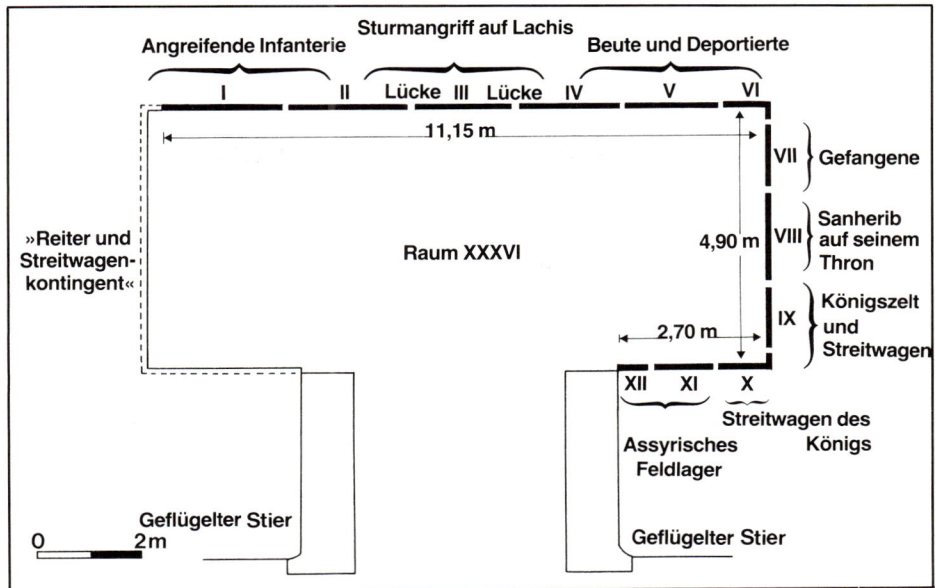

15a Ninive. Palast des Sanherib. Grundriß des Saals mit den Lachis-Reliefs. 8. Jh. v. Z.

46 Städte und Dörfer belagert und eingenommen. Große Wandreliefs, die dramatisch von Belagerung, Sturm und Einnahme der Stadt Lachis (vgl. S. 154 ff.) in Juda erzählen und anschaulich zeigen, wie die Einwohner zum Teil gefoltert und die Überlebenden ins Exil geführt wurden, schmückten zudem einen Saal seiner Residenz (Abb. 15a–c). Der glückliche Entdecker Ninives und seiner Schätze war (im Jahr 1849) der Engländer Henry Austen Layard, der 1846 – wir erwähnten es – bereits Salmanassars Schwarzen Obelisken in Nimrud/Kalach gefunden hatte.

In die Endphase des Überlebenskampfes des Reiches Juda führt die **babylonische Chronik der chaldäischen Könige.** Sie beschreibt die politische und militärische Lage in den Jahren 616 bis 595 v. Z., beginnt mit der Einnahme der assyrischen Hauptstadt Ninive durch die Babylonier im Jahr 612 v. Z. und bestätigt den Bericht in 2. Kön. 24, wenn sie von der Eroberung Syriens und Judas durch Nebukadnezar II. spricht. Des weiteren enthält sie eine Aufstellung über die Tribute, die die Könige dieser Länder zahlten, darunter auch die Abgaben König Jojakims von Juda, der den Babyloniern bis 601 v. Z. die Treue hielt. Erst nach der Niederlage, die die Ägypter Nebukadnezar II. in diesem Jahr beibrachten, lehnte Jojakim sich offen gegen Babylon auf. Die Reaktion des Großreichs erfolgte umgehend, nachdem es sich von der Niederlage gegen Ägypten wieder erholt hatte: Der fünfte Abschnitt der Chronik berichtet von der Einnahme Jerusalems (im Jahr 598 v. Z.) und über Jojakims Sohn Jojachim (vgl. S. 153), der nach dem Tod

AUSSERBIBLISCHE ZEUGNISSE: BABYLONISCHES EXIL

15b   Ninive. Palast des Sanherib. Korridor mit geflügelten Stieren. 8. Jh. v. Z.

seines Vaters während der Belagerung König von Juda wurde und noch im selben Jahr nach Babylon in die Gefangenschaft gehen mußte. König von Babylons Gnaden wurde Zedekia, in dessen elftem Regierungsjahr (587 oder 586 v. Z.; diese Ungenauigkeit ist eine Folge unterschiedlicher der Jahreszählung zugrunde liegender hebräischer Kalender) Jerusalem mit seinem Tempel endgültig eingenommen und zerstört wurde.

Die nächsten außerbiblischen Zeugnisse jüdischen Lebens stammen aus der Zeit des aufgezwungenen **babylonischen Exils.**

Das Bruchstück einer Aufzeichnung in Keilschrift, in einem Lagerhaus beim Ischtar-Tor in Babylon gefunden, zeigt, daß Jojachim mit seinem Haushalt während seiner Gefangenschaft im Zweistromland wie ein König behandelt wurde. (37 Jahre später erhielt er von Evilmerodach seine Freiheit wieder.) Dieser Text wirft, zusammen mit den **Muraschu-Dokumenten,** zumindest ein wenig Licht auf das Leben der Juden im Exil.

Innerhalb von nur zwei Generationen war es einer Reihe von Exilierten gelungen, vor allem im Bankgeschäft große Reichtümer anzuhäufen. Diese jüdischen Familien formten dann den Kern jener gebildeten jüdischen Gemeinde, die in späteren Jahrhunderten in Babylonien nachweisbar ist. Die erwähnten Muraschu-Dokumente, die aus insgesamt über 700 Täfelchen bestehen, gewähren Einblick in das gesellschaftliche und wirtschaftliche Leben einer jüdischen Familie, die im 5. Jh. v. Z. in Nippur, dem heutigen Niffer im Mittel-Irak, lebte. Das Handelshaus Muraschu befaßte sich mit An- und Verkauf von Land, ebenso verpachtete es Grund und Boden, vergab Anleihen, führte Zahlungen aus und schloß Verträge. Wie stark diese jüdische

15c Ninive. Palast des Sanherib. Sanherib auf seinem Thron. 8. Jh. v. Z.

AUSSERBIBLISCHE ZEUGNISSE: PERSIEN

16 Behistun (Bisutun) Iran. Dareios' Reliefs und Inschriften an der Felswand. 6. Jh. v. Z. Paris, Musée de l'Homme

Familie assimiliert war, läßt sich daraus ersehen, daß insgesamt zwölf Dokumente aus dem Archiv an einem jüdischen Feiertag aufgesetzt worden sind – einige Gelehrte haben deshalb auch die religiöse Zugehörigkeit der Familie zur jüdischen Gemeinschaft in Zweifel gezogen.

Die Muraschu-Dokumente stammen schon aus der Zeit der Achämeniden, d. h. der Perserkönige, was bedeutet, daß diese Familie wie viele andere nicht von der Erlaubnis Gebrauch gemacht hatte, in die Heimat ihrer Vorfahren zurückzukehren. Der persische König Kyros II. (559–529) hatte diese Erlaubnis in einem Erlaß des Jahres 538 v. Z. erteilt – ganz im Sinne jener Politik der Toleranz und des religiösen Respekts, die die neue Dynastie, im Gegensatz zu Assyrern und Babyloniern, eingeschlagen hatte.

Diejenigen Juden, die sich im Exil nicht etabliert hatten, kehrten so nach Juda und Jerusalem zurück. Der Bibeltext wird in dieser Hinsicht durch den sogenannten **Kyros-Zylinder** aus Babylon bestätigt, auf dem sich der persische Herrscher der Einnahme Jerusalems rühmt und gleichzeitig darauf hinweist, daß er die vertriebenen Einwohner in ihre Heimat habe zurückkehren lassen. Ein weiterer Tonzylinder aus dem Jahre 538 v. Z. aus Ekbatana, dem heutigen Hamadan im Iran, trägt den Text eines **Kyros-Dekrets,** in dem ausdrücklich der Wiederaufbau des Tempels in Jerusalem gestattet wird; er enthält auch die Erlaubnis, für den Bau Zedern aus dem Libanon einzuführen. Ebenso erhielten die Heimkehrenden alle heiligen Gefäße aus dem Tempel, Nebukadnezars Beute, zurück. Und – das bestätigt auch die Bibel in Esra, 6, 3 + 4 – der Wiederaufbau des Tempels erfolgte auf Kosten des Königs.

Von weniger harmonischen Beziehungen zeugt dagegen Dareios' Selbstdarstellung aus dem Jahr 522 v. Z.: Auf einer **Felswand in Behistun** (auch: Bisutun) an der Straße von Kermanschah nach Hamadan im Westiran ließ dieser Achämenide sich überlebensgroß als Richter über Aufrührer im Stein verewigen (Abb. 16). Eine begleitende Inschrift berichtet u. a. von der Wiederherstellung des Friedens in Juda. Ausgelöst worden waren diese Unruhen von einem Juden namens Serubabbel kurz nach 523 v. Z., als das Persische Reich vorübergehend in Schwierigkeiten geraten war. Serubabbel wollte die Gelegenheit nutzen, um Judas Unabhängigkeit wiederherzustellen. Aber dem Text der Inschrift zufolge unterdrückte Dareios den Aufruhr in Juda wie auch andernorts, und Serubabbel verschwand von der Bühne der Geschichte.

Mit Dareios' Bericht im Felsmassiv von Behistun endet die Liste der frühen, altorientalischen Texte, die das Land Kanaan und Israel, seine Dörfer, Städte und Herrscher erwähnen und den Bibelbericht erhellen oder vertiefen. In der Folgezeit geriet das Land erst in den Bannkreis der griechischen, dann der römischen Kultur, und die schriftlichen Fremdzeugnisse über das Land der Bibel wachsen zu einer Flut an.

Kapitel 2:
»Ziehe ... in das Land, das ich dir zeigen werde!« Von Abraham bis zu den ersten Eroberungen der Israeliten

1. Mose 12,1

Die Archäologie ist kaum dazu in der Lage, das Leben eines Einzelmenschen zu dokumentieren, es sei denn, es handelt sich um einen Herrscher, der überall materielle Zeugnisse seines Wirkens hinterlassen hat. Für Abraham und Jakob, Moses und Jesus läßt sich die Lebensspur archäologisch nicht rekonstruieren, doch es ist möglich, die in der Bibel geschilderten gesellschaftlichen Zustände und rechtlichen Gepflogenheiten, für die Belege hauptsächlich in Obermesopotamien gefunden wurden, nachzuvollziehen und die Patriarchengeschichte in einen konkreten räumlichen und zeitlichen Kontext zu stellen.

In ihrer heutigen Form ist die **Partriarchengeschichte** nach Ansicht der meisten Gelehrten ein literarisches Werk, das zur Zeit der vereinten Monarchie (um 1000 v. Z.) schriftlich fixiert wurde. Die Erzählung umfaßt sehr alte Überlieferungen, aber auch jüngere Stoffe und sogar solche, die der Zeit ihres Verfassers oder ›Redakteurs‹ entstammen. Ebenso ist nach Ansicht der meisten Gelehrten der ›Sitz im Leben‹ dieser Erzählung, ihr sozialpolitischer Hintergrund – die archaischen Elemente, von denen noch die Rede sein soll, einmal ausgenommen –, um nur ein oder zwei Generationen älter als ihre erste schriftliche Fixierung.

Zum älteren Material gehört der Bericht über Abrahams Vater Terach (»Terach nahm seinen Sohn Abram ... und er ließ sie von Ur in Chaldäa wegziehen, um nach Kanaan auszuwandern. Als sie nach Haran gekommen waren, ließen sie sich dort nieder«, 1. Mose 11,31) und dessen Vorfahren (Abb. 17). Möglicherweise klingt der Name Terach in der Ortsbezeichnung Til-ša-turahi auf – ein Ort am Fluß Balich in Obermesopotamien. Auch die übrigen Vorfahren Abrahams finden sich als Städtenamen in der Umgebung von Haran in Obermesopotamien wieder, so z. B. Peleg, das dem Ort Paliga am Euphrat oberhalb der Chabur-Mündung entsprechen dürfte. Der Name Serug wiederum verweist auf Šarugi, einen Ort westlich von Haran, zugleich ruft er auch den keilschriftlich überlieferten Personennamen Šarugi in Erinnerung. Ein weiteres Beispiel: Nach der Überlieferung hießen Abrahams Großvater und Bruder gleichermaßen Nachor. Keilschrifttexte verschiedener Herkunft belegen wiederum ein städtisches Zentrum namens Nachor. Gleichzeitig ist Nachor auch ein Eigenname, belegt in den Formen *Naḫaru, Nuḫuru* oder *Naḫiri*. Möglicherweise wurden in diesen Fällen ursprünglich entweder Sippennamen auf die von ihnen gegründeten Städte übertragen oder übernahmen umgekehrt die Sippen die Namen der Städte, aus denen sie stammten.

Daß die Bibel den Ausdruck »Ur in Chaldäa« verwendet, obwohl der Ort erst im 1. Jt. v. Z. mit den Chaldäern in Berührung kam, sollte nicht voreilig zu dem Schluß führen, die gesamte

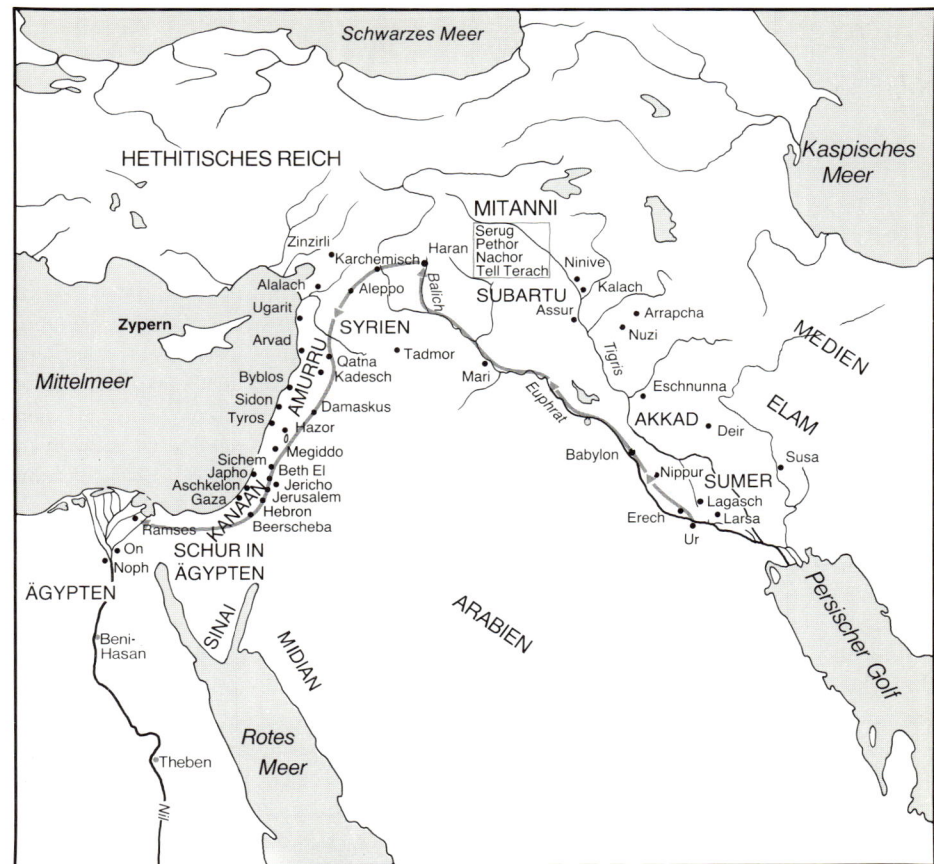

17   Abrahams Weg von Ur in Chaldäa bis nach Ägypten. 2. Jt. v. Chr.

Patriarchengeschichte sei reine Erfindung. Der Verfasser wollte in diesem Zusammenhang sicher auf einen Ort hinweisen, der seinen Zeitgenossen vertraut war, also nicht auf den damals schon vergessenen sumerischen Stadtstaat Ur, sondern auf das zeitgenössische Ur in Chaldäa.

1. Mose 14 beschreibt **Abraham** der sich bereits in Südkanaan niedergelassen hat, nicht als den gläubigen Patriarchen der guten Worte, sondern als wohlhabenden und mächtigen Sippenführer, der eine Truppe von 318 Männern aufbieten kann (1. Mose 14,14), um seinen Neffen Lot aus der Gewalt des Königs von Elam, Kedor-Laomer, zu befreien. In der Forschung wurde vorgeschlagen, Kedor-Laomer mit dem Elamiter Kudur-Nachuth I. gleichzusetzen, einem König, dessen Heldentaten in akkadischen Texten ausführlich beschrieben wurden. Spätere Generationen

PATRIARCHENZEIT: ABRAHAM/ERRICHTUNG HEILIGER STÄTTEN

reichten diese Erzählungen weiter, und langsam verlagerte sich der Brennpunkt der Geschichte nach Kanaan. Möglicherweise entstammt der biblische Bericht einer nichtisraelitischen Quelle, denn Abraham wird hier als »Hebräer« bezeichnet, ein Ausdruck, den die Israeliten nur verwendeten, um sich Fremden gegenüber auszuweisen, nicht jedoch untereinander. Jedenfalls: Wenn Abraham in einer historischen oder zumindest teilweise historischen Erzählung als charismatischer Sippenführer beschrieben wird, dann ist er keineswegs eine Gestalt, deren Spuren sich im Nebel verlieren, sondern eine leibhaftige geschichtliche Gestalt.

Der Verfasser oder Redakteur bedient sich auch an dieser Stelle wieder eines ähnlichen ›anachronistischen‹ Kunstgriffs wie schon im Falle der Stadt Ur, um seinen Lesern deutlich zu machen, bis wohin Abraham die vier Könige verfolgte: »... bis nach Dan« (1. Mose 14,14). Zu Abrahams Zeit (je nach Quelle um die Mittlere Bronzezeit, gegen 2000 oder 1800 v. Z.) war dieser Ort jedoch von Kanaanäern, nicht Israeliten bewohnt, und er hieß damals noch Lais; umbenannt in Dan wurde er erst gegen Ende des 12. Jh. v. Z., als der gleichnamige israelitische Stamm ihn in Besitz nahm.

Hier, im uralten Lais, fanden israelische Archäologen 1980 das älteste unversehrte Stadttor, das je in Israel – und möglicherweise auch anderenorts – aufgedeckt wurde. Um das 19. oder 18. Jh. v. Z. haben die Bewohner der Stadt es aus luftgetrockneten Lehmziegeln errichtet. Der unversehrte Torbogen ist um fast 2000 Jahre älter als alle bis dahin bekannten Bögen in Israel. Zusammen mit den beiden flankierenden Türmen ist das Tor 15,45 m breit, die Toröffnung und die Türme nehmen davon jeweils 5,15 m ein (Abb. 18). 47 Lehmziegellagen haben sich erhalten, 17 davon allein über dem Bogenscheitel bis zu einer Höhe von 6 m. Die Spannweite des Bogens mißt 2,40 m. Da in der Sonne getrocknete Lehmziegel vom Regen verwaschen werden, haben die Erbauer schon vor 4000 Jahren Tor und Türme sorgfältig mit weißem Gips verputzt, von dem noch Spuren in den Fugen zwischen den Ziegeln zu sehen sind.

Der Südturm war stark beschädigt; unter dem Nordturm wurde in einer Tiefe von 4,50 m eine Futtermauer, 1,30 m breit und 3,50 m lang, entdeckt. Zum Tor führen Stufen, die auf einer Strecke von 14 m freigelegt wurden. Vier weitere Stufen führen vom Tor zu einem eingeebneten Platz hinauf, von dem aus es hinabging in die Stadt. Der Schutzwall der kanaanäischen Stadt, bestehend aus einem 6,50 m starken steinernen Kern, den eine um 40 Grad geneigte Erdschicht bedeckte, war 18 m hoch. Futtermauern verhinderten, daß die Erde der Wälle die Treppen zum Tor verschüttete.

Aus unbekanntem Grund füllten die Bewohner der kanaanäischen Stadt das Tor schon eine oder höchstens zwei Generationen nach seiner Erbauung mit zerbrochenen Lehmziegeln und Erde wieder auf. Allein dieser Tatsache ist es zu verdanken, daß es die folgenden 4000 Jahre im Gegensatz zu seinen zahlreichen Nachfolgern unversehrt überstanden hat. Möglicherweise stand Abraham auf den Treppen zu diesem Tor, als er die vier Könige verfolgte!

Bezog sich der biblische Bericht über die Vorfahren Abrahams auf die archaische Zeit, so weisen die Schilderungen der **heiligen Stätten,** an denen Abraham selbst Altäre errichtete, in eine noch nicht allzu ferne Vergangenheit: »Abraham durchzog das Land bis zur Stätte von Sichem, bis zur Terebinthe von Mamre ... Da baute er dort dem Herrn ... einen Altar« (1. Mose 12,6+7); und:

18 Tel Dan. Das Lehmziegeltor mit Treppen. 19. oder 18. Jh. v. Z.

»Von da zog er weiter in das Gebirge östlich von Beth El und schlug sein Zelt auf, Beth El im Westen und Ai im Osten. Da baute er dem Herrn einen Altar« (1. Mose 12,8). Es ist anzunehmen, daß die Berichte über diese heiligen Stätten aus einer Zeit datieren, als die Erinnerung an die Besiedlung des Landes durch die zwölf Stämme und die Beziehung der Vorfahren zu diesen Plätzen noch nicht verblaßt war. Als Bestätigung für diese These ist die Tatsache zu werten, daß die Mehrzahl der mit den Erzvätern in Verbindung gebrachten heiligen Stätten in eben jenen Gebieten liegt, die von den Israeliten schon frühzeitig eingenommen und besiedelt wurden, so im Negev, in Juda, im Ephraimgebirge (auch: das Samarische Bergland) und in Gilead östlich des Jordan. Hier wurden während der Zeit der Richter (12.–11. Jh. v. Z.) und in der Anfangszeit der Monarchie (Ende des 11. Jh.s) die bedeutendsten religiösen Feiern begangen. Zu den bemerkenswerten religiösen Traditionen dieser Epoche gehört ferner die Errichtung von säulenartigen Steinmonumenten, genannt *Massebot,* an heiligen Stätten in der Nähe heiliger Bäume. Eine zentrale Stellung nimmt in der Patriarchenzeit die Stadt **Hebron** ein, denn hier kaufte Abraham »das Grundstück des Ephron, das in der Machpela östlich von Mamre lag, das Grundstück mit der Höhle darauf samt allen Bäumen auf dem Grundstück ringsum in seinem ganzen Gebiet« (1. Mose 23,17); und: »Darauf begrub Abraham seine Frau Sara in der Höhle...« (1. Mose 23,19).

PATRIARCHENZEIT: RECHTSBRÄUCHE

Später machte David Hebron zur ersten Hauptstadt des vereinten Königreiches: die Verbindung, die der Begründer der neuen Dynastie damit zu den Patriarchen herstellte, ist unübersehbar.

Auch **Beerscheba** im Süden des Landes spielte eine bedeutende Rolle in der Patriarchengeschichte. Hier hatte Abraham mit dem kanaanäischen König Abimelech einen Bund geschlossen: »Darum heißt jener Ort Beerscheba, denn dort haben beide einander geschworen« (1 Mose 21,31). Denn Beerscheba bedeutet »Siebenbrunnen« oder »Eidbrunnen« – und ein Brunnen vor einer Stadtmauer aus dem 11. Jh. v. Z. wurde tatsächlich von den israelischen Archäologen hier gefunden (Abb. 19); allerdings konnte er nicht mit dem Abraham der Mittleren Bronzezeit (ca. 2000 v. Z.) in Verbindung gebracht werden, sondern wurde erst wesentlich später angelegt, was wieder die Hypothese zu bestätigen scheint, daß sich die wesentlichen Begebenheiten der Patriarchengeschichte ein oder zwei Generationen vor der vereinten Monarchie (10. Jh. v. Z.) zugetragen haben. Auch einen Steinaltar (Abb. 20) fanden die Ausgräber vor dem Stadttor, zwar nicht ganz so groß und wuchtig wie der gehörnte Altar aus der Zeit der vereinten Monarchie, aber immerhin ein Beweis für die kultische Bedeutung des Ortes, wie es die Patriarchengeschichte andeutet.

Welcher Zeit die Geschehnisse der Patriarchengeschichte tatsächlich zuzuordnen sind, wird auch daran deutlich, daß die Bibel das Kamel an dieser Stelle zum ersten Mal als Reittier erwähnt, und zwar in der Episode, in der Abraham seinen Knecht nach Aram Naharajim in die Stadt Nachors schickt, um eine Frau für seinen Sohn Isaak zu holen (1. Mose 24,10). Obwohl das Kamel vermutlich schon im 4. Jt. v. Z. domestiziert wurde, hat man es in Kanaan erst um das 12. Jh. v. Z. für Transport und Krieg eingesetzt. Als Reittier erschloß das Kamel dem Menschen plötzlich die weiteren Wüstengebiete, die ihm bisher unzugänglich gewesen waren, denn solange er mit Eselskarawanen aufbrach, schränkte der größere Wasserbedarf der Tiere den Bewegungsradius beträchtlich ein. Wenn Kamele also in der Patriarchengeschichte häufig erwähnt werden, handelt es sich dabei entweder wieder um einen Anachronismus, oder die Theorie über die Datierung der fraglichen Ereignisse ein oder zwei Generationen vor der vereinten Monarchie erhält, wie schon angedeutet, weitere Stärkung.

Sehr viel älter als die mit Kanaan zusammenhängenden Berichte sind dagegen eine Reihe von **Rechtsbräuchen,** die in der Patriarchengeschichte geschildert werden. Ihr Ursprung ist unklar; über ihre Bedeutung dagegen haben Tontäfelchen aus dem Archiv in Nuzi, heute Jorgan Tepe südwestlich von Kirkuk im Irak, Aufschluß gegeben. In 1. Mose 16,2 sagt Sarai zu Abraham: »Siehe, der Herr hat mir Kinder versagt. Wohne meiner Magd bei! Vielleicht werde ich durch sie zu Kindern kommen.« Genauso verfahren zwei Generationen später auch Jakobs Frauen Lea und Rachel (1. Mose 30, 1–3 und ebd., 9). Ein churrischer Heiratsvertrag aus Nuzi sieht die gleiche Regelung vor, wenn die Frau ihrem Mann keine Kinder gebären kann.

Ein anderer Text aus Nuzi erklärt, warum Rachel die Hausgötter, hebräisch *Teraphim* (Abb. 21), ihres Vaters Laban an sich nahm, als sie mit ihrem Mann Jakob aufbrach, um zu dessen Vater Isaak ins Land Kanaan zurückzukehren. Allem Anschein nach besaß Laban anfangs keinen männlichen Erben, adoptierte deshalb Jakob und gab ihm seine beiden Töchter Lea

19 Tel Beerscheba. ›Abrahams Brunnen‹ vor dem Stadttor. 11. Jh. v. Z.

20 Tel Beerscheba. Steinaltar. Ca. 11. Jh. v. Z. Beerscheba, Städtisches Museum

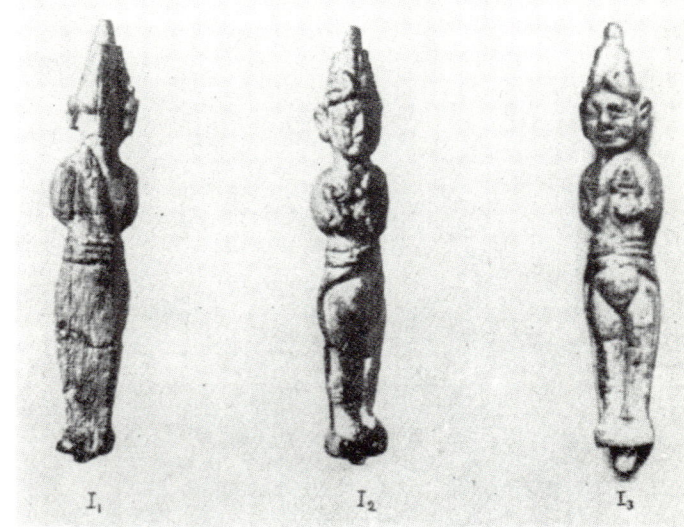

21 Mesopotamien. Teraphim. 10.–7. Jh. v. Z. Jerusalem, Israel-Museum

PATRIARCHENZEIT: JOSEPH

und Rachel zu Frauen. Dadurch wurde Jakob ein vollwertiges Mitglied der Familie, das auch Anspruch auf das Familienerbe hatte. Im Nuzi-Text ist dafür die folgende Regelung vorgesehen: Sollte dem Adoptivvater später doch noch ein leiblicher Sohn geboren werden, erhält dieser 50 Prozent vom Erbe seines Vaters sowie die Hausgötter. Als Rachel die Hausgötter ihres Vaters mit sich nahm, wollte sie damit ihrem Mann Jakob diesen entscheidenden Bestandteil des Erbes auch für den Fall sichern, daß ihrem Vater später noch Söhne geboren werden sollten.

Noch eine weitere Eigentümlichkeit beweist, wie alt dieser Teil der Patriarchengeschichte ist: Jakobs Doppelehe mit den beiden Schwestern Lea und Rachel. Denn schon in 3. Mose 18,18 wird solch eine Ehe ausdrücklich untersagt: »Du darfst nicht eine Frau zu ihrer Schwester hinzunehmen.« Demnach bewahrt der biblische Bericht hier Traditionen aus einer Zeit, als diese Art Ehe noch erlaubt war. (Im übrigen belegt das zitierte Verbot auch die Existenz einer solchen älteren Gepflogenheit.)

So wenig sich unmittelbare archäologische Beweise für die Existenz Abrahams finden lassen, so wenig ist, streng genommen, **Josephs** Wirken bezeugt, doch entwickelt sich seine biblische Biographie – wie die Abrahams – in einem authentischen historischen Milieu. Mit der Josephsgeschichte wird die Zeit der Patriarchen abgeschlossen, gleichzeitig begründet sie logisch, wie die Kinder Israel überhaupt nach Ägypten kamen und weshalb später ihr Auszug von dort notwendig wurde.

Die zahlreichen Einzelheiten in dieser Erzählung entsprechen durchweg den Traditionen des alten Nahen Ostens. So ist Josephs »Ärmelkleid« der deutschen Übersetzung (1. Mose 37,3) im Hebräischen ein *kutonnet passim,* d. h. »Streifenkleid«. Ein solches Streifenkleid ist schon aus keilschriftlichen Texten als Zeremonialgewand bekannt, das Götterstatuen schmückte – allerdings nicht bei den Israeliten, denn sie kannten ja – zumindest in historischer Zeit – keine solchen Idole. Ebenso entsprach es durchaus ägyptischen Bräuchen, wenn der Pharao seinem Wesir Joseph einen Siegelring an den Finger steckte (1. Mose 41, 42), um ihm Autorität zu verleihen, und auch goldene Ketten, wie der Pharao Joseph eine um den Hals legte (1. Mose 41,42), sind als Ehrengeschenk in Ägypten bezeugt. Mit diesem Akt konnte der Herrscher die herausragende Leistung und Stellung seines Beamten würdigen.

Joseph brachte schließlich seinen Vater und seine Brüder nach Ägypten ins Land Goschen (1. Mose 45,10), das zwei Kapitel später (1. Mose 47,11) auch als die Landschaft Ramses bezeichnet wird. Sie befindet sich im östlichen fruchtbaren Nildelta in der Gegend des Wadi Tumilat, und reichte von Tanis, dem biblischen Zoan, bis zur Vorratsstadt Pithom (heute: Tell el-Maschuta) südwestlich des heutigen Ismailia. Pithom hieß auf ägyptisch auch *Per-Atum,* das »Haus des Gottes Atum«. Das biblische Sukkot, die erste Station der Israeliten nach ihrer Flucht aus *Per-Ramses* (d. h. »Haus des Ramses« – die neugegründete Residenz Ramses' II., die möglicherweise mit Tanis gleichzusetzen ist), haben die Archäologen versuchsweise mit der Stadt identifiziert, die später als Teku bekannt wurde.

Eine ganze Reihe von Wissenschaftlern ist der Meinung, daß Joseph nicht unter einem ägyptischen Pharao in das hohe Amt hätte aufsteigen können. Ihrer Ansicht nach lebten und wirkten die Kinder Israel zu einer Zeit in Ägypten, als dort ein fremdes Volk die Herrschaft an sich gerissen hatte, nämlich die Hyksos (gräzisierte Form des altägyptischen *heqa-chaschut,* »Herrscher der Fremdländer«). Im 19. Jh. v. Z. drangen während der großen Völkerwanderung in Vorderasien Amoritergruppen ins Land Kanaan ein; von dort zogen sie später weiter bis nach Ägypten, das sie bis 1650 v. Z. nach und nach eroberten. Gegenüber anderen Völkern und Volksgruppen besaßen die Hyksos einen entscheidenden militärischen Vorteil, nämlich von Pferden gezogene Streitwagen. Eine Reihe von Anhaltspunkten spricht dafür, daß sie und nicht erst die Assyrer 800 Jahre später den »Widder«, eine wuchtige Belagerungsmaschine, im Nahen Osten einführten. Kein Wunder, daß die Städte in Ägypten und Kanaan, auf solche Waffen nicht eingestellt, dem Ansturm des Fremdvolkes nicht standhielten und in Trümmer sanken.

Die Hyksos stellten die 15. und 16. ägyptische Dynastie. Erst nach etwa 100 Jahren hatte der von Theben in Oberägypten aus geführte Befreiungskampf der Ägypter Erfolg. Um das Jahr 1550 v. Z. wurde der letzte Hyksos-König vertrieben. Damit ging auch die Blütezeit der Kinder Israel in Ägypten zu Ende, denn: »Da kam ein neuer König in Ägypten zur Herrschaft, der von Joseph nichts wußte« (2. Mose 1,8).

In der Geschichte des Pharaonenreiches war der Aufenthalt von westsemitischen Gruppen im Osten des Nildeltas wahrscheinlich etwas derart Alltägliches, daß die ägyptischen Quellen nur selten Hinweise darauf geben. Der Papyrus Anastasi VI aus der Zeit des Pharaos Sethos I. (1304–1290 v. Z.) enthält als Fingerzeig darauf den Bericht eines ägyptischen Grenzbeamten über eine edomitische Beduinengruppe, die an der Merenptah-Festung in Teku in Richtung auf die Teichgebiete von Per-Atum vorbeigezogen war. Asiatische Nomaden, darunter auch die 'apiru, wurden ohne Zweifel als Fronarbeiter bei den großen Bauprojekten der Pharaonen, aber auch – wie ägyptische Wandmalereien belegen – auf Obstplantagen und in Keltereien eingesetzt.

Die **biblische Chronologie** wirft eine Reihe von Problemen auf. So gibt sie zwar genau das Jahr an, in dem Salomo seinen Tempel in Jerusalem baute: »Es war im Jahr 480 nach dem Auszug der Israeliten aus Ägypten, im vierten Jahr der Regierung Salomos über Israel« (1. Kön. 6,1), aber wie diese 480 Jahre berechnet wurden, darüber schweigt sich die Heilige Schrift aus. Einer Berechnung zufolge, die auf Priestertraditionen aus der Zeit des ersten Tempels zurückgreift, haben von Aaron bis Asaria aus dem Geschlecht Zadok, dem ersten Hohenpriester, der seinen Dienst im Tempel versah, insgesamt zwölf Generationen von Priestern gelebt, wobei die Lebensdauer einer Generation auf 40 Jahre angesetzt wurde. Ramses II. (1290–1224 v. Z.) würde damit automatisch als der Pharao ausscheiden, der die Israeliten davonziehen ließ. Wenn man dagegen realistischer für eine Generation durchschnittlich 25 bis 27 Jahre ansetzt und wiederum zwölf Generationen zählt, erreicht man die Mitte des 13. Jh.s v. Z. und damit Ramses II. Dafür spricht auch, daß die Städte Pithom und Ramses mit Hilfe asiatischer Fronarbeiter nachweislich unter diesem König erbaut wurden. Die Frage nach der exakten Chronologie bleibt jedoch, allen Mutmaßungen und Berechnungen zum Trotz, weiterhin offen.

Das Leben des Mannes, der diesen Auszug aus Ägypten ermöglicht und die Israeliten nach einer vierzigjährigen Wanderung durch die Wüste bis an die Grenze des verheißenen Landes geführt hat, ist genausowenig durch archäologische Befunde gesichert wie das Abrahams, Isaaks, Jakobs und Josephs. Was über **Mose** Lebensweg, vor allem seine Geburt und die Aussetzung

MOSES: AUSZUG AUS ÄGYPTEN

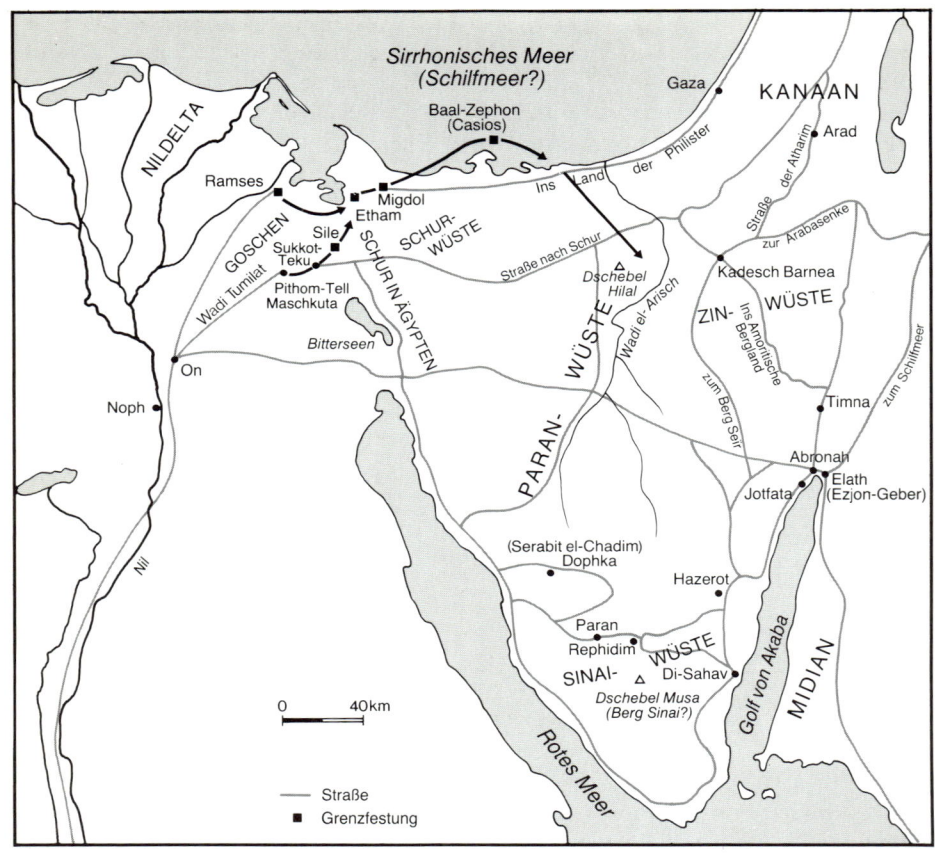

22 Karte. Zug der Israeliten von Ramses in Ägypten ins Land Kanaan. Anfang 13. Jh. v. Z.

des Knaben in einem Korb auf dem Nil, überliefert ist, trägt unverkennbar die Züge einer Legende – eine ähnliche Erzählung war übrigens in einer akkadischen Variante auch über Geburt und wunderbare Errettung von Sargon, dem König von Akkad (etwa 2350–2295 v. Z.), im Umlauf. Offenbar sollte die Kindheitsgeschichte dieses herausragenden Israeliten den Nachweis liefern, daß Mose nicht erst im Laufe seines Lebens zum Werkzeug des Einen Gottes geworden, sondern von Geburt dazu erwählt war, doch schwingt zugleich auch Historisches in der Moseserzählung mit. Zweifellos gehörte seine Familie zu den semitischen Staatssklaven in Ägypten, die für die Arbeit an den Pharaonenbauten eingesetzt wurden. Daß er mit den Ägyptern in nähere Beziehung getreten ist, ergibt sich schon aus seinem Namen, der auch in dieser Kurzform in Ägypten belegt ist. In seiner vollständigen ägyptischen Form bedeutet er: »Der Gott ... hat ihn geboren«.

Ebenso alt wie die Geschichte der wunderbaren Errettung Moses dürfte der Bericht über seine Einheirat in die Familie eines midianitischen Priesters sein: »Mose ließ sich bestimmen, bei dem Manne [d. h. dem Priester von Midian] zu bleiben. Dieser gab ihm seine Tochter Zippora zur Frau« (2. Mose 2,21). Diese Episode muß schon in vorstaatlicher Zeit fester Bestandteil der Überlieferung gewesen sein, denn bereits in der Zeit der Richter (ca. 12.–11. Jh. v. Z.), kaum daß die Israeliten im gelobten Land seßhaft geworden waren, galten ihnen die verschwägerten Midianiter als gefürchtete Feinde, als Gegner auf Leben und Tod: »Zahllos waren sie [die Midianiter] und ihre Kamele, und sie fielen ins Land ein, um es zu verheeren« (Richter 6,5). Bedeutsam in diesem Zusammenhang ist wieder die Erwähnung der Kamele, auf denen die Midianiter, die dieses Reittier um das 12. Jh. v. Z. als erstes Volk im Land Kanaan bei Überfällen verwendeten, wie ein Spuk auftauchen und ebenso schnell wieder verschwinden konnten, sobald sie die Felder der Israeliten verwüstet und ihre Scheunen geplündert hatten.

Moses führte die Israeliten schließlich aus der ägyptischen Knechtschaft in die Freiheit. Zwar erwähnt die Bibel eine ganze Reihe von Orten, an denen die Israeliten vorbeizogen, doch erlaubt der Bericht nicht, den Verlauf der Wanderung exakt zu bestimmen. Nur die erste Etappe des Exodus, als die Israeliten das Land östlich des Nildeltas durchzogen, läßt sich annähernd rekonstruieren, da auch aus ägyptischen Quellen bekannte Orte erwähnt werden (Abb. 22).

»Die Israeliten brachen von Ramses nach Sukkot auf« (2. Mose 12,37). Sukkot ist wohl mit der Grenzfestung Teku (in ägyptischen Texten *t–k–w*) gleichzusetzen, westlich der Bitterseen gelegen, wo heute der Suezkanal verläuft. Von dort zog das Volk weiter nach Etam am Rand der Wüste und lagerte vor Pi-Hachirot zwischen Migdol und dem Meer, gegen Baal-Zephon (2. Mose 14,2). Auch Migdol ist als eine ägyptische Festung im Nordosten von Sile (heute: Tell el-Heir) nahe el-Kantara belegt. Baal-Zephon war der Name eines Tempels für Seeleute (griechisch: Casios) auf der schmalen Landbrücke, die das Sirrhonische Meer vom Mittelmeer trennt.

Das Sirrhonische Meer weist natürliche Gegebenheiten auf, die seine Identifizierung als »Schilfmeer« (2. Mose 14,15–30) möglich machen. Der Landstreifen zwischen Sirrhonischem Meer und Mittelmeer wird an drei Stellen von Prielen durchbrochen. Weht der Wind aus dem Osten, senkt sich der Wasserspiegel der Lagune erheblich, und es ist dann möglich, die drei Kanäle mühelos zu Fuß zu durchqueren. Dies stimmt gut zusammen mit dem Bibelbericht: »Der Herr ließ die ganze Nacht das Meer von einem starken Ostwind zurückweichen« (2. Mose 14,21). Dreht sich der Wind dagegen nach Norden, dringt Wasser aus dem Mittelmeer in die Lagune ein, und die Kanäle werden plötzlich bis zu zwei Meter tief. Parallel zur Küste verlief die Via maris, die große Küstenstraße, die Ägypten mit Kanaan verband. Sie hätte Moses und die ihm anvertrauten Israeliten auf schnellstem Weg ins verheißene Land geführt. Doch war sie durch stark befestigte Orte und Grenzposten gesichert. Es blieb Moses daher nichts anderes übrig, als sich dem Landesinneren, der Oase Kadesch Barnea, zuzuwenden, dem einzigen Ort auf diesem Abschnitt der Wanderung, der noch identifiziert werden kann.

Nach Ansicht anderer Wissenschaftler zogen die Israeliten allerdings nicht durch das Sirrhonische Meer, sondern entweder durch irgendeinen See zwischen dem heutigen Suezkanal und den Bitterseen oder aber tatsächlich durch das Rote Meer, das im Hebräischen *Jam Suph*, d. h.

»Schilfmeer«, heißt. Das Rätsel der exakten Stelle des Durchzugs der Israeliten wird letztendlich wohl, wie so viele andere, ungelöst bleiben.

Zwar enthält die Bibel in 4. Mose 33,3-49 eine Liste der Stationen, die die Israeliten auf ihrem Zug durch die Wüste berührten – ihr Weg führte von Ramses über das Schilfmeer, Ezjon-Geber und Kadesch Barnea bis in die Steppen von Moab –, doch sind sich die Gelehrten bis heute nicht einig, auf welcher Route Moses die Israeliten von Ägypten bis an die Grenzen des verheißenen Landes führte. Jene, die der Ansicht sind, daß die Israeliten durch den Nordsinai zogen, suchen dort auch den Berg Sinai. Hypothetisch wurde der knapp 50 km westlich von Kadesch Barnea gelegene Dschebel Hilel mit Moses Berg Sinai oder Horeb identifiziert. Auf dieser Route hätte sich auch das in 4. Mose 11, 31-32 geschilderte Wunder mit den Wachteln ereignen können, die sich hier tatsächlich auf ihrem Weg von Europa nach Afrika nach der Überquerung des Mittelmeeres erschöpft niederlassen, bevor sie weiterziehen.

Nach Auffassung anderer Gelehrter – sie basiert im wesentlichen auf einer frühchristlichen Tradition – wanderten die Israeliten durch den Südsinai. Dort hatte Justinian I. schon 527 n. Z. das Katharinenkloster am Fuß des Dschebel Musa, des Mosesberges, errichtet. Einen stärkeren Eindruck als der Dschebel Hilel hinterläßt der Dschebel Musa auf jeden Fall. Während ersterer nur knapp 900 m hoch ist, ragt der Dschebel Musa immerhin imponierende 2300 m empor. Welchen Weg die Israeliten auch immer eingeschlagen haben mögen, sie trafen in der Oase Kadesch Barnea ein, der größten im gesamten Sinai. Hier hielten sie sich längere Zeit auf.

Wahrscheinlich wird die Frage nach dem Weg der Israeliten, den sie auf ihrer vierzigjährigen Wanderung zurücklegten, nie ganz geklärt werden können. Allem Anschein nach vermischen sich in diesem Bericht mehrere Überlieferungen, die zum Teil sehr alt sind. In dieses Gewirr von alten und jüngeren Traditionen Ordnung zu bringen, erscheint nahezu aussichtslos.

Eine klare Aussage hingegen macht die Bibel über die Zahl der Waffenfähigen: »Alle Gemusterten also beliefen sich auf insgesamt 603 550« (4. Mose 1,46). Aber auch was die Bibel klar und deutlich sagt, wirft stets Interpretationsschwierigkeiten auf. Möglicherweise gibt das an dieser Stelle benutzte hebräische *eleph* nicht, wie es heute verstanden wird, die Zahl 1000 an, sondern bezieht sich auf ein Dorf oder eine andere Bevölkerungseinheit, die Soldaten stellte. Vielleicht verfügten die Israeliten über ein Heer von 6000 Soldaten oder 600 kleinen Einheiten mit je 100 Soldaten, vielleicht – so eine andere Lehrmeinung – projiziert die genannte Zahl auch lediglich das Ergebnis jener Volkszählung, die David in seinem vereinten Königsreich hatte durchführen lassen, auf den Israelitenzug ins verheißene Land. Wie dem auch sei, ein Heer von 600 000 Soldaten, mitsamt ihren Familien sowie den Leviten, die nicht mitgezählt wurden, hätte kaum 40 Jahre lang durch den Sinai wandern und Nahrung finden können.

Mit 4. Mose 21,24 beginnt der biblische Bericht über die Eroberung von Transjordanien, und im 34. Kapitel desselben Buches sind die Grenzen des den Israeliten **versprochenen Landes** angeführt. Die Einnahme jener Landstriche erfolgte indessen nicht, wie die Bibel annehmen läßt, in einer einzigen Generation, sondern zog sich über einen langen Zeitraum zwischen dem 14. und der Mitte des 12. Jh.s v. Z. hin.

Pharao Merenptah, der von ca. 1224–1204 v. Z. herrschte, hätte auf seiner Stele kein »Israel« erwähnen können – womit er sich auf ein Volk, noch nicht auf ein Land dieses Namens bezog (vgl. S. 34) –, wären damals nicht bereits Israeliten in Kanaan ansässig gewesen. Möglicherweise kamen die ersten Israeliten in das verheißene Land, als die Hyksos aus Ägypten vertrieben wurden (Mitte des 16. Jh.s v. Z.). Sie dürften auf der Königsstraße direkt durch Transjordanien nach Norden gezogen sein, bevor die Edomiter und Moabiter dort ihre Staaten gründeten.

Als Hinweis darauf, daß Israeliten im Land lebten, die nicht mit Moses und Josua aus Ägypten ausgezogen waren, wird man Josua 8,33 interpretieren dürfen. Der Feldherr des Mose ließ nach dem Sieg über Ai das Volk Israel zur Verlesung des Gesetzes sich versammeln: »Dann stellte sich ganz Israel mit seinen Ältesten, seinen Schreibern und Richtern, alle, Fremdlinge wie Eingesessene, zu beiden Seiten der Lade auf.« Und im selben Buch (Josua, 24) beruft Josua alle Stämme Israels nach Sichem. In den vorangegangenen Kapiteln ist die Eroberung von Sichem nicht erwähnt, obwohl es das Bergland beherrscht und erstes großes Kultzentrum der seßhaft werdenden Israeliten wurde. Auch die archäologischen Funde auf dem heutigen Tell Balatha bestätigen, daß Sichem im 13. Jh. v. Z. nicht zerstört bzw. wiederaufgebaut worden ist.

Eine zweite große Invasionswelle ist für die Mitte des 13. Jh.s v. Z. anzunehmen. Diesmal traf sie auf den Widerstand der Herrscher von Edom und Moab. Als die Israeliten erkannten, daß ihnen der direkte Zugang ins verheißene Land über die Königsstraße versperrt war, schlugen sie einen Umweg durch die Wüste ein: »Vom Berge Hor zogen sie den Weg nach dem Meer von Suph weiter, um das Land Edom zu umgehen« (4. Mose 21,4); diese Ausweichroute führte in den Süden nach Elath, von dort um den Negev und schließlich östlich der transjordanischen Reiche in den Norden. Noch bevor der Jordan erreicht war, stellte sich der Amoriterkönig Sichon den Israeliten entgegen, wurde von ihnen aber geschlagen (4. Mose 21, 22 ff.). Hier vollzog sich die erste Landnahme durch den Stamm Gad, dessen Anwesenheit mehrere hundert Jahre später noch einmal der Moabiterkönig Mesa auf seiner Stele (vgl. S. 36) bestätigt (ca. 840 v. Z.).

Die Israeliten, die sich im 13. und 12. Jh. v. Z. in großer Zahl im Land Kanaan niederließen, siedelten nicht in einer menschenleere Region. Als sie Besitz von dem Land ergriffen, war die Macht Ägyptens in Kanaan geschwächt, und dieses Machtvakuum nutzten aramäische Stämme, die aus dem Norden über Westmesopotamien und Nordsyrien bis zum Jordan vorstießen. Ungefähr zu dieser Zeit oder auch schon etwas früher hatten sich die Edomiter, die Moabiter und die Ammoniter östlich des Jordan niedergelassen. Und schließlich drangen Seevölker, darunter die Philister, die die Israeliten schon kurz darauf in ihrer Existenz gefährden sollten, in das Küstengebiet und die westliche Ebene Kanaans ein. Durch diesen äußeren Druck und Wettbewerb um das vorhandene Land wurde der Prozeß der israelitischen Landnahme und Besiedlung entscheidend beschleunigt.

Abschließend sollte darauf hingewiesen werden, daß der Pentateuch, die fünf Bücher Mose, und das Buch Josua ein bruchloses Geschichtsbild von der Entstehung eines Volkes zeichnen, das mit der Patriarchengeschichte und der Verheißung des Landes beginnt, mit der Knechtschaft in Ägypten und dem Exodus aus dem Nilreich fortfährt und mit der erfolgreichen Landnahme durch Josua endet. Den Patriarchen, genealogisch Israel als Stammväter vorangestellt, wird das Land Israel vom Standpunkt der bereits vollzogenen Landnahme aus versprochen. Die nahtlos anschließende Erzählung von der Landnahme verdeckt indessen, daß wir es hier in Wirklichkeit mit einem mehrere Jahrhunderte anhaltenden Prozeß zu tun haben.

Kapitel 3:
»So unterwarf Josua das ganze Land«
Landnahme und Besiedlung

Josua 10,40

Als glatt und problemlos schildert das Buch Josua die Eroberung des verheißenen Landes durch Josua: Von Gilgal am Westufer des Jordan brach Josua mit den Israeliten auf zur Belagerung und Einnahme zuerst von Jericho, dann von Ai. Mit der Eroberung des zweiten Ortes hatte er einen Brückenkopf im zentralen Bergland gewonnen. Von Ai zog der Feldherr weiter nach Juda und Galiläa, wo er israelitische Siedlungsenklaven schuf (Jos., Kapitel 2–12). In den Kapiteln 13 bis 22 desselben Buches wird das eroberte Land unter den israelitischen Stämmen aufgeteilt (Abb. 23).

Das Buch Richter ergänzt das Buch Josua. Aber im Gegensatz zu diesem konzentriert es sich vor allem auf die Eroberungen der einzelnen Stämme, die ihren Namen erhielten nach Jakobs Söhnen mit Lea: Ruben, Simeon, Levi, Juda, Gad, Aser, Issachar und Sebulon; und Rachel: Dan, Naphtali, Joseph und Benjamin; schließlich den Söhnen Josephs: Ephraim und Manasse, die auch als die sogenannten Halbstämme bezeichnet werden. Im Buch Richter wird deutlich, daß die Eroberungen durch diese Stämme bei weitem nicht so reibungslos verliefen, wie das Buch Josua glauben macht.

Die **Landnahme** vollzog sich nach dem Buch Richter folgendermaßen: Das Haus Joseph und die Stämme Ephraim, Manasse und Bejamin waren gegen das 13. Jh. v. Z. in das Bergland und nach Mittelkanaan eingedrungen und dort dauerhaft seßhaft geworden. Mehrere Jahre später fand auf dem Gebiet des Stammes Benjamin die Schlacht um Gibeon zwischen den Israeliten unter Josua und dem Bund der fünf kanaanäischen Städte, darunter Lachis und Eglon, unter dem Oberbefehl des Königs von Jerusalem statt, in der die Kanaanäer geschlagen wurden (Jos. 10,1–15). Möglicherweise verdankt Josua seinen Ruf als die entscheidende Gestalt bei der Landnahme, die ihm unter Umständen erst später zugeschrieben wurde, diesem entscheidenden Erfolg.

Der Stamm Juda eroberte Jerusalem (Rich. 1,8) und gab es wieder auf. Wenig später fiel die Stadt einem Volk unbekannter Herkunft, den Jebusitern, in die Hände, die sie fast 200 Jahre lang, bis zur Zeit Davids (10. Jh. v. Z.), bewohnten. Wichtiger und von Dauer war dagegen die Einnahme des Judäischen Berglands durch den Stamm Juda und die übrigen Lea-Stämme; das Bergland wurde zu ihrem Traditionsgebiet. Möglicherweise gehörten die Lea-Stämme zu jenem Volksteil der Israeliten, der erst um die Mitte des 13. Jh.s v. Z. im Land Kanaan eingetroffen war.

Der Stamm Simeon zog in den Süden, wo er Beerscheba und das kanaanäische Horma (heute: Tell el-Meschasch) einnahm. Etwa um diese Zeit ließen sich die Kalebiter und die Kenasiter in der Gegend von Hebron und Debir (heute: Tel Beth Mirsim) nieder. Die Keniter besetzten das Gebiet von Arad.

23 Das Gebiet der 12 Stämme nach Josuas Eroberungen. 12.–11. Jh. v. Z.

LANDNAHME DURCH JOSUA (JERICHO/AI/BETH EL/HAZOR)

Als die Großmacht Ägypten gegen Ende des 13. Jh.s v. Z. politisch zunehmend schwächer wurde, drangen die im Süden lebenden israelitischen Stämme in das Vorgebirge des Judäischen Berglands und sogar in die sich davor ausbreitende Küstenebene bis hin zum Mittelmeer ein. Sie schlugen die kanaanäischen Könige von Geser, Lachis und Makkeda (Jos. 10, 16–38).

Die Lea-Stämme Issachar, Sebulon und Aser hatten sich während der ersten und zweiten Eroberungswelle von den übrigen Stämmen getrennt und in verschiedenen Teilen von Galiläa niedergelassen. Ihre Blüte um das 12. Jh. v. Z. ist durch archäologische Funde belegt, doch waren sie zu diesem Zeitpunkt zahlenmäßig weder stark genug noch ausreichend bewaffnet, um die kanaanäischen Stadtstaaten in der Gegend von Hazor oder Hazor selbst einzunehmen.

Nach biblischem Bericht wurde die Macht der Kanaanäer in Galiläa in zwei entscheidenden Schlachten gebrochen: Die erste fand unter Josua bei den Wassern von Merom statt und endete mit der Eroberung von Hazor (Jos. 11); in der zweiten siegten Debora und Barak über den Kanaanäer Sisera in der Jesreelebene (Rich. 4–5). Obwohl die beiden militärischen Aktionen durch eine Zeitspanne von mehreren Generationen getrennt sind, stellen sie nach Ansicht einer Reihe von Gelehrten lediglich zwei Etappen im selben Krieg dar.

Die archäologischen Indizien bestätigen größtenteils den Bibelbericht und sprechen für eine Eroberung des Landes gegen Ende des 13. Jh.s v. Z. Aber gerade die Eroberung **Jerichos,** die so ausführlich in Kapitel 6 des Buches Josua geschildert ist, ließ sich archäologisch nicht belegen. Eine ganze Reihe von Ausgräbern suchte die Mauern, die unter den Trompetenstößen der Israeliten eingestürzt sein sollen – vergebens! Da Jericho nach dem Israelitensturm mehrere Generationen lang unbewohnt blieb – entsprechend dem Fluch in Josua 6,26 –, kann das Fehlen architektonischer Spuren nur damit erklärt werden, daß die von Josua eroberte Stadt, aus vergänglichen Lehmziegeln erbaut, samt Häuser- und Mauerresten von Regen und Wind abgetragen wurde. Was sich an Besiedlungsresten fand, ist um 100 Jahre früher zu datieren als jene Stadt, die der Bibel zufolge an Josua fiel.

Ähnliche Probleme wirft die Lokalisierung der so dramatisch geschilderten Schlacht um **Ai** (Jos. 8,1–29) auf, denn diese Stadt ist – so der archäologische Befund – schon in der frühen Bronzezeit, also mehr als 1000 Jahre vor Josua, zerstört und aufgegeben worden. Nach Ansicht einer Reihe von Gelehrten bezieht sich der Bibelbericht auf ein kleines unbefestigtes Dorf, das zu Beginn der Eisenzeit, ca. 1200 v. Z., auf der Akropolis des bronzezeitlichen Ai errichtet wurde. Immerhin mögen die Männer von Ai, die Josua schließlich besiegte, späte Nachfahren der ursprünglichen Ortsgründer gewesen sein.

Tatsächlich zur Zeit Josuas, d. h. am Ende des 13. Jh.s v. Z., eingenommen und dem Erdboden gleichgemacht wurde allem Anschein nach **Beth El**, das bereits in der Jüngeren Bronzezeit (1500–1200 v. Z.) zwei Blütezeiten erlebte, im 15.–14. Jh. v. Z. und vom 14. bis zum frühen 13. Jh. v. Z. Die zweite Blütezeit endete mit Gewalt und Feuer; anderthalb Meter hoch liegen Brandschutt und Trümmer über dieser Siedlungsschicht. Anschließend ließen sich neue Einwohner, deren materielle Kultur indessen weit hinter der hier einstmals vorherrschenden zurückstand, am Ort nieder.

Ebenso wie Beth El weisen auch Städte im Süden Kanaans wie **Lachis** (Tell ed-Duweir), **Geser**, **Eglon** (Tell el-Hesi) und **Debir** (Tel Beth Mirsim) deutliche Spuren der Zerstörung auf – allerdings sind sie das Werk eines Eroberers, der zumindest eine Generation nach Josua lebte, obwohl die Bibel diesem ihre Einnahme zuschreibt (Jos. 10, 28–39).

Megiddo fiel noch später, etwa um 1150 v.Z. Die Bibel schweigt übrigens über die Eroberung dieses Ortes durch die Israeliten. Beth Schean hingegen konnte der Stamm Manasse weder zu einem frühen noch zu einem späteren Zeitpunkt einnehmen.

Die Spuren der Zerstörung in **Hazor**, von dem die Bibel sagt: »Hazor war einst das Haupt aller dieser Königreiche gewesen« (Jos. 11,10) zeugen dagegen ohne Zweifel wieder von einem Sturmangriff Josuas. Schon 1928 hatte der englische Archäologe Garstang nach den Ruinen dieser Stadt gesucht (vgl. S. 23), aber nur geringe Spuren gefunden, die ihn folgern ließen, der Tell von Hazor berge lediglich ein nur zeitweise bewohntes Lager. Weitaus mehr Erfolg hatte der israelische Archäologe Yigael Yadin, der den Tell zwischen 1955 und 1958 und 1968/69 in vier Grabungskampagnen erkundete.

Auf dem insgesamt 1,2 km langen und fast 700 m breiten Plateau auf der Spitze des Tells deckte er nicht den erwarteten bescheidenen Rastplatz, sondern eine Großsiedlung auf, gegliedert in eine »Unterstadt« und eine »Oberstadt«, mit einer Gesamtfläche von mehr als 800 000 m². Ebenso fand Yadin einen bestimmten Keramiktyp (mykenisch III B), der nur zwischen 1400 und 1230 v.Z. nach Kanaan und Ägypten importiert worden ist. Damit konnte er Eroberung und Zerstörung der Stadt durch Josua fast auf das Jahrzehnt exakt festlegen, nämlich auf die Zeitspanne zwischen 1250 und 1230 v.Z. – Garstang, der nicht auf diese Keramik gestoßen war, hatte die Eroberung der Stadt auf ca. 1400 v.Z. angesetzt.

Die freigelegten Reste von hochragenden Tempeln, Festungsmauern, geräumigen Häusern und gepflasterten Straßen ließen für Yadin im Zuge seiner Arbeit dann immer deutlicher werden, daß Hazor tatsächlich die größte Metropole Kanaans gewesen sein muß und in ihrer Blütezeit nicht, wie Garstang angenommen hatte, knapp 4000, sondern 40 000 Einwohner besaß.

Besonders eindrucksvolles Ergebnis der Ausgrabungen in der Unterstadt war ein Stadttor in der Nähe der äußersten nordwestlichen Ecke des Tells. Die Tormauern ragten noch bis zu einer Höhe von drei Metern auf, und zu beiden Seiten des gut gepflasterten Torwegs fanden sich drei Pilasterpaare, die einst den inneren und äußeren Zugang sowie die Decke des Torwegs abgestützt hatten. Den eigentlichen Torbau flankierten zweikammrige Doppeltürme. Die gesamte Anlage war einer Feuersbrunst zum Opfer gefallen, und selbst das Ziegelmauerwerk wies Brandspuren auf. Die Veraschung des Bodens rührte offenbar von verbrannten Holzbalken her.

Auch der sogenannte »Stelentempel« (Abb. 24), der seinen Namen einer eindrucksvollen Gruppe von Steindenkmalen verdankt, befand sich in der Unterstadt. Wie an so vielen anderen Gebäuden ließen sich auch an seinen Überresten die Spuren plötzlicher und gewaltsamer Zerstörung ablesen.

Der dritte Hauptfund von Hazor schließlich ist der sogenannte »Hadadtempel«: Feinbehauene Basaltblöcke, sogenannte »Orthostaten«, dienten dem Luftziegelmauerwerk des dreikammrigen Gebäudes, das sich längst in Staub aufgelöst hat, als Sockel. Im Baugrund fanden die Ausgräber verkohlte Balkenreste, tiefer noch das steinerne Mobiliar und die – bemerkenswert vollzähligen – Kultgerätschaften eines großen Tempels, zu denen ein prachtvoller Rauchopferaltar, ein geräumiges Basaltbecken, irdene Gefäße und Schöpfkännchen gehörten. Weiterhin

LANDNAHME (HAZOR)/BESIEDLUNG DES BERGLANDS

24 Hazor. Stelentempel. Mittlere Bronzezeit (2200–1500 v. Z.). Haifa, Städtisches Museum

kamen, über den Boden verstreut, die Basaltfigurine eines sitzenden Gottes mit einem Gefäß in der Hand, Bronzefigurinen, Siegelzylinder, Fayenceperlen und Scherben eines ganzen Satzes von Kultgefäßen zutage. Vor dem Eingang zum Tempel stießen die Ausgräber auf ein Götterbild, dem die Füße fehlten; in nächster Nähe entdeckten sie das Fragment eines Basaltstieres mit zwei menschlichen Füßen auf dem Rücken, die zu jenem Götterbild paßten. Zusammengesetzt fügten sich die Fragmente zu einer Darstellung des kanaanäischen Sturmgottes Hadad auf seinem Stier – ein Sujet, das im Alten Orient in zahlreichen vergleichbaren Beispielen überliefert ist.

Offenbar waren hier Bilderstürmer am Werk – eine Annahme, die Bestätigung fand, als die Archäologen in der Südwestecke der Vorhalle zum Tempel, unter einem Steinhaufen verscharrt, einen über zwei Meter langen Orthostaten fanden (Abb. 25), dessen Vorderseiten und Flanken die Skulptur eines fast lebensgroßen Löwen zierte; einst hatte sein Bild eine Türlaibung geschmückt. Anscheinend gehorchten die Israeliten, als sie Hazor eroberten, dem Gebot ihres – einzigen – Gottes, der befohlen hatte, der Abgötterei der Kanaanäer ein Ende zu machen.

Daß sich die neuen Herren des Landes auch in Hazor niederließen, kann nicht überraschen, allerdings bauten sie nur die Oberstadt wieder auf. Die erste Besiedlungsschicht zeugt dabei – ebenso wie bei anderen von den Israeliten eingenommenen Orten – von einer zunächst noch bescheidenen materiellen Kultur.

25 Hazor. Orthostat in Löwengestalt. Mittlere Bronzezeit (2200–1500 v. Z.)

Landnahme und Aufteilung des eroberten Landes unter den zwölf Stämmen Israel leiteten die **Besiedlung** des Landes ein. Im Gegensatz zu den dort lebenden kanaanäischen Einwohnern (abgesehen von den Amoritern) ließen sich die Israeliten vor allem im Bergland nieder, während sich die Ortschaften der alteingesessenen Völker während der Bronzezeit im Vorgebirge und in der Küstenebene, im Jordantal und in der Senke um das Tote Meer konzentrierten. Das für die Landwirtschaft notwendige Wasser lieferten dort die natürlichen Niederschläge sowie Bewässerungssysteme. Die Berge zu beiden Seiten des Jordan wurden dagegen gemieden, weil sie mit dichten Wäldern bedeckt waren, nur wenige Quellen besaßen und ihr Boden sich nur mit Mühe nutzen ließ. Die hochliegenden Gebiete waren der Viehzucht vorbehalten.

Während der Wanderung durch die Wüste Sinai und den Negev hatten die Israeliten vor allem **Schaf- und Ziegenzucht** betrieben, und folgerichtig waren die Stämme Ruben und Gad in Gilead und im transjordanischen Bergland seßhaft geworden, wozu die Bibel bemerkt: »Das Land ist zur Viehzucht geeignet, und deine Knechte besitzen Herden« (4. Mose 32, 4). Im selben Buch (32,1) heißt es: »Die Söhne Rubens und die Söhne Gads hatten einen großen, sehr starken Viehstand.« Andere Gleichnisse und Schilderungen, z. B. im Buch Hesekiel und in Salomos Psalmen, unterstreichen die bedeutende Rolle, die die Viehzucht in der israelitischen Gesellschaft spielte.

BESIEDLUNG DES BERGLANDS/TERRASSENFELDBAU

Das Haus Joseph ließ sich auf Josuas Geheiß mitten in ausgedehnten Wäldern nieder: »Wenn du ein zahlreiches Volk bist, zieh in das Waldgebiet hinauf und rode für dich den Wald des Landes der Perisiter und Rephaïter, da das Gebirge Ephraim zu eng für dich ist« (Jos. 17,15). Das bei den Rodungsarbeiten anfallende Holz führte dazu, daß diese Israeliten sich Beschäftigungen zuwandten, für die große Mengen Holz gebraucht wurden, nämlich der **Holz-** und der **Metallverarbeitung.** Das Holz wurde für die Herstellung von Arbeits- und Kriegsgerät, den Hausbau, die Möbeltischlerei und die Konstruktion von Streitwagen und Schiffen verwendet. Dem Vorbild des Hauses Joseph folgten später auch die Stämme Juda und Benjamin im Judäischen Bergland, Naphtali und Aser in Galiläa sowie Ruben, Gad und die Hälfte von Manasse im Bergland östlich des Jordan.

Aufgrund der Kenntnisse in **Landwirtschaft** und Viehzucht, die die Israeliten in Ägypten erworben hatten, gelang es ihnen, auch in den Berggebieten, die die kanaanäischen Völker ehemals landwirtschaftlich ungenutzt gelassen hatten, ausreichend hohe Erträge zu erzielen, um damit den Lebensunterhalt zu bestreiten. Die für das Land typischen landwirtschaftlichen Erzeugnisse, die in der Bibel erwähnt sind, zeichnen sich durch hohen Nährwert aus: Getreide, insbesondere Weizen und Gerste, liefert das Protein; Traubensaft und Wein besitzen einen hohen Kohlenhydratgehalt, und die Olive enthält die notwendigen Öle. Bekannt ist auch der hohe Nährwert von Granatäpfeln, Feigen und Datteln, weiteren typischen Erzeugnissen des Landes. Außerdem besaßen die Grundnahrungsmittel der Israeliten den Vorteil, daß sie sich auch im heißen Klima des Landes gut lagern ließen. In jedem bedeutenden Ort oder Verwaltungszentrum aus israelitischer Zeit fördern die Ausgräber denn auch unweigerlich mehr oder

26 *Bei Jerusalem. Luftaufnahme von für den landwirtschaftlichen Anbau von Menschenhand geschaffenen Terrassen*

weniger geräumige Vorratsräume und Silos für Getreide (siehe Abb. 70, Aroër) sowie Behältnisse für Öl und Wein ans Licht.

Ihre größte Leistung in der Landwirtschaft erbrachten die Israeliten jedoch mit der Anlage künstlicher Terrassen (Abb. 26), denn nach der Rodung der Wälder bestand die Gefahr, daß die dünne Erdkrume vom Regen in die Täler geschwemmt wurde. Nach Ansicht führender israelischer Gelehrter wurden zwei Drittel des judäischen Berglands auf diese Weise terrassiert – eine gewaltige Leistung, wenn man bedenkt, daß ein Bauer zwischen einem und drei Jahren Arbeit einsetzen mußte, um einen Morgen Ackerland zu gewinnen. Jedes Stückchen Boden wurde genutzt: An den steilen Abhängen baute man Wein an, der nur eine dünne Schicht Boden benötigt; am Fuß der Anhöhen und Berge und an den Ecken der Terrassen, wohin die Erde durch den Winterregen geschwemmt wurde und wo die Bodenschicht deshalb tiefer war, wuchsen Olivenbäume.

Die Wissenschaft hat drei Arten von **Terrassenfeldbau** unterscheiden können, für die jeweils andere Bewässerungsmethoden und Erzeugnisse typisch waren. Im mittleren und nördlichen Negev kamen Terrassenanlagen aus der Zeit der frühen Monarchie (10. Jh. v. Z.) zutage, die durch Überfluten bewässert wurden. Hier pflanzten die Israeliten Getreide, Hülsenfrüchte, Gemüse und Obstbäume an. In Judäa und Samaria fanden sich Terrassen aus der Königszeit, die mit Regenwasser bewässert wurden und auf denen Trauben und Oliven gediehen. Hunderte von alten Weinkeltern und Ölmühlen bezeugen den landwirtschaftlichen Erfolg dieser Anbaumethode (Abb. 27, 28). In En Gedi nahe dem Ufer des Toten Meeres schließlich erhielten die Terrassen ihr Wasser vom Nahal David für die Kultivierung wohlduftender Gewürze.

Die Landschaft Judäas und Samarias war eine einzigartige Erscheinung im alten Nahen Osten: größtenteils das Werk von Menschenhand, von schwerer Arbeit der Israeliten. Im Gegensatz zu den anderen Berggegenden, die bewaldet und unbewohnt blieben, waren diese Regionen im Altertum dicht mit blühenden Siedlungen bedeckt.

Aus wirtschaftlicher Sicht hatten die Israeliten die ideale Kombination von Ackerbau und Viehzucht gefunden – eine Synthese, die alle ihre Bedürfnisse in bezug auf Nahrung, Kleidung, Möbel, Werkzeuge und Ackerbaugeräte befriedigte. Man bemerkt in ihrer Gemeinschaft nichts von der traditionellen Feindschaft zwischen Ackerbauern und Viehzüchtern. Und dank des Klimas wurden reiche Ernten eingebracht, sobald die Israeliten einmal gelernt hatten, die Böden nach ihren Möglichkeiten zu nutzen und die vorhandenen Wasserressourcen – einzelne Schauer in der Wüste, Regenfälle in Judäa und Samaria, dazu die Flüsse und Bäche in der Judäischen Wüste, im Jordangraben und in der Ebene des Toten Meeres – voll auszuschöpfen.

Wie schon gesagt, diente Josua das Bergland als Brückenkopf zur Einnahme des gesamten, dem Volke verheißenen Landes. Zielstrebig entwickelte er sechs strategische Methoden – später wurden sie von den Richtern und den israelitischen Königen übernommen und verfeinert –, die sich auf die **Kriegführung** der Kanaanäer, die auf Belagerung und Streitwagenschlachten basierte, verheerend auswirkten: Verlagerung der kriegerischen Auseinandersetzungen ins Bergland; in offenem Gelände Übergang zu kurzen, heftigen Schlachten; Einrichtung eines Kundschaftersystems und von Spähposten; plötzliche Überfälle; Zersplitterung der feindlichen Streitkräfte durch den gleichzeitigen Vorstoß mehrerer Angriffsspitzen und schließlich unbarmherzige

KRIEGFÜHRUNG/HEILIGE BERGE

27 Jerusalem. Ölmühle. 7. Jh. v. Z.

Verfolgung des geschlagenen Feindes. Auf diese Weise gelang es Josuas Heer, das anfangs mehr einer Freischar glich als einer schlagkräftigen Kampftruppe, zuerst die kleineren, in den Berggegenden lebenden Völker wie Amoriter, Jebusiter und Perisiter zu vertreiben und die Kanaanäer, die in den Tälern und der Küstenebene wohnten, neutral zu halten. Es entstand so ein zusammenhängendes, von israelitischen Stämmen bewohntes Gebiet in Galiläa, Gilead, Basan, Samaria und Judäa. Zur Zeit der Richter (12.–11. Jh. v. Z.) brachen die Israeliten dann aus ihren Bergfesten auf, um die Täler und die Küstenniederung zu erobern.

Jenseits ihrer militärischen Bedeutung haben **Berge** auch **im religiösen Leben** der Israeliten eine große Rolle gespielt. Auf dem Berg Sinai wurde Moses die *Thora* (d. h. die fünf Bücher Mose), geoffenbart. *Schaddu,* ein akkadisches Wort, bedeutet »Berg«, und seit der Zeit der Patriarchen war El-Schaddai, der Gott Abrahams, Isaaks und Jakobs, der Gott der Berge: »Gott redete mit Mose: . . . Ich bin Abraham, Isaak und Jakob unter dem Namen El-Schaddai erschienen, doch mit dem Namen der Herr habe ich mich ihnen nicht kundgetan« (2. Mose 6, 2 + 3).

Überall im Israel des Altertums hat es heilige Berge gegeben, auf denen die einzelnen Stämme Kultstätten für den Herrn errichteten. Seïr, Teman und Paran im Stammland von Juda und Simeon; der Berg Karmel in Samaria zwischen Manasse und Sebulon; der Berg Tabor an der Grenze zwischen Naphtali und Aser; der Berg Hermon und der Berg Basan, auch unter dem Namen »der Berg des Herrn« in Horon bekannt, der an der Grenze zwischen Manasse und Gad

28 Tel Michal/Herzliya. Rekonstruierte Weinkelter. 7. Jh. v. Z.

lag. Die Kultstätten auf diesen Bergen wurden durch den Tempel auf dem Berg Moria in Jerusalem abgelöst und – da, wo sie sich erhalten hatten – im 7. Jh. v. Z. von König Josia zerstört.

Ein Bergaltar, der so heilig war, daß niemand ihn anzutasten wagte, erhob sich auf dem **Berg Ebal** in Nordsamaria. »Damals baute Josua einen Altar für den Herrn, den Gott Israels, auf dem Berg Ebal, wie es Mose ... den Israeliten befohlen hatte ...« (5. Mose 27,4–6; Jos. 8,30).

Die Kultstätte mit dem Brandopferaltar auf dem Berg Ebal (Abb. 29), 1984 nach vier Ausgrabungskampagnen von dem Archäologen Adam Zertal (Universität Haifa) der Öffentlichkeit vorgestellt, datiert aus der Zeit der israelitischen Besiedlung zwischen dem 12. und dem 10. Jh. v. Z. und gehört zu den wenigen verbliebenen Zeugnissen dieser weit zurückliegenden Vergangenheit: Die Altarwände sind 1,40 m stark und ragen noch 2,70 m hoch. Der von ihnen umschlossene Raum ist durch eine gerade und eine L-förmige Mauer in zwei unregelmäßige Segmente geschieden, deren Sinn oder Zweck noch nicht geklärt werden konnte. Bei dem Rundbau, auf dem sich der Opferplatz erhebt, mag es sich um einen noch älteren Altar handeln. Zwei Rampen, eine Hauptrampe für den Priester mit einer Neigung von 22 Grad und eine zweite, tiefer gelegene und deshalb besser vor der Hitze des Feuers auf dem Brandopferaltar geschützte, führten zum Altar hinauf. Erstaunlicherweise weist der Kultplatz eindeutig Merkmale der mesopotamischen, nicht aber der ägyptischen Architektur auf, unter deren Einfluß die Israeliten doch zuletzt gestanden hatten, denn er ist aus sich verjüngenden Stufen aufgebaut. In seinem Aussehen entspricht er der Beschreibung, die die *Mischna*, der hebräische Rechtskodex aus dem

HEILIGE BERGE (EBAL)/HAUSBAU (VIERZIMMERHAUS)

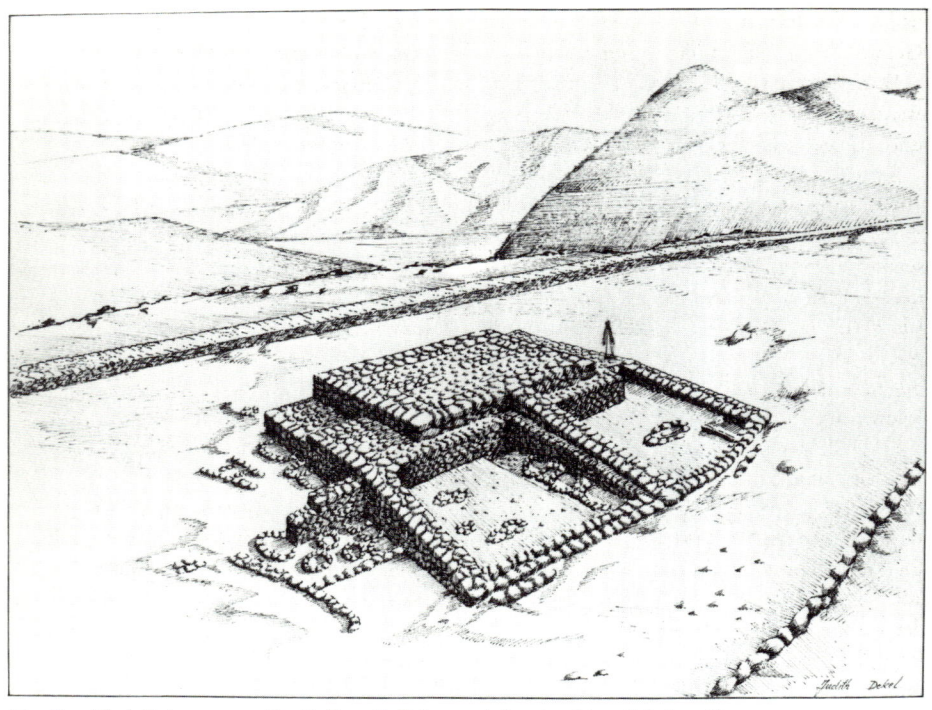

29 *Berg Ebal. Kultzentrum. 13.–12. Jh. v. Z. Rekonstruktion des altisraelitischen Altars*

2. Jh. n. Z., für den Altar im zweiten Tempel gibt, allerdings mit dem Unterschied, daß der Altar auf dem Berg Ebal rechteckig, nicht quadratisch wie derjenige im Tempel war und daß statt der Achsen seine vier Ecken in die Himmelsrichtungen wiesen.

An den Brandopferaltar grenzten zwei ummauerte, gepflasterte Höfe. Die gesamte Kultstätte war von einer 60 cm starken Mauer umgeben, die wahrscheinlich nicht als Schutzwall gedacht war – dazu war sie zu schwach –, sondern als Umfriedung, die Unbefugte am Betreten des geheiligten Bezirks hindern sollte.

Den Altar selbst füllten Schichten von Erde, Asche und Steinen sowie insgesamt 942 Tierknochen, die Anzeichen dafür aufwiesen, daß sie nahe den Gelenken getrennt worden waren. Labortests zufolge stammten sie von 50 bis 100 Tieren, die bei niedriger Temperatur, etwa 200 bis 600 Grad Celsius, über einem offenen Feuer gebraten worden waren. Zoologen haben die Knochen den vier Arten Ziege, Schaf, Rind und Damhirsch zugeordnet, von denen wohl die drei erstgenannten gemäß der Bibel für den Opferdienst rituell geeignet waren, nicht jedoch der Damhirsch, der zwar als koscher gilt, aber im Opferdienst nicht verwendet wurde. Nach Ansicht von Zertal ist es möglich, daß auch der Damhirsch zu jenem frühen Zeitpunkt der israelitischen Geschichte noch als ein Opfertier gedient hat. Beachtung verdient schließlich noch, daß alle identifizierten Knochen von jungen männlichen Tieren stammen – dies entspricht dem Gebot, für die Kulthandlung nur makellose, einjährige männliche Tiere zu verwenden.

Dagegen fehlt auf dem 4000 m² großen umfriedeten Gelände jede Spur von Figurinen. Nach Ansicht von Zertal läßt dies darauf schließen, daß die Israeliten die ägyptischen Idole aufgegeben und die kanaanäischen noch nicht übernommen hatten.

So wie der Brandopferaltar auf dem Berg Ebal als der Prototyp der großen israelitischen Altäre gelten darf, ist auch das sogenannte **Vierzimmerhaus** eine spezifisch israelitische Erfindung. Dies wurde jedoch nicht immer so gesehen. In der Vergangenheit haben Wissenschaftler seinen Ursprung den Kanaanäern oder Philistern zugeschrieben, heute herrscht jedoch Einigkeit darüber, daß dieser charakteristische Bautyp ausschließlich bei den Israeliten von der Eisenzeit (12.–11. Jh. v. Z.) bis zum Ende der Monarchie (6. Jh. v. Z.) üblich war, und zwar gleichgültig, wie die wirtschaftliche oder politische Lage aussah und ob es sich um größere oder kleinere Siedlungen handelte. Einen halb überdachten Innenhof säumten jeweils vier Räume, wobei das größte und wichtigste Zimmer zumeist an der Rückseite des Hauses lag.

Dieser Häusertyp diente ebenso als Privatwohnung, so etwa in Tell el-Meschasch, einer Ortschaft aus dem 12. Jh. v. Z., wie als Verwaltungsgebäude. Entsprechende Beispiele wurden in Tell en-Nasba/Mizpa (drei Häuser) und Tel Beth Mirsim/Debir (der Westturm) gefunden. Die Bestimmung als »Verwaltungsgebäude« ergibt sich dabei aus den Maßen, der Lage innerhalb des Ortes und der architektonischen Beziehung zu den umliegenden Häusern. Im übrigen zeigen auch Monumentalbauten den Grundriß des Vierzimmerhauses, so etwa in Hazor – dort befindet sich das größte Gebäude dieser Art –, Tell el-Cheleife, Jericho, Sichem und Tell el-Hesi. Die Proportionen, die Solidität der Mauern und die zentrale Lage innerhalb der Stadt lassen hier jeweils den Schluß auf eine Zitadelle, eine städtische Festungs- oder Wehranlage zu.

Auf die Entwicklung des Vierzimmerhauses folgten schon bald, im 10. Jh. v. Z., erste Ansätze einer systematischen **Stadtplanung.** Daß die Israeliten dabei konservativ an einer einmal festgelegten urbanen Gliederung festhielten, kann deutlich am Tel Beerscheba verfolgt werden: Dort wurde ein und derselbe Stadtplan über einen Zeitraum von mehr als 200 Jahren beibehalten. Nur jene Städte, die später in königliche Verwaltungszentren umgewandelt wurden, nahmen eine Sonderentwicklung.

Durchweg weist der Stadtplan drei Elemente auf: Erstens eine Kasemattenmauer mit einem angebauten inneren Gürtel von Häusern; sodann eine parallel zur Kasemattenmauer verlaufende Ringstraße, die den ersten Häusergürtel von dem dritten urbanen Element, dem Stadtkern mit den öffentlichen Gebäuden und Privathäusern, trennte. Ursprünglich bildeten die Häuser im äußeren Gürtel selbst die Außenmauer eines Ortes, wobei das vierte und größe Zimmer als Kasematte diente. Die in diesem Fall in einer Linie entlang dem Gipfel einer Anhöhe dicht an dicht stehenden Häuser müssen als fester Bestandteil einer gezielten Planung betrachtet werden. Ihre Außenmauern waren massiver als üblich – nicht einen, sondern zwei Ziegel bzw. Steine stark. Deshalb dürfte das israelitische Vierzimmerhaus nach Ansicht israelischer Gelehrter der Vorläufer der Kasemattenmauer gewesen sein, die im Nahen Osten ungefähr seit dem 10. Jh. v. Z. weite Verbreitung fand. (Nach Ansicht anderer Wissenschaftler hat die Kasemattenmauer dagegen ihren Ursprung im anatolischen Reich der Hethiter.)

STADTPLANUNG (AI/MEGIDDO)/ZIVILISATORISCHE ENTWICKLUNG

Als eines der frühesten Beispiele für diese Art Stadtplanung darf die Stadt **Ai** gelten (ca. 1200–1050 v. Z.). Hier standen die Häuser tatsächlich in der beschriebenen Weise auf dem Gipfel der Anhöhe und bildeten so eine geschlossene Mauerfront. Fast ebenso alt wie Ai ist die Ortschaft auf dem Tell en-Nasba (**Mizpa**), und auch Beth Schemesch aus dem 10. Jh. v. Z. besitzt eine ähnliche Anlage. **Tel Beth Mirsim**, das biblische Debir, weist dagegen schon alle Merkmale einer weiterentwickelten Stadtplanung auf (Abb. 30), mit Kasemattenmauer, angebautem Häuserring und Ringstraße. Der Stadtkern bestand aus zahlreichen Blöcken mit Wohnhäusern vom Vierzimmertyp und Sonderformen mit zwei oder drei Räumen.

Der Tell von **Megiddo** barg übereinander die Überreste von gleich drei königlichen Verwaltungsstädten und erlaubte es, die urbane Entwicklung solcher Zentren zu verfolgen. Die ersten beiden Städte datieren aus israelitischer Zeit, die früheste aus dem 10. und die folgende aus dem 9. Jh. v. Z. Zum dritten Mal wurde Megiddo zur Zeit der assyrischen Besetzung neu aufgebaut. Das erste israelitische Zentrum wies den weiter oben beschriebenen Stadtplan auf. In der zweiten Phase wurden die Privathäuser im Norden und Süden der Stadt zum Teil in königliche Ställe umgewandelt. Zu den öffentlichen Bauleistungen dieser Zeit gehören ferner das sogenannte »Haus des Gouverneurs« sowie die unterirdische Wasserversorgungsanlage der Stadt.

Mindestens ebenso alt wie Ai ist **Gilo**, eine frühisraelitische Ortschaft bei Jerusalem im Gebiet des Stammes Juda. Sie wurde 1968 von Moshe Kochavi (Bar-Ilan-Universität bei Tel Aviv) im Rahmen eines Feldforschungsprojektes im Judäischen Bergland entdeckt und 1978/79 in drei Ausgrabungskampagnen von Amihai Mazar (Hebräische Universität in Jerusalem) freigelegt. Gilo liegt 835 m ü. d. M., und zwar so ungünstig, daß man sich fragt, warum der Ort hier überhaupt gegründet wurde: In der Nähe gibt es keinerlei Quellen – möglicherweise bezogen die Bewohner des Ortes das lebensnotwendige Wasser aus Zisternen; einen Beweis dafür erbrachten die Ausgrabungen allerdings nicht. Auch bietet die nähere Umgebung keinen fruchtbaren Boden, und zudem lag der Ort fast zwei Kilometer von der alten Hauptstraße nach Jerusalem entfernt. Es verwundert deshalb nicht, daß Gilo nur kurze Zeit bewohnt war und schon vor der Monarchie wieder aufgegeben wurde. Nach Ansicht von Mazar hingen Gründung und Verlassen des Ortes mit der ersten Eroberung und dem neuerlichen Verlust von Jerusalem zusammen.

Die Ausgrabungen brachten unter anderem ein Gebäude ans Licht, dessen Boden aus gestampfter Erde direkt dem gewachsenen Fels auflag, in anderen Häusern diente der Mutterfels sogar selbst als Boden. Die Wände des Hauses bestanden aus groben Bruchsteinen, die Lücken zwischen den einzelnen Blöcken waren weder mit Lehm noch anderem Material aufgefüllt. Der Zugang zum Haus erfolgte von einem weiten offenen Platz im Süden über einen rechteckigen Hof, den eine Säulenreihe in einen schmaleren östlichen und einen breiteren westlichen Bereich teilte. Genau wie in späteren israelitischen Häusern dürfte der östliche Teil überdacht, der westliche dagegen offen gewesen sein. Ein definitiver Beweis für diese Vermutung steht allerdings noch aus. Das Gebäude selbst darf wieder dem israelitischen Vierzimmerhaustyp zugerechnet werden und datiert aus dem frühen 12. Jh. v. Z.

Da das fast 8100 m² große Gelände von Gilo stark unter Erosion gelitten hat, ließ sich die Anzahl der Häuser nicht mehr genau bestimmen; man darf wohl ungefähr zehn Häuser annehmen, die jeweils eine Großfamilie von drei Generationen, d. h. ca. 10 bis 15 Menschen je Woh-

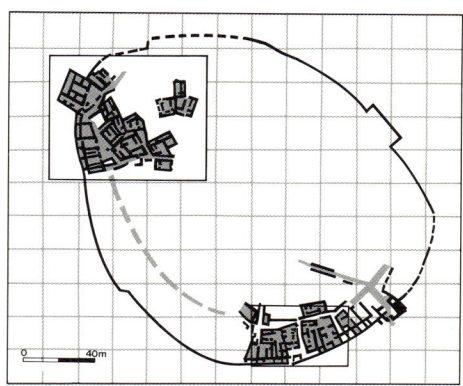

30 Tel Beth Mirsim (Debir). Stadtplan. 10. Jh. v. Z.

nungseinheit, beherbergten. Damit dürften in diesem und ähnlichen Dörfern 100 bis 150 Menschen gelebt haben. Genau wie andere Städte und Dörfer dieser frühen Epoche im zentralen Judäischen Bergland und im Norden Jerusalems war auch Gilo befestigt: Eine Doppelmauer schützte den Ort.

Gegen Ende des 12. Jh.s oder in der ersten Hälfte des 11. Jh.s v. Z. entstand in nächster Nähe der philistäischen Stadt Aphek eine ähnliche frühisraelitische Ortschaft, identifiziert als **Ebeneser** in Samaria. In vier Kampagnen haben die Archäologen Moshe Kochavi und Yisrael Finkelstein von der Bar-Ilan-Universität bei Tel Aviv bzw. dem Institut für Archäologie der Universität Tel Aviv die Ortschaft, heute Chirbet Sarta oder Isbet Sarta, ausgegraben.

Im Zentrum des alten Ebeneser erhob sich ein Haus vom Vierzimmertyp, umgeben von mehreren Speichern oder Silos. Ein Gürtel von einfacheren Häusern, entlang der Peripherie der Anhöhe erbaut, umschloß diese zentrale Anlage. Schon Mitte des 11. Jh.s v. Z. wurde auch dieser Ort wieder aufgegeben, wahrscheinlich aufgrund der Niederlage der Israeliten gegen die Philister in der Schlacht von Ebeneser (1. Sam. 4, 1–11), bei der auch die Bundeslade an die Philister verlorenging. Noch einmal bezogen die Israeliten, die die Philister in der Zwischenzeit besiegt und aus Ebeneser und Aphek vertrieben hatten (Ende 11. oder Anfang 10. Jh. v. Z.), danach die Ortschaft, verließen sie aber wenig später erneut, diesmal für immer – möglicherweise, weil sie sich nach ihren Siegen jetzt im Tal niederlassen konnten.

Die beschriebenen Ortschaften und Städte geben Aufschluß über die **zivilisatorische Entwicklung der Israeliten**. Wie die grob gebrochenen Steine, die zum Beispiel noch beim Hausbau in Gilo verwendet wurden, beweisen, war ihre materielle Kultur anfangs weniger entwickelt als die der Kanaanäer, denen sie bei der Landnahme begegneten. Es dauerte jedoch nicht lange, bis sie die wichtigsten Errungenschaften der kanaanäischen Kultur übernahmen, vor allem auf dem Gebiet der Bautechnik (nicht indessen was die architektonische Form betrifft, denn die Israeliten blieben dem Haus vom Vierzimmertyp lange treu) und bei der Herstellung von Waffen, Gebrauchs- und Kunstgegenständen, insbesondere auch in der Töpferei. Waren ihre Tongefäße anfangs noch unbeholfene Nachahmungen der kanaanäischen, so bildete sich bald ein eigener, unverwechselbarer israelitischer Töpferstil heraus.

Eine weitere zivilisatorische Errungenschaft, die die Israeliten von den Kanaanäern übernahmen und schnell technisch verbesserten, waren mit Löschkalk verputzte Zisternen. Wasserreservoire, um das 4. Jt. v. Z. zum ersten Mal in weichen Kalk gehauen, konnten erst seit der Entdeckung eines Verfahrens zur Herstellung von wasserdichtem Gips im 18. Jh. v. Z. wirksam abgedichtet werden. Schon vor der Ankunft der Israeliten hatten die Kanaanäer ein ausgedehntes Zisternennetz angelegt. Die neuen Siedler nutzten die von den Kanaanäern entwickelte Technik, um – unabhängig von natürlichen Quellen oder ergiebigen Brunnen – unzählige kleine Ortschaften wie Gilo und Ebeneser in dem von ihnen besiedelten Bergland zu gründen.

Wie sehr die Bibelstelle: »In jenen Tagen gab es keinen König in Israel, und ein jeder tat, was ihm gefiel« (Rich. 21,25), trotz der oben angedeuteten Fortschritte auf die inneren Verhältnisse in den Stammesgebieten zutrifft, bezeugt der kurzzeitige Aufstieg des **Abimelech aus Sichem,** dem heutigen Tell Balatha (Rich., Kapitel 9).

Abimelech war der Sohn Gideons, eines der großen charismatischen Richter, der Israel in einer kritischen Stunde aus der Hand der Midianiter errettet hatte (Rich., Kapitel 6–8). Abimelechs Mutter, eine Nebenfrau Gideons, stammte aus Sichem. Dorthin begab sich Abimelech nach dem Tod seines Vaters und errang, unterstützt von seinen Verwandten, eine solche Machtstellung, daß er ganz Israel zu beherrschen anstrebte. Mit Hilfe seiner familiären Beziehungen und unter Berufung auf den in ganz Israel geachteten Namen seines Vaters schuf er einen Bund zwischen den Einwohnern von Sichem und den Israeliten, nachdem er »bei der Terebinthe des Mahlsteines, der in Sichem steht« (Rich. 9, 6) von allen Vorstehern von Sichem und dem ganzen Volk zum König ausgerufen worden war. Aus unbekanntem Grund überwarf sich Abimelech mit den Einwohnern (Rich. 9,23), griff die Stadt rachedurstig an und zerstörte sie (Rich. 9,45).

Bevor Abimelech zum König von Sichem erhoben wurde, hatten ihm die Vorsteher der Stadt 70 Schekel Silber aus dem Tempel des *Baal-Brith,* des »Herrn des Bundes«, zum Geschenk gemacht (Rich. 9,4). Die Überreste dieses Tempels, der gleichzeitig auch als Festung diente, wurden auf der Akropolis von Sichem freigelegt. (Die mit Holzkohle und Tonscherben aus dem frühen 11. Jh. v. Z. gefüllten Gruben unter dem Tempel haben es den Ausgräbern ermöglicht, diese Siedlungsschicht mit dem Bibelbericht über Abimelech im 9. Kapitel des Buches Richter in Verbindung zu setzen.)

In der letzten Phase der mittleren Bronzezeit errichtet, besaß die Tempelfestung beeindruckende Dimensionen: Sie maß ca. 32 × 28 m, ihre wuchtigen Mauern, die einen großen Altar aus gestampfter Erde umschlossen, waren fast 5,50 m stark. Den Eingang zum Tempel flankierten zwei *Massebot,* heilige Säulen. Kurz vor der Landnahme durch die Israeliten war der Tempel – auch dies ergaben die Ausgrabungen – in kleinerem Maßstab neu aufgebaut worden, vor seinem Eingang stand seitdem nur noch eine einzige wuchtige *Masseba* (Singular von Massebot).

Der unaufhörliche Druck von außen und innen drohte den losen Stammesverband der Israeliten zu zersetzen und einen Stamm nach dem anderen aufzureiben. Aus diesem Grund breitete sich im Volk zunehmend die Überzeugung aus, daß die zwölf Stämme genau wie ihre Nachbarn unter einem starken König geeint werden müßten, wollten sie äußere Gefahren und innere Spannungen bestehen. Damit war der Weg für die Errichtung der Monarchie gebahnt.

Kapitel 4:
»Ein König soll uns regieren!« Der Aufstieg der Monarchie

1. Sam. 8,19

Durch gemeinsame Tradition und Religion zwar lose zusammengehalten, entwickelten die zwölf israelitischen Stämme, vor allem nach ihrer weitgehend selbständigen Landnahme, doch eine starke Eigendynamik, die sich in den vier anfangs unverbundenen Stammesgebieten während einer ersten Periode der Anpassung an die neuen Bedingungen im verheißenen Land noch wesentlich verstärkte. Drohte Gefahr von außen, verteidigten nicht etwa alle Stämme gemeinsam das gefährdete Gebiet, sondern jeder konzentrierte sich ganz auf das eigene Territorium.

Fremde Völker, unter einem starken Herrscher zusammengeschlossen, nutzten die fehlende Einheit der Stämme, um sich ihr Gebiet stückweise einzuverleiben. Um die Mitte des 11. Jh.s v. Z. hatte sich jenseits des Jordan das starke Königreich Ammon gebildet. Nachdem die **Ammoniter** die israelitischen Siedlungsgebiete im Gilead-Gebirge erobert hatten, drangen sie westwärts über den Jordan vor, um auch Ephraim, Benjamin und Juda einzunehmen. Jiphtach, ein Gileadit, der »eine Schar von Abenteurern« um sich gesammelt hatte (Rich. 11,3), führte die Männer von Gilead und Manasse gegen die Ammoniter in den Kampf und schlug sie in ihrem eigenen Gebiet (Rich., Kapitel 11).

Ähnlich hatte schon Ehud mehrere Generationen zuvor (im 12. Jh. v. Z.) die **moabitische Oberherrschaft** abgeschüttelt (Rich. 3,12–30), die den Israeliten aufgrund ihres losen Stammesverbandes und der geographischen Trennung hatte aufgezwungen werden können.

Einen Gegner, der den Israeliten in der ersten Hälfte des 12. Jh.s v. Z. erstand, konnten sie jedoch erst nach langen, mehrere Generationen währenden Kämpfen ausschalten: die **Philister.** So wie die Israeliten aus dem Osten, waren die Philister zusammen mit anderen »Seevölkern« aus dem Westen nach Kanaan eingedrungen. Auf ihrem Weg dorthin hatten sie das mächtige Hethiterreich zerschlagen (um 1200 v. Z.), und sie schickten sich an, auch Ägypten den Todesstoß zu versetzen. Ursprünglich stammten die Philister – wie die Bibel berichtet – aus Kaphtor, das die meisten Gelehrten, gestützt auf akkadische, ugaritische und ägyptische Quellen, mit Kreta gleichsetzen möchten. Andere Wissenschaftler vermuten ihre Heimat in Kilikien, also in der heutigen Südtürkei.

Belegt ist die Invasion durch ägyptische Quellen: die Amarnabriefe, um die Mitte des 14. Jh.s v. Z., die Berichte von Ramses II. (1290–1224 v. Z.), Merenptah (1224–1204 v. Z.) und Ramses III. (1184–1153 v. Z.), Inschriften und Reliefs im Totentempel des letzteren zu Medinet

GEGNER DER ISRAELITEN: DIE PHILISTER

Habu im oberägyptischen Theben, in denen die Philister zum ersten Mal namentlich erwähnt werden, sowie den Papyrus Harris I (heute im British Museum, London). Ein Onomastikon vom Ende des 12. oder Anfang des 11. Jh.sv.Z. listet zusätzlich die von den Seevölkern besetzten Gebiete in Kanaan innerhalb des dortigen ägyptischen Einflußbereiches auf.

Die biblischen Quellen sprechen dagegen nicht von der Invasion der Seevölker und Philister, sondern von den unablässigen Kämpfen, die die Israeliten gegen sie führen mußten, um ihre Unabhängigkeit zu bewahren. Schon in der Patriarchengeschichte werden die Philister als Hirten im Negev erwähnt, ihr König war Abimelech (1. Mose 26, 1). Natürlich ist dies eine historische Rückprojektion. Offenbar schloß der Verfasser des 26. Kapitels aus der ihm bekannten Situation im Negev, die Philister hätten dort seit undenklichen Zeiten gewohnt. Auf historischeEreignisse wird sich dagegen Richter 3,31 beziehen, und der Simson-Zyklus desselben Buches (Kapitel 13–16) schildert den Kampf um das Land zwischen den Philistern und den israelitischen Stämmen Dan und Juda.

Den offenen Krieg gegen die Philister leitete die Schlacht von Ebeneser ein (1. Sam. 4,1–11), in der die Israeliten geschlagen wurden und sich die Philister sogar der Bundeslade bemächtigten. Sie drangen nach diesem Triumph auf israelitisches Stammesgebiet vor, eroberten und zerstörten Schilo (Jer. 7,12–14), den traditionellen Aufbewahrungsort der Bundeslade, und erreichten über die Via maris, die Heer- und Küstenstraße, sogar Megiddo und Beth Schean.

Die Vorherrschaft der Philister geriet ins Wanken, nachdem Saul zum König von Israel gesalbt worden war. Sein Sohn Jonatan griff die philistäische Garnison in Gibea (Stamm Benjamin) an (1. Sam. 13,3); Saul stellte sich den Philistern in Gilgal bei Jericho zum Kampf (1. Sam. 13,7), und obwohl er nur 600 Soldaten befehligte (1. Sam. 14,2), siegte er. Die letzte Schlacht zwischen Saul und den Philistern fand an den Hängen des Berges Gilboa statt (1. Sam. 31). Dabei fanden Saul und drei seiner Söhne den Tod.

Der neue König David hatte vor Saul zum philistäischen König Achis von Gat flüchten müssen; während seines Aufenthaltes in Ziklag und anfänglich auch in Hebron war er Vasall dieses Königs. Nachdem David seine Herrschaft über das vereinte israelitische Königreich gefestigt hatte, holte er nun zum entscheidenden Schlag gegen die Philister aus. In den beiden Schlachten in der Rephaimebene bei Jerusalem befreite er Juda und das Bergland Ephraim von der philistäischen Herrschaft (2. Sam. 5, 18 + 22). Danach – d.h. seit dem 10. Jh. v. Z. – ging die Bedeutung der Philister zurück. Schrittweise verloren sie ihre kulturelle Eigenheit und verschmolzen mit der kanaanäischen Bevölkerung.

Das Buch Josua 13, 2–3 beschreibt klar und deutlich, in welchem Gebiet die Philister vordem herrschten und siedelten: »Vom Schichor [d. h. Wadi el-Arisch] an, der östlich von Ägypten fließt, bis zur Grenze von Ekron im Norden« (Abb. 31). Im Osten grenzte das philistäische Gebiet an Juda, die Westgrenze bildete das Mittelmeer. Die fünf wichtigsten Städte der Philister waren: »... Gasa, Aschdod, Askalon, Gat und Ekron« (Jos. 13,3). Drei davon – Gaza, Aschkelon und Aschdod – sind geschichtlich schon vor der Philisterinvasion faßbar, während der Eisenzeit haben sie als ägyptische Festungsstädte über die lebenswichtige Küstenstraße gewacht. Dagegen konnte das alte Gat bisher nicht mit Sicherheit lokalisiert werden, möglicherweise existierte es

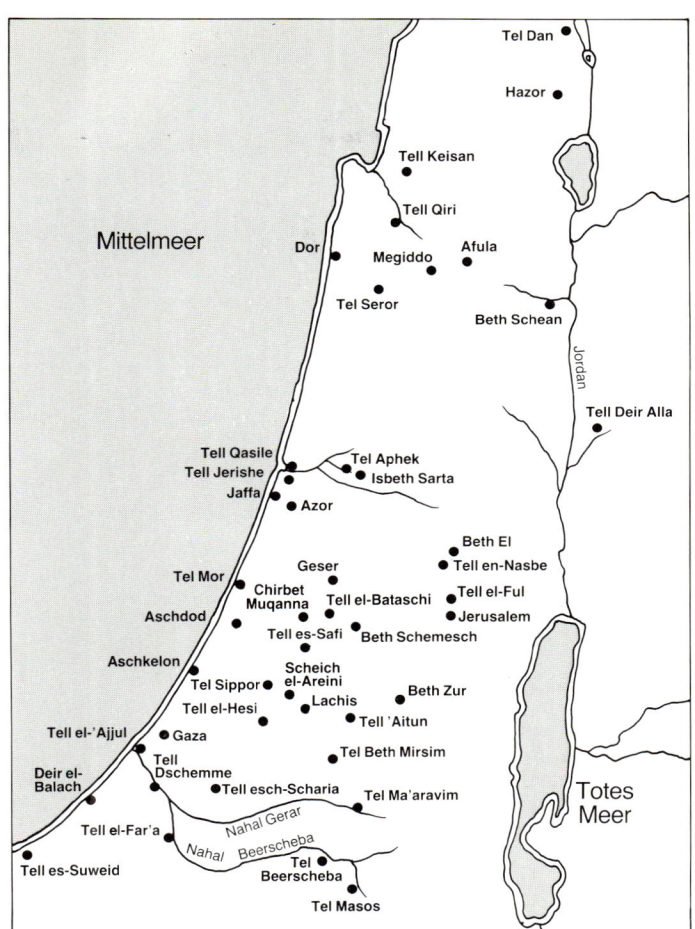

31 *Ausbreitung und Einflußbereich der Philister, wie durch Funde belegt. 12.–10. Jh. v. Z.*

ebenfalls schon in vorphilistäischer Zeit. Ekron wiederum scheint auf den ersten Blick eine philistäische Gründung zu sein, denn vor der Philisterzeit taucht der Ortsname in keiner einzigen Quelle auf.

Im Jahre 1980 erbrachten die Forschungen von Trude Dothan, Archäologin an der Hebräischen Universität in Jerusalem, und Seymour Gitin, Leiter des Albright Institute of Archaeological Research, ebenfalls Jerusalem, den Nachweis, daß jenes **Ekron** – drei Jahrtausende lang verschollen – unter den Feldern des Kibbuz Revadim, 18 km östlich von Aschdod, zu suchen sei. Bei den Ausgrabungen des Jahres 1984 kamen auf einer Anhöhe, die zur alten Stadt gehörte, die Überreste von 30 Ölmühlen einschließlich der zugehörigen Pressen, Becken und Fässer zutage – Indiz dafür, daß Olivenöl ein wichtiger Exportartikel der philistäischen Siedlung war.

PHILISTÄISCHE STÄDTE/HEILIGTUM (TELL QASILE)

Obwohl keine der altorientalischen Quellen auf Ekron oder eine Vorläufersiedlung Bezug nimmt, bewiesen die Ausgrabungen, daß die Philister, als sie gegen Ende des 13. Jh.s v. Z. im Verbund der Seevölker nach Kanaan vordrangen, am Ort eine ältere Stadt vorfanden, die sie zerstörten und unter dem Namen Ekron neu begründeten. Auch das Ende der philistäischen Stadt, für das entweder ein Heer aus Ägypten oder aus dem Zweistromland verantwortlich war, konnten die Archäologen gleich in ihrer ersten Grabung anhand einer Zerstörungsschicht datieren, und zwar auf das 6. Jh. v. Z. Weitere zehn Kampagnen sind vorgesehen – und wohl auch notwendig, bedenkt man, daß Ekron mit mehr als 162 000 m² zu den größten Tells des Landes gehört und mit solchen Dimensionen zum Beispiel Lachis, Megiddo und Geser deutlich übertrifft.

Die fünf philistäischen Städte waren in einer Pentapolis, einem Fünfstädtebund, zusammengeschlossen. Daneben erwähnt die Bibel (1. Sam. 27,5) noch die kleinere Stadt Ziklag, die Achis, der König von Gat, David und seinen Gefolgsleuten zuwies, als sie sich auf der Flucht vor Saul zu den Philistern begaben. Des weiteren legte das »Seevolk« im Zuge seiner Expansion Garnisonen in ehemals israelitische Städte, so nach Bethlehem (2. Sam. 23,14) und nach Beth Schean, wo der Leichnam Sauls nach seinem Tod in der Schlacht bei Gilboa an die Stadtmauer geheftet worden war (1. Sam. 31,10).

An der Spitze der Philister standen die sogenannten *Seranim*, allgemein, freilich unspezifisch mit »Fürsten« übersetzt (1. Sam. 5,8; ebd., 6,4 + 16). Der Herrscher selbst trug möglicherweise den Titel König – man denke an Achis, den König von Gat (1. Sam. 21,11). Ob der Königstitel erblich war oder erworben wurde, läßt sich nach dem gegenwärtigen Forschungsstand nicht entscheiden. Jedenfalls befehligten die *Seranim* oder Fürsten ein eigenes Heer, das sich aus Infanteristen, Bogenschützen, Reitern und Streitwagen zusammensetzte. Nicht nur die philistäische Tonware, von der noch die Rede sein soll, sondern auch Rüstung und Waffen der Philister – zu sehen auf ägyptischen Reliefs und beschrieben in 1. Sam. 17,5–7 – weisen auf die mögliche ägäische Herkunft der Eindringlinge hin.

Im gleichen Kapitel (1. Sam. 17,7) erwähnt die Bibel auch das **Eisen**, dessen Herstellung die Philister auf ihrem Weg nach Kanaan möglicherweise bei den anatolischen Hethitern kennenlernten, die bereits im frühen und mittleren 2. Jt. v. Z. dieses Metall verarbeiteten. Allerdings zieht man heute in Zweifel, daß es tatsächlich die Philister waren, die die Technik der Eisenherstellung nach Kanaan brachten, denn sie war damals im Mittelmeerraum bereits weit verbreitet. Unbestreitbar ist allerdings, daß die meisten Eisengeräte und -waffen aus dem Kanaan des 12.–10. Jh.s v. Z. in philistäisch beeinflußten oder von Philistern bevölkerten Orten gefunden wurden, doch macht sich darin vielleicht nur bemerkbar, in welchem Maße die materielle Kultur der Israeliten gegen das zeitgenössische Niveau abfiel. Im 12. Jh. v. Z. war die Anzahl der von den Israeliten verwendeten Eisengeräte noch verhältnismäßig gering, im 11. Jh. v. Z. mehrten sich dann die eisernen Gerätschaften, aber erst im 10. Jh. v. Z. errang dieses Metall definitiv seine Vorrangstellung.

Wie der biblische Goliath waren die philistäischen Soldaten offenbar frühzeitig mit Eisenwaffen ausgerüstet, und die Bauern des Volkes verwendeten eiserne landwirtschaftliche Geräte. Allem Anschein nach wachten die Philister eifersüchtig über ihr Eisenmonopol, denn: »Ganz

Israel mußte zu ihnen hinabgehen, wenn jemand seine Pflugschar oder Hacke, seine Axt oder seinen Ochsenstachel schärfen lassen wollte« (1. Sam. 13,20). Jene Beschränkung erklärt sich aus der Befürchtung der Philister, die Israeliten könnten in eigener Regie Schwerter und Lanzen aus Eisen herstellen. Trotz aller philistäischen Vorkehrungen brachen die Israeliten jedoch bereits unter Saul das Eisenmonopol, und bald standen sich zwei gleichwertig bewaffnete Heere gegenüber.

Früh schon übernahmen die Philister das kanaanäische **Pantheon.** Vermutlich war Dagon ihr Hauptgott (1. Chron. 10,10); ihm erbauten sie Tempel in Gaza und Aschdod, dazu möglicherweise einen dritten in Beth Schean. Dem Baal-Sebub (2. Kön. 1,2), einem weiteren Gott, war in Ekron ein Orakeltempel geweiht. Darüber hinaus besaß, so scheint es, die Göttin Astarte (hebräisch: Aschtoret oder Aschtarot) einen Tempel in Beth Schean, in dem die Philister Sauls Rüstung ablegten (1. Sam. 31,10).

In **Tell Qasile** nahe Tel Aviv wurden gleich drei philistäische Tempel ausgegraben, einer über dem anderen und jeder größer als sein Vorgänger (Abb. 32). Das unterste und zugleich älteste

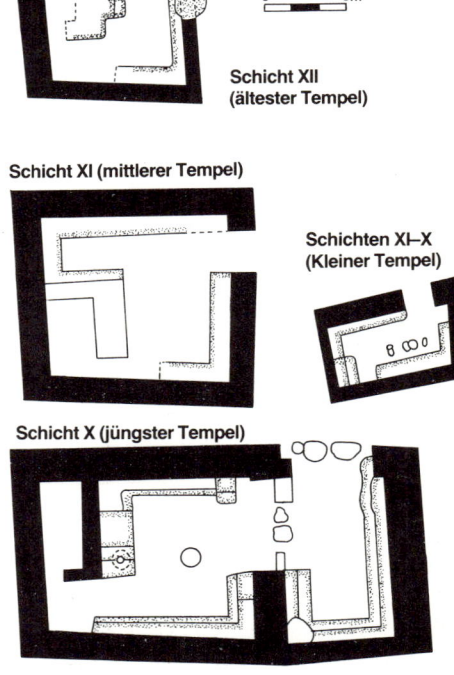

32 Tell Qasile. Grundriß der drei aufeinander erbauten philistäischen Tempel. 12.–10. Jh. v. Z.

PHILISTÄISCHES HEILIGTUM (TELL QASILE)

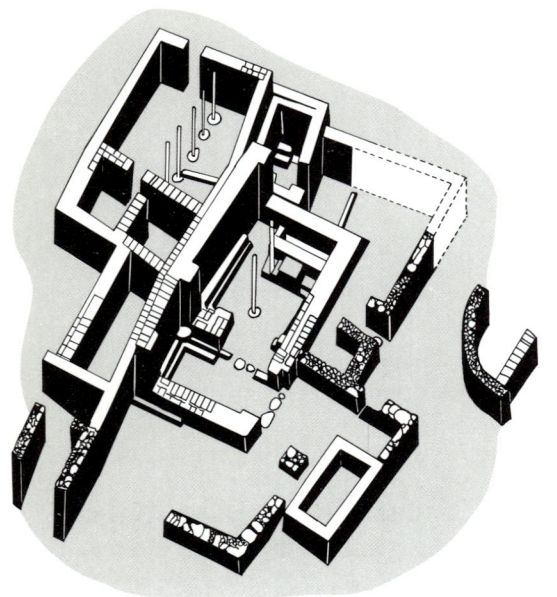

33 Tell Qasile. Axonometrische Ansicht des philistäischen Tempels in Schicht X. 11.–10. Jh. v. Z.

Heiligtum bestand lediglich aus einem 6,40×6,60 m großen Raum. Seine Ziegelmauern, die kein Steinfundament besaßen, waren noch 50 cm hoch erhalten. Entlang der Wände zogen sich 40 cm breite und 15 cm hohe Bänke hin, der Fußboden bestand aus gestampfter Erde mit Kalkestrichverputz. Am Westende des Raumes erhob sich eine 3,36 m lange, ebenfalls mit Kalkestrich verputzte Plattform aus Ziegeln, die anscheinend mit der Nordmauer verbunden war. Ursprünglich hat sie mindestens drei Stufen besessen.

Über diesem ersten Tempel wurde ein zweiter, ebenfalls aus nur einer Kammer bestehender, mit den Maßen 7,75 × 8,50 m errichtet. Auch hier zogen sich Bänke an den Wänden entlang. Als neues Element kam an der Westmauer ein 2,20 × 4,18 m großer Miniaturtempel hinzu.

Der dritte und letzte der eisenzeitlichen Tempel war mit Maßen von ca. 8 × 14,50 m schon deutlich großzügiger angelegt und wies zwei Kammern auf, einen 3,70 × 6 m großen Vorraum und einen 5,65×7 m großen Hauptsaal. Am hinteren Ende des Hauptsaales befand sich noch ein kleinerer, 3,20×1,35 m großer Nebenraum (Abb. 33). Der breite Haupteingang (2,90 m) lag auf der Nordseite, der Zugang vom Vor- zum Hauptraum auf der Westseite. In beiden Räumen verliefen entlang der Wände wiederum Bänke, aufgemauert aus Lehmziegeln und verputzt mit Kalkestrich, im westlichen Teil des Hauptsaals befand sich eine 90 cm hohe verputzte Plattform. Auf der ostwestlichen Längsachse des Hauptsaales standen zwei runde steinerne Säulenbasen (Abb. 34), die ursprünglich Holzsäulen getragen haben dürften, auf denen das Dach des Tempels ruhte. Steinbasen dieser Art sind auch aus den kanaanäischen Tempeln in Lachis und Beth

Schean bekannt, dagegen dürften die Anordnung der Räume und Eingänge, die Plattform und die Säulen typisch philistäisch sein.

Der Tempel in Tell Qasile – das dritte Heiligtum ging nach dem Grabungsbefund übrigens in einer Feuersbrunst unter – ist der einzige im ganzen Land, der unzweifelhaft dem philistäischen Kult zugeschrieben werden kann, obwohl die Bibel, wie oben angeführt, weitere Tempel an anderen Orten erwähnt, allerdings erstaunlicherweise nicht den von Tell Qasile.

Das Heiligtum gehörte zu einer kleinen Hafenstadt des 12. Jh.s v. Z. (Abb. 35). Die Funde weisen die philistäischen Einwohner des Ortes als Bauern und Handwerker aus: Bei den Ausgrabungen wurden Getreidespeicher, Backöfen, Ölmühlen und Weinkeltern freigelegt, des weiteren ein Schmelzofen und eine Färberei mit zugehörigem Arbeitsgerät.

Im Tempel von Tell Qasile wurde, wie an allen anderen Orten, an denen die Philister sich niedergelassen hatten, die für dieses Volk inzwischen als charakteristisch erkannte **Tonware** gefunden, die typologisch durch ägäische Merkmale geprägt ist, aber auch zypriotische, ägyp-

34 Tell Qasile. Der philistäische Tempel mit Steinbasis für Säulen. 12.–10. Jh. v. Z.

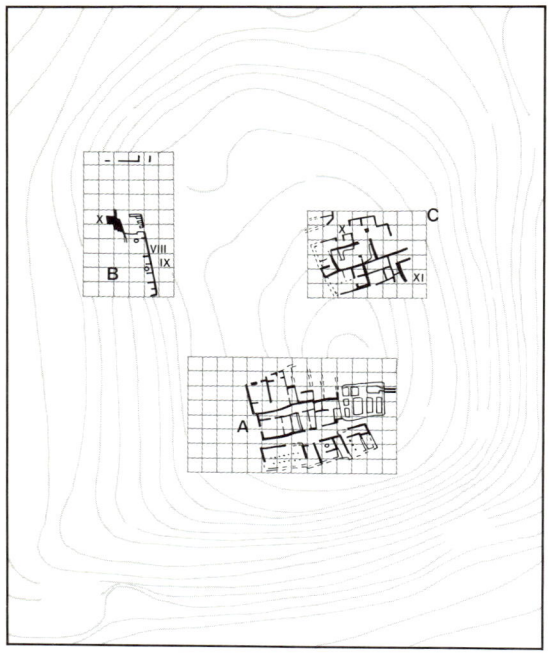

35 Tell Qasile. Lageplan.
Area=Areal (A, B, C)
VIII, IX, X, XI, XII=chronologische
Schichten

tische und lokale kanaanäische Elemente aufweist. Sie wurde aus Siedlungsschichten des 12. und 11. Jh.s v. Z. zutage gefördert, was nach biblischen und anderen historischen Quellen dem Zeitraum entspricht, in dem die Philister und andere Seevölker in Kanaan eintrafen und dort seßhaft wurden.

Dabei spiegelt die philistäische Tonware (Abb. 36) Aufstieg, Blüte und Assimilierung dieses Volkes in Kanaan wider. Anfangs erinnern die Gefäße in Form und dekorativen Motiven noch deutlich an ihre mykenischen Prototypen, auch wenn die philistäische Eigenart sich schon ausgebildet hat. In der zweiten Phase ist das Niveau der in Kanaan hergestellten Tonware zwar immer noch verhältnismäßig hoch, doch deutet sich bereits ein Niedergang an. Noch später verliert die philistäische Keramik ihren eigenständigen Charakter, immer weniger ist sie von der landesüblichen kanaanäischen Ware zu unterscheiden.

Als ein besonders typisches philistäisches Dekormotiv der ersten Phase erscheint die stark stilisierte Darstellung von Vögeln mit ausgebreiteten Schwingen und nach hinten geworfenem Kopf. Daneben finden sich – inzwischen durch zahlreiche Funde belegt – häufig Fische sowie das aus Ägypten übernommene Lotusmotiv, das entweder stilisiert ist, dabei aber als vegetabiles Element noch erkennbar bleibt, oder vollständig geometrisiert wird zur Form eines spitzwinkligen Dreiecks. Von den Kanaanäern übernahmen die Philister anfangs lediglich das Palmenmotiv. Zusammen mit Linien und Zickzackmustern in Schwarz und Rot auf einen

36 Philistäische Tonware. 12.–10. Jh. v. Z. Jerusalem, Israel-Museum

weißen Untergrund aufgetragen, zierten solche Bildelemente Schalen, dreihenklige Krüge, Becher und Rundgefäße, sogenannte »Kernoi« (Singular: Kernos) – Gefäßformen also, die sich wiederum an mykenische Prototypen anschließen.

Zu den philistäischen Kultgeräten zählen Terrakotta-Figurinen. Bekannt ist die »Aschdoda« genannte Figur, ein Idol in der Form eines Thronsitzes, dessen Rückenlehne als weibliche Gestalt bis zur Taille ausgebildet ist. Andere Figurinen stellen Frauen dar, die in archaischer Trauergeste die Arme über den Kopf halten (Abb. 37).

Ihre Toten bestatteten die Philister in anthropoiden **Tonsärgen,** wie sie in Ägypten gebräuchlich waren; aus Mykene übernahmen sie die Sitte, Gräber in den Fels zu hauen. Die aufgefundenen Särge sind durchschnittlich 1,60 bis 2 m lang, ihr Umfang beträgt zwischen 1,70 und 2,20 m (Abb. 38). Zum Fußende hin verjüngen sie sich, manchmal weisen sie Ausbuchtungen für die Füße auf. Den Oberteil des Sargs bildet ein abnehmbarer Deckel, auf dem Gesichtszüge, Arme und Hände des Verstorbenen dargestellt sind (Farbtafel 2); die stilisierten Porträts reichen gewöhnlich bis zum Kinn oder bis zur Brust. Die Toten wurden nicht mumifiziert; in jedem der Särge wurden zwei oder drei Skelette gefunden. Zu den Gegenständen, die den Verstorbenen auf den Weg ins Jenseits mitgegeben wurden, gehörten kleine Tongefäße, aber auch Schmuck aus Gold und Karneol.

Die Funde in den philistäischen Ortschaften beweisen, daß die Neusiedler durchaus nicht die groben, ungeschlachten Riesen waren, als die sie jahrtausendelang verkannt wurden. Als einer der ersten hatte R. A. Macalister die Spuren dieses so geschmähten Volkes gefunden und sie richtig dem ägäischen Raum zugeordnet. Seither haben Forscher, in den letzten Jahren vor allem der israelische Archäologe Moshe Dothan und seine Frau Trude, von Dan im Norden des Landes bis Tell el-Far'a im Süden immer neue Zeugnisse geborgen, die von der hochentwickelten philistäischen Kultur sprechen.

KANAANÄISCHES ALPHABET

37 *Philistäische Trauerfiguren. 12.–10. Jh. v. Z. Jerusalem, Israel-Museum*

Allerdings haben die Philister keinerlei schriftliche Zeugnisse hinterlassen, obwohl die Entwicklung der Schrift in Kanaan gerade in die Zeit fällt, in der sie auf ihrer Landsuche dort eintrafen.

Die ältesten **Inschriften in einer semitischen Sprache** stammen offenbar aus dem 17. oder 16. Jh. v. Z. Bestätigt wurde diese erste, hypothetische Datierung durch Petries Inschriftenfunde im Türkisbergwerk Serabit al-Chadim im Westen der Sinai-Halbinsel, die von ihrem Entdecker selbst und – nach eingehender Untersuchung – auch von Albright in das 15. Jh. v. Z. gewiesen wurden. Allem Anschein nach wurden in diesem Türkisbergwerk semitische Arbeiter – Sklaven oder Kriegsgefangene – beschäftigt, die eine in Kanaan entstandene Schrift mitbrachten. Ihre Grundlage bilden ägyptische Schriftzeichen, die den Bedürfnissen des westsemitischen Dialekts angepaßt wurden. So gelang es den Kanaanäern auf einfache aber wirksame Weise, ihre Sprache schriftlich festzuhalten. Nach weiteren Inschriftenfunden im Sinai liegt den Gelehrten inzwischen genügend epigraphisches Material vor, auf dessen Grundlage sich jenes älteste **kanaanäische Alphabet** rekonstruieren läßt.

Nach Ansicht der Wissenschaftler basiert dieses erste Alphabet (Abb. 39) auf zwei Prinzipien: Akrophonie und ausschließliche Verwendung von Konsonanten. Zunächst bezeichnet ein

Piktogramm, d.h. ein Bildzeichen, einen konkreten Gegenstand. Im Lauf der Entwicklung stehen schließlich die Zeichen für einige wenige allgemein bekannte Gegenstände nur noch für den Anlaut des Wortes, das sie ehemals darstellten. So dürfte der Buchstabe »b« anfänglich durch ein Haus dargestellt worden sein, denn »Haus« heißt im Westsemitischen *bait* oder *beth*. (An dieser Stelle sollte jedoch hinzugefügt werden, daß eine Reihe von Gelehrten diese akrophonische Entstehung der Buchstaben inzwischen stark in Zweifel zieht.) Da nun im Protosemitischen alle Silben konsonantisch anlauten, waren auch nur Konsonanten piktographisch darzustellen; Vokale dagegen galten ursprünglich als fester Bestandteil ihrer konsonantischen Umgebung, weshalb ihre Darstellung überflüssig war. Als Ergebnis entstand so eine »Silbenschrift«. Die Trennung von Konsonanten und Vokalen erfolgte erst in einer zweiten Etappe. Zu Beginn der Eisenzeit, ca. im 12. Jh. v. Z., schufen die Phöniker schließlich ein festes Alphabet aus 22 Konsonanten – ein wesentlicher Beitrag zur Weiterentwicklung der Schrift.

Schon vorher aber, gegen Ende der Jüngeren Bronzezeit (um das 13.–12. Jh. v. Z. also), haben die Kanaanäer mindestens zwei Alphabete hervorgebracht. Eines davon war in Keilschrift abge-

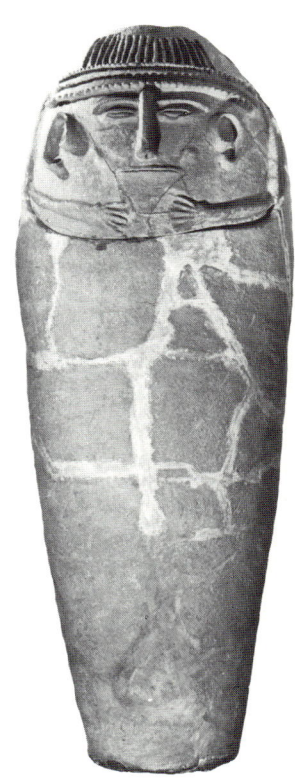

38 Anthropoider philistäischer Sarg. 12.–10. Jh. v. Z. Jerusalem, Israel-Museum

ALPHABET/HEBRÄISCHE INSCHRIFTEN (KUNTILAT ADSCHRUD)

1	2	3	4	5		6		7
					Alef	A	Alpha	A
					Bet	B	Beta	B
					Gimel	Γ	Gamma	G
					Dalet	Δ	Delta	D
					He	E	Epsilon	E
					Waw	Ϙ	Phi	V
					Zajin	Z	Zeta	Z
					Chet	H	Eta	H
					Tet	Θ	Theta	
					Jod	I	Iota	I
					Kaf	K	Kappa	K
					Lamed	Λ	Lambda	L
					Mem	M	My	M
					Nun	N	Ny	N
					Sameck	Ξ	Xi	
					Ajin	O	Omikron	O
					Pe	Π	Pi	P
					Zade			
					Kof			Q
					Resch	P	Rho	R
					Sin / Schin	Σ	Sigma	S
					Taw	T	Tau	T

39 Entwicklung des Alphabets
1 Paläo-sinaitische Schrift   2 Kanaanäische Schrift, 12. Jh. v. Z.   3 Phönikische Schrift, 9. Jh. v. Z.
4 Hebräische Kursivschrift, 8. Jh. v. Z.   5 Modernes Hebräisch   6 Griechische Schrift   7 Lateinische Schrift

faßt und nur bis zu Beginn der Eisenzeit (12. Jh. v. Z.) in Gebrauch. Das andere hingegen, in einer linearen Form, wurde – mit spezifischen Änderungen für jede einzelne Sprache – von allen Nachbarn Kanaans übernommen und stellt damit die Grundlage aller späteren – phönikischen, hebräischen, aramäischen, griechischen und römischen – Alphabete dar. Die Hebräer eigneten sich im 12. oder 11. Jh. v. Z. diese (proto)-kanaanäische Schrift an, benötigten aber noch mindestens zwei- bis dreihundert Jahre, bis sie einen eigenen Schrifttypus entwickelt hatten. Der schon erwähnte Geser-Bauernkalender aus dem späten 10. Jh. v. Z. (vgl. S. 18; Abb. 6) ist noch in phönikischer Schrift, möglicherweise sogar in phönikischer Sprache gehalten – wozu jedoch angemerkt werden sollte, daß der nördliche, d. h. israelitische Dialekt des Hebräischen mit dem Phönikischen praktisch identisch war und man durchaus sagen kann, daß beide Völker Sprache und Schrift miteinander teilten.

Die ältesten bekannten **hebräischen Schriftzeichen** sind auf der Mesa-Stele aus der Mitte des 9. Jh. sv. Z. (vgl. S. 36, Abb. 14) zu sehen, in moabitischer Sprache zwar, aber mit hebräischen Buchstaben niedergeschrieben, die die Moabiter allem Anschein nach vom nördlichen Königreich (Israel) übernommen hatten.

Hebräische Inschriften einer vergleichbar frühen Phase wurden auch in einem entlegenen Ort mit Namen **Kuntilat Adschrud** gefunden, der ungefähr 65 km südlich von Kadesch Barnea auf der Sinai-Halbinsel liegt und in den Jahren 1974/75 durch den Archäologen Zeev Meshel (Universität Tel Aviv) in drei Kampagnen ausgegraben wurde. Anfangs hielt Meshel den Platz für eine Grenzbefestigung, Kadesch Barnea vergleichbar. Aufgrund der zahlreichen Votivinschriften auf dem Wandverputz, auf Keramikscherben, Vorratskrügen und Steingefäßen bestimmte er Kuntilat Adschrud dann jedoch als eine Verbindung von religiösem Zentrum und Karawanserei – letzteres, da die Anhöhe an der wichtigen Karawanenstraße von Kadesch Barnea nach Elath am gleichnamigen Golf (auch: Golf von Aqaba) liegt.

Nach Meshels Einschätzung entstand die Anlage Mitte des 9. oder um die Wende zum 8. Jh. v. Z. (Farbtafel 3). Möglicherweise währte die Blütezeit des Kultzentrums nur eine Generation und war verbunden mit der Herrschaft Königin Athaljas (845–839 v. Z.), die in der Bibel (2. Kön. 11, 1–16) nicht eben liebenswürdig charakterisiert wird. Athalja pflegte enge Verbindungen zu den Phönikern im Norden. Daß sie ihnen unter Umständen Zugang zum Roten Meer gewährte, darauf lassen die phönikischen Inschriften schließen, die zusammen mit den erwähnten althebräischen Schriftzeugnissen zu sehen sind.

Der arabische Name des Ortes bedeutet »einsame Anhöhe der Quellen«, und diesen Quellen, die in der Nähe des Berges liegen, verdankte Kuntilat Adschrud seine kurze Blüte. Erhalten haben sich die Überreste eines 75 × 45 m großen Hauptgebäudes am westlichen Ende der Anhöhe und kärgliche Spuren eines kleineren östlich davon. In mehreren Räumen des Hauptgebäudes fallen Bänke entlang der Wände sowie Freskenfragmente auf, die erkennen lassen, daß die Wände ursprünglich farbige Blumenmotive und lineare Muster zierten. Im Hof fand Meshel drei Öfen, südlich und westlich des Hofes längsrechteckige Räume, in denen anscheinend Nahrungsmittel aufbewahrt wurden; an der Westseite des Hauptgebäudes entdeckte er turmartig ausgebildete Kammern. Die Mauern waren aus groben, unbehauenen Steinen errichtet, als Binder zwischen den Steinlagen fungierten Äste.

EINFÜHRUNG DER MONARCHIE: SAUL

Mit der Entstehung einer eigenen hebräischen Schrifttradition Mitte des 9. Jh.s v. Z. setzt in den zwei Büchern Samuel die **authentische israelitische Geschichtsschreibung** ein. Die Samuelbücher halten eine bedeutsame Übergangsphase in der Geschichte der Israeliten fest: Zu Beginn des 1. Buches besteht Israel noch aus einem losen Stammesverband, der sich angesichts innerer und äußerer Gefahren zu behaupten sucht; am Ende des 2. Buches ist es zu einem ernstzunehmenden politischen Faktor zwischen Ägypten und Mesopotamien aufgestiegen, straff regiert von einer Zentralmacht.

Das 1. Buch Samuel, Kapitel 8–10 beschreibt ausführlich, wie die Israeliten den ersehnten König erhielten. Die Wahl fiel auf Saul. »Da jubelte das Volk und rief: ›Es lebe der König‹« (10,24). Wie Sauls Leben als Monarch aussah, läßt sich – mit der Bibel – in einem Satz zusammenfassen: »Der Krieg gegen die Philister aber tobte heftig, solange Saul lebte« (1. Sam. 14,52).

Zum Wohnsitz wählte der erste König der Israeliten den Ort **Gibea**, dessen »Philistervogt«, wie ihn die Bibel nennt, von Sauls Sohn Jonathan erschlagen worden war (1. Sam. 13,3). Die Residenzstadt lag auf einer Anhöhe knapp 5 km nördlich von Jerusalem und beherrschte die Straße, die in das Bergland von Benjamin, Ephraim und Manasse führte. Der Ort war schon in der Frühzeit der Landnahme von den Israeliten gegründet, aber noch vor Sauls Salbung zum König wieder zerstört worden, vielleicht im Zuge der Ereignisse um die Nebenfrau des Leviten aus Ephraim (Rich. 19,21–29 und 20, 1–48).

Architektonisch war dieser erste Königssitz kaum mehr als ein größerer Bauernhof. Bei W. F. Albrights Ausgrabungen im Jahre 1922 kamen die Reste einer relativ einfachen rechteckigen Steinfestung von allerdings beachtlichen Ausmaßen zutage: Die Kasemattenmauern umschlossen eine Fläche von 51 × 35 m. Keramikfunde und die Bestimmung einer Schichtenfolge ermöglichten die Datierung der Anlage auf das späte 11. Jh. v. Z., also auf die Zeit Sauls.

Möglicherweise war Sauls Residenz zweigeschossig: Die rohbehauenen Steine könnten einen Aufbau aus Holz getragen haben. An den Ecken standen wahrscheinlich Türme, jenem südwestlichen Turm gleich, von dem Albright noch Grundmauerreste nachweisen konnte. Die Funde zeugen von dem spartanischen Leben, das Saul und sein Hof geführt haben müssen: Die Tonware war grob und undekoriert, die königlichen Vorratskrüge unterschieden sich in nichts von jenen seiner Untertanen, und auch die bronzenen Pfeilspitzen des Herrschers entsprachen ganz der Landesart. Nur ein Fund wies in die Zukunft: eine Pflugschar aus Eisen.

Von Gibea aus brach Saul zu seinen unzähligen Schlachten gegen die Philister auf. Und von hier zog er auch in seinen letzten Kampf gegen Israels Erzfeinde. Am Berg Gilboa fanden Saul und seine drei Söhne Jonatan, Abinadab und Malki-Schua den Tod.

Saul hatte die Philister immer wieder daran gehindert, ins israelitische Kernland vorzustoßen. Nach seinem Tod sah es so aus, als sei Israel nun ernsthaft gefährdet, doch erstand dem Land in der Gestalt Davids ein Retter, der die philistäische Gefahr nicht nur ein für alle Mal bannte, sondern seinem Volk – zum ersten Mal – auch sichere Grenzen schenkte.

Kapitel 5
»... und salbten dort David zum König«
Die vereinte Monarchie unter David und Salomo

2. Sam. 2,4

Mit seiner feierlichen Salbung stieg David, zuvor Söldner im Dienste des philistäischen Königs Achis von Gat, erst zum Herrscher über Juda, dann über alle Stämme Israels auf. Als König bannte David nicht nur endgültig die philistäische Gefahr, sondern er dehnte zudem die Grenzen seines Reiches im Norden bis nach Syrien und im Nordosten bis in die Nähe des Euphrat aus. Israels vormalige Feinde – Philister, Moabiter, Edomiter, Ammoniter und Aramäer – wurden ihm tributpflichtig. Für kurze Zeit erblühte Davids Reich als Großmacht im Nahen Osten (Abb. 40).

Zur Seite standen ihm die Befehlshaber seiner »Helden«, wie die davidischen Krieger in der Bibel heißen (1. Chron. 11, 10–47): Sie ermöglichten ihm seine Erfolge, wurden mit ihm mächtig und begleiteten ihn von seinem ersten Königssitz in Hebron nach Jerusalem, wo sie seine Leibwache stellten und seine Infanterie und die Hilfstruppen befehligten.

Als Folge des inneren und äußeren Friedens, den David herbeigeführt hatte, erlebte Juda – die archäologischen Beweise sind unmißverständlich – eine Bevölkerungsexplosion: Zahlreiche neue Städte und Ortschaften entstanden. Die Ernährung der wachsenden Bevölkerung war dank zweier wichtiger Errungenschaften im technischen Bereich sichergestellt: Zum einen hatten die Israeliten es gelernt, Zisternen mit Löschkalk abzudichten, was bedeutete, daß sie fortan nicht mehr darauf angewiesen waren, sich in unmittelbarer Nähe einer Süßwasserquelle niederzulassen. Zum anderen kam der Pflug mit Eisenstachel allgemein in Gebrauch – der Boden konnte so besser gepflügt, der Ernteertrag gesteigert werden.

Davids größtes Verdienst aus dynastischer Sicht war die Einnahme Jerusalems (gegen 998 v. Z.), das bis dahin eine stark befestigte jebusitische Enklave gewesen war und die Nord- von den Südstämmen getrennt hatte. Die Bibel schweigt darüber, wie die Eroberung sich im einzelnen vollzog. Wir erfahren nur kurz von Davids Befehl: »Jeder, der einen Jebusiter erschlägt und durch den Schacht hinaufsteigt ...« (2. Sam. 5,8). Auch der Bericht im ersten Buch der Chronik (11,4–6) geht großzügig über die Einzelheiten hinweg, ja, er erwähnt nicht einmal jenen Schacht, sondern beschränkt sich auf die Feststellung: »Aber David eroberte die Burg Zion, das ist die Stadt Davids« (ebd., 5), mit dem Zusatz, daß Joab, der Sohn Zerujas, als erster hinaufstieg und gemäß Davids Versprechen Hauptmann wurde (ebd., 6). Beide Bibelstellen zusammen ergeben nach Ansicht moderner israelischer Gelehrter keineswegs, daß Joab – wie bisher meist angenommen – den Schacht, über den gleich zu sprechen sein wird, hinaufstieg, vielmehr interpretieren sie das hebräische *wajiga'ba-zinnor* als »und er besetzte / und beschädigte / den hori-

VEREINTE MONARCHIE: DAVID (EINNAHME JERUSALEMS)

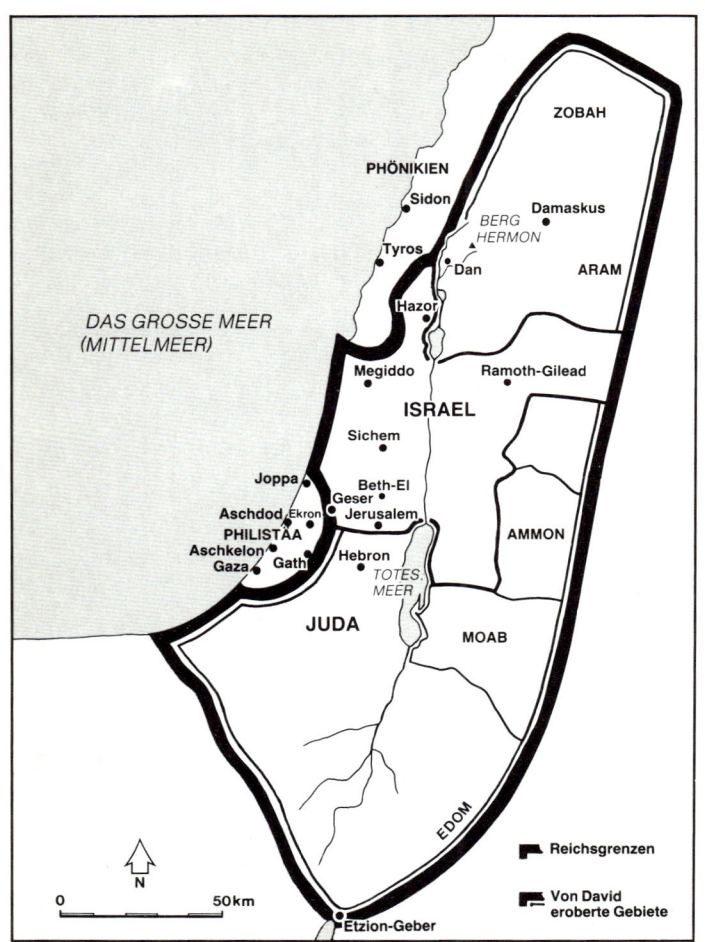

40 Reich Davids und Salomos. 1004–926 v. Z.

zontalen Tunnel«. Das würde bedeuten, daß Joab die jebusitische Stadtmauer auf der Seite zum Kidrontal hin stürmte und damit gleichzeitig die Wasserversorgung der Stadt unterbrach.

Der umstrittene Schacht wird im allgemeinen mit dem sogenannten **Warrenschacht** gleichgesetzt (Abb. 41). Man erreichte ihn ursprünglich durch eine Felsöffnung oben am Hang des Kidrontales, die in einen merkwürdig gewundenen Tunnel führte. Der treppenlose Schacht selbst fällt fast senkrecht ab und trifft unten auf einen zweiten, annähernd waagerechten Tunnel, der das Wasser der außerhalb der jebusitischen Stadtmauer gelegenen Gichonquelle heranleitete. So besaßen die Bewohner der Stadt auch in Kriegszeiten einen sicheren Zugang zum lebenswichtigen Wasser. Der obere, gewundene Tunnel ist 40 m lang, der Schacht 15 m tief.

Jahrhundertelang waren Tunnel und Schacht teilweise verschüttet und von oben her nicht mehr zugänglich. Vom unteren Ende, d.h. vom Wassertunnel aus, erstieg der Engländer Charles Warren ihn 1867 zum ersten Mal in moderner Zeit. Seit 1979 hat der israelische Archäologe Yigal Shiloh von der Hebräischen Universität in Jerusalem im Rahmen seiner Ausgrabungen in

41 Jerusalem. Plan und Querschnitt des Warrenschachts. 7. Jh. v. Z.

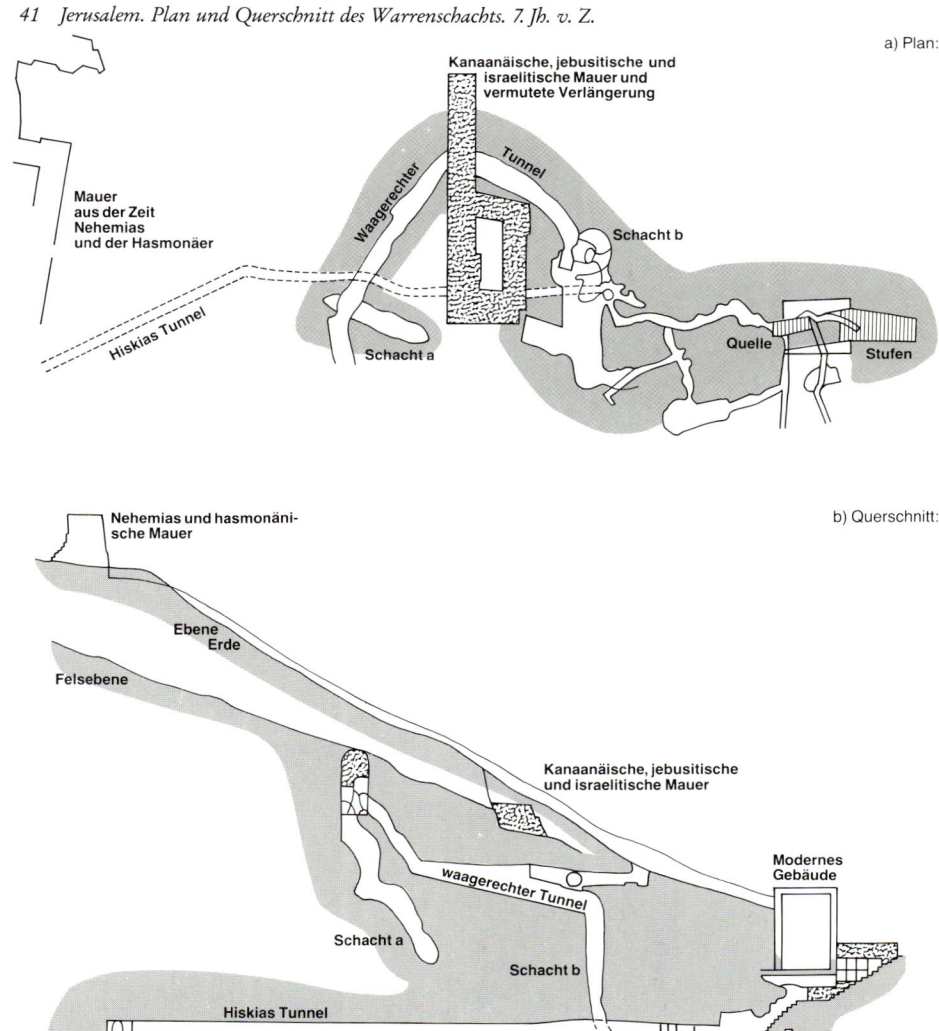

der Davidstadt Saison für Saison neue Partien von Tunnel und Schacht freigelegt. Darüber hinaus schickte Shiloh im Jahre 1979 erfahrene Alpinisten den Schacht hinauf, denen er anschließend selbst bis zum Beginn des gewundenen Tunnels folgte. Seit 1985 ist der gesamte Komplex vollständig geräumt und Besuchern zugänglich.

Nach den knappen Worten über die Eroberung berichtet die Bibel über Davids nächste Taten: »David ließ sich in der Burg nieder und nannte sie Davidstadt. David baute auch ringsum eine Mauer mit Häusern, vom Millo nach innen zu« (2. Sam. 5,9). Der hebräische Originaltext läßt zwei Interpretationen zu: Entweder David errichtete eine Mauer – wie in den meisten deutschen Fassungen zu lesen – oder eine Stadt – wie es in den meisten englischen Bibelübersetzungen heißt. Nach Ansicht israelischer Bibelgelehrter hingegen baute David wie oben schon angeführt, »eine Mauer mit Häusern«, d. h. wohl eine Kasemattenmauer der aus anderen israelitischen Städten bekannten Art (vgl. S. 68).

Lange hat man über die Bedeutung des Wortes *Millo* gerätselt, das die Übersetzer gewöhnlich hilflos in seiner hebräischen Form stehen lassen. Inzwischen herrscht Einigkeit darüber, daß Millo keine Ortsbezeichnung ist; vielmehr sind jene Terrassen am steilen Osthang des Kidrontals gemeint, die ungefähr seit dem 13. Jh. v. Z. eine erhebliche Erweiterung des beengten Raums der jebusitischen und später der israelitischen Stadt unter David ermöglichten, die schließlich eine Fläche von knapp 45 000 m^2 bedeckte. Diese künstlich angelegten Wohnterrassen mußten mit großer Sorgfalt instand gehalten werden, denn wenn auch nur eine Stützmauer einstürzte, war zu befürchten, daß der gesamte künstliche Aufbau absackte. Daß die Furcht vor einem solchen Erdrutsch nicht unbegründet war, ergibt sich daraus, daß die englische Archäologin Kathleen Kenyon, die zwischen 1961 und 1967 Ausgrabungen vor allem in diesem Gebiet durchführte, lediglich Häuserreste aus dem 7. Jh. v. Z. fand: Alle älteren Gebäude, die sich im Laufe der vorangegangenen 600 Jahre auf den Terrassen erhoben hatten, waren abgerutscht.

Die in 2. Sam. 5,9 erwähnte Mauer dürfte jene sein, deren Reste Kathleen Kenyon bei ihren Ausgrabungen nicht auf dem Kamm des Osthangs zum Kidrontal, sondern fast an seinem Fuß fand. Sie war bereits um das 18. Jh. v. Z. errichtet und von den Jebusitern später in ihre Verteidigungsanlagen am Berghang einbezogen worden, wo sie den Zugang zum Tunnel und Schacht der Gichonquelle geschützt haben dürfte. Wahrscheinlich baute David die Mauer nicht neu auf, sondern besserte sie lediglich aus. Das jebusitisch-davidische Befestigungswerk erwies sich als sehr langlebig; ihm vorgelagerte Siedlungsreste aus dem 8. Jh. v. Z. lassen keinen Zweifel, daß es zumindest zu jenem Zeitpunkt noch bestand.

Zwei Verse weiter berichtet die Bibel (2. Sam. 5,11): »Hiram, der König von Tyrus, schickte Beauftragte an David mit Zedernstämmen, Zimmerleuten und Steinmetzen, damit sie für David einen Palast bauten.« Wir haben hier den frühesten literarischen Beweis für den starken Einfluß, den phönikische Kunst und Handwerk auf die Kultur des vereinten Königreiches ausübten.

Das Hohelied erwähnt zudem einen »Davidsturm« (4,4) – möglicherweise die Bezeichnung für Davids neue **Festung,** die am östlichen Rand des Steilhangs südöstlich des Tempelbergs gelegen haben dürfte und natürlich nicht mit den heute »Davidsturm« genannten Resten einer erheblich jüngeren Wehranlage verwechselt werden darf, die der britische Archäologe Macalister 1923–25 entdeckte und irrtümlich als Überreste der jebusitischen Stadtbefestigung deutete. Zwischen Davids Festung und Königspalast bestand anscheinend eine enge bauliche Verbindung. Einige Gelehrte setzen den Davidsturm des Hohenlieds mit dem »vorspringenden Turm« gleich, von dem Nehemia (3,26) in seinem Bericht über den Mauerbau zu Jerusalem schreibt, daß er nahe dem Wassertor im Osten liege. Bei dem Wassertor wiederum mag es sich um jenes alte Tor handeln, das nach dem Nehemia-Bericht zur Gichonquelle und zum Ophel (s. weiter unten) hinausführte. Allerdings hat der israelische Archäologe Benjamin Mazar von der Hebräischen Universität in Jerusalem außer Spuren eisenzeitlicher Steinterrassen unterhalb der Südostecke des Tempelbergs bei seiner Ausgrabung in diesem Bereich keinerlei Überreste davidischer Bauten gefunden.

Schließlich schuf David die Voraussetzungen für das weitere Wachstum seiner Stadt in Richtung Norden: Er kaufte »die Tenne« des Jebusiters Arauna, die außerhalb der Stadt auf einer Anhöhe, dem Berg Moria, lag: »Dann errichtete David daselbst dem Herrn einen Altar« (2. Sam. 24,24 + 25). Dort baute Davids Sohn Salomo später den Tempel. Auf einem schmalen Felsplateau zwischen Davidsstadt und späterem Tempelberg entstand der **Ophel,** entweder schon unter David oder zur Zeit der Mitregentschaft Salomos, vielleicht auch erst unter Salomos Alleinherrschaft – die Bibel hüllt sich über den Bauherrn einmal mehr in Schweigen. Anscheinend bezog sich der hebräische Ausdruck *Ophel* anfangs auf einen ganz bestimmten Festungstyp, denn es gibt Beweise für das Vorhandensein eines *Ophel* unter anderem in Samaria, der späteren Hauptstadt des nördlichen Königreiches. Der Name Ophel, nicht aber seine Funktion, blieb dem Bezirk Jerusalems auch in nachexilischer Zeit erhalten. Damals wohnten dort die Tempeldiener – zweifelsohne wegen seiner Nähe zum Tempel.

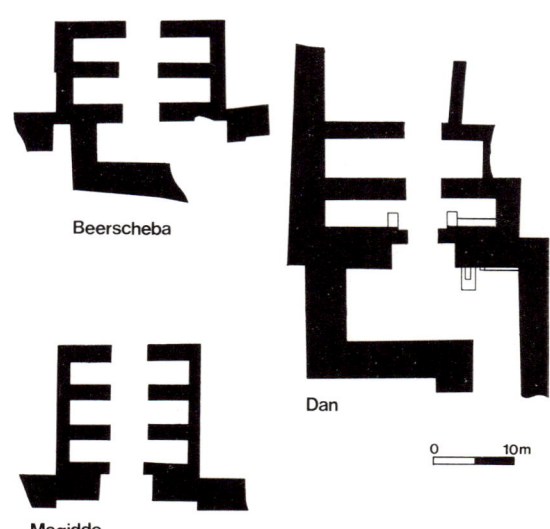

42 Die Stadttore von Beerscheba, Dan und Megiddo. 10. Jh. v. Z.

VEREINTE MONARCHIE: DAVID/SALOMO

Zu den Bauleistungen, die man mit größerer Sicherheit in die Regierungszeit Davids datieren kann, gehören die **Stadttore von Beerscheba und Dan** (Abb. 42). Einerseits sind sie den Toren, die in der Zeit Salomos gebaut wurden, ganz unähnlich, andererseits untereinander von so gleichartiger Bauweise, daß sie nur schwerlich nach Salomos Tod, als die betreffenden Ortschaften teils dem nördlichen, teils dem südlichen Königreich zufielen, entstanden sein können. Darüber hinaus weist vor allem das Stadttor in Dan unverkennbare Ähnlichkeit mit dem von Karchemisch an der heutigen türkisch-syrischen Grenze auf, was wiederum dafür spricht, daß es bereits unter David erbaut wurde, denn nur unter seiner Herrschaft erstreckte sich das Reich fast bis an den Euphrat und der Einfluß aus dem Norden war während dieser Zeit am stärksten. So übernahm David unter anderem auch die im syrischen Raum gebräuchlichen Befestigungssysteme.

Sehr viel dauerhafter als Mauern und Festungen erwiesen sich die **Musiktradition** und die **Psalmen,** die gemäß Bibel und Überlieferung von David selbst begründet wurden. Bekanntlich begann David seine Laufbahn am Königshof Sauls als Harfenspieler (1. Sam. 16,14–23). Bei späteren Generationen blieb die Erinnerung an seinen Beitrag zur israelitischen Musiktradition so lebendig, daß praktisch alles, was mit liturgischer Musik – einschließlich der Psalmen – zusammenhing, ihm zugeschrieben wurde. Allerdings haben Untersuchungen inzwischen ergeben, daß er die meisten davon kaum hätte komponieren können, denn in den Psalmen spiegelt sich das religiöse Leben der Israeliten vom 12. bis ungefähr zum 4. Jh. v. Z. wider. Archäologische Funde in Form von beschrifteten Tontafeln, die kanaanäische Hymnen und epische Gedichte enthalten, haben das hohe Alter vieler hebräischer Sprachformen bestätigt, die in den Psalmen zu finden sind. Sie beweisen, daß die ersten hebräischen Dichter Gelegenheit hatten, aus einer reichen literarischen Tradition in Kanaan und Syrien zu schöpfen, bevor sie ihre eigenen Werke schufen. Doch kann kein Zweifel daran bestehen, daß vor allem David für die Gründung der Musikzünfte verantwortlich gewesen ist. Ebenso dürfte der spätere Tempeldienst sehr viel seiner Inspiration zu verdanken haben.

Die drei Sängergilden und ihre Oberhäupter Asaph, Heman und Etan, die dem ersten Buch der Chronik zufolge (1. Chron. 15, 17) vom König mit der Musikausübung betraut wurden, entstammten dem Stamm Levi, der auf Moses' Gebot sich seit jeher des Dienstes vor dem Herrn angenommen hatte. Ihre Instrumente waren Harfe und Zither, Zymbel und Trompete. Gemäß nahöstlicher und mediterraner Mythologie waren es Götter oder Titanen, denen die Menschen die Musikinstrumente zu verdanken hatten. Die Bibel schreibt diese Erfindung den Nachkommen Kains, des Ahnherrn aller Schmiede, Metallarbeiter und Instrumentenbauer, zu. Über die Geheimnisse von Instrumentenbau und Spielpraxis wachten seit David eifersüchtig die vom König begründeten Gilden. Eine Generation von Tempeldienern und Musikern am Königshof gab sie an die nächste weiter, Uneingeweihte blieben ausgeschlossen.

Darstellungen von Musikinstrumenten, wie sie zur Zeit Davids benutzt wurden, sind schon auf Elfenbeintäfelchen aus Megiddo zu finden. Jahrhunderte später zählte der neuassyrische König Sanherib nach der abgebrochenen Belagerung von Jerusalem im Jahr 701 v. Z. in der Kriegsgefangenenliste seines Tatenberichts auch die Musiker des Königshofes auf – getrennt nach Männern und Frauen –, die er Hiskia, dem König von Juda, abgepreßt hatte und ins Exil

43 Die Trompeten der Leviten. Rückseite einer Silbermünze aus dem Bar-Kochba-Krieg (132–135 n. Z.). Durchmesser 19 mm. Tel Aviv, Ha'aretz-Museum

führte. Und noch die Münzen, die während des Bar-Kochba-Krieges (132–135 n. Z.) geprägt wurden, zierten die Instrumente der Tempeldiener (Abb. 43).

Mit Davids Sohn Salomo beginnt das Goldene Zeitalter der Israeliten, doch ließ es sich dramatisch an, als Kampf nämlich um die Nachfolge, und David selbst sah sich genötigt, noch einmal bestimmend in das Geschehen einzugreifen. Zu einem wichtigen Schauplatz wurde – neben der Gichonquelle – die Quelle Rogel (hebräisch: *En Rogel;* arabisch: *Bir Ajub*).

David war alt geworden, »Adonija aber, der Sohn der Haggit, verstieg sich zu dem Gedanken: Ich bin's der König wird!« (1. Kön. 1,5), und: »Als nun Adonija am Schlangenstein neben der Quelle Rogel Schafe, Rinder und Mastvieh zum Opfermahl schlachtete, lud er alle seine Brüder, die Königssöhne, sowie alle Männer aus Juda, soweit sie im Dienste des Königs standen, ein« (1. Kön. 1,9). David hatte bei der Wahl seines Nachfolgers die älteren Söhne übergehen wollen und seiner Lieblingsfrau Batscheba versprochen, ihr Sohn Salomo werde ihm auf den Thron nachfolgen. Als ihm die Absichten Adonijas bekannt wurden, ließ er deshalb den Priester Zadok, den Propheten Natan sowie Benaja, einen seiner »Helden« – drei Männer, die Adonija nicht zur Quelle Rogel geladen hatte, weil sie für Salomo Partei nahmen – herberufen und befahl ihnen: »Nehmt die Diener eures Herrn mit euch, setzt meinen Sohn Salomo auf mein eigenes Maultier und führt ihn zur Gichon [= Quelle] hinab. Daselbst sollen der Priester Zadok und der Prophet Natan ihn zum König über Israel salben...!« (1. Kön. 1,33 + 34). Damit wurde Salomo zunächst Davids Mitregent; nach dem Tode seines Vaters stieg er zum König von ganz Israel auf.

Die **Quelle Rogel,** eher ein Brunnen als eine Quelle, bezieht ihr Wasser von einem unterirdischen Wasserlauf (nach allgemeiner Ansicht ein Quellgewässer). Die Anlage besteht aus zwei Teilen. Der untere, im Durchschnitt ca. 9,50 m tief, ist aus großen, grob behauenen Steinen aufgemauert, ähnlich jenen der Stadtmauer am Osthang des Kidrontales. Ungefähr 12 m darüber befinden sich die Reste eines Gewölberaums, der im Gegensatz zum unteren aus kleinen Steinen errichtet wurde. Im Winter sprudelt das Wasser aus einer Höhlung im Boden hervor, im Sommer muß es aus dem Brunnen geschöpft oder gepumpt werden. Nach der Datierung eines fran-

VEREINTE MONARCHIE: SALOMO (TEMPELBAU)

zösischen Bibelarchäologen, Pater L. H. Vincent, dürfte der untere Bau aus der Zeit der frühen Monarchie, ca. 10.–8. Jh. v. Z., oder aber aus dem 8. Jh. v. Z. stammen, als die Assyrer Jerusalem belagerten und alle außerhalb der Stadt gelegenen Quellen von den Einwohnern Jerusalems selbst verschüttet wurden (2. Chron. 32,4). Doch ist auch denkbar, daß sich der tiefer gelegene Teil des Brunnens bei einem schweren Erdbeben während König Usias Herrschaft mit Sand und Erde füllte. (Hinweise auf das Erdbeben: Amos 1,1; Sacharja 14,5.) Um das Versanden der Quelle zu verhindern, wäre in diesem Fall die Quellmündung wie ein Brunnen mit einer Fassung ummauert und eine Vorrichtung geschaffen worden, um das Wasser heraufzuziehen. Später kam dann vermutlich ein 12 m hoher Überbau hinzu, von dem an der Ostseite nahe dem Boden noch einige Überreste zu erkennen sind.

Nachdem Salomo das Testament seines Vaters vollstreckt und – gemäß Davids Auftrag – die alten Widersacher bestraft hatte, »heiratete er die Tochter des Pharao und brachte sie in die Davidstadt, bis er den Bau seines Palastes, des Tempels des Herrn und der Ringmauer um Jerusalem vollendet hatte« (1. Kön. 3,1). Zugleich setzte er zwölf »Vögte« ein, einen für jeden Stamm, die einen Monat im Jahr den Königshof mit »Gerste und Stroh für die Wagen- und Reitpferde« (1. Kön. 5,8) versorgen und den täglichen Bedarf Salomos sicherstellen mußten, der »30 Kor [= biblisches Gewichtsmaß] Feinmehl und 60 Kor gewöhnliches Mehl, zehn Mastrinder und 20 Weiderinder sowie 100 Schafe, abgesehen von den Hirschen, Gazellen, Antilopen und dem gemästeten Geflügel« betrug (1. Kön. 5,2–6). Dank der erfolgreichen Feldzüge Davids herrschte Frieden mit den Nachbarvölkern: »Es wohnten Juda und Israel in Sicherheit, ein jeder unter seinem Weinstock und unter seinem Feigenbaum, von Dan bis Beerscheba ...« (1. Kön. 5,5).

Unter solch günstigen Bedingungen konnte Salomo ein gewaltiges Bauprogramm in Angriff nehmen. Sein größtes und eindrucksvollstes Projekt war der Bau des **Tempels** für den Einen Gott auf dem Berg Moria (Abb. 44), für den sein Vater schon das gesamte Baumaterial hatte zusammentragen lassen, da er selbst vorgehabt hatte, das Heiligtum zu errichten (2. Sam. 7,1; 1. Chron. 28). Die Bibel widmet den Vorbereitungen zum Tempelbau, der Beschreibung des Heiligtums und seiner Ausstattung zweimal nahezu drei ganze Kapitel (1. Kön. 5,6 und 7; 2. Chron. 2,3 und 4).

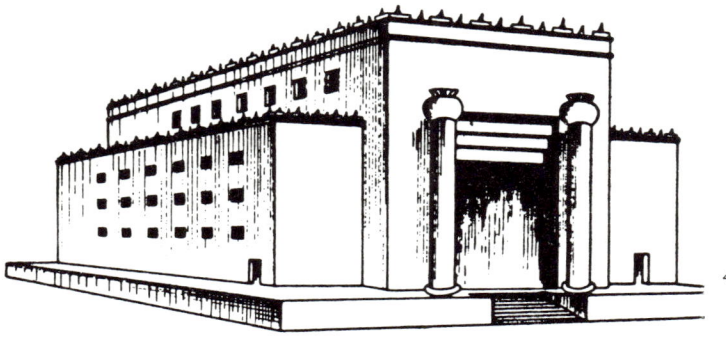

44 *Jerusalem. Salomos Tempel. 10. Jh. v. Z. Rekonstruktion*

Der Tempel von Jerusalem war der letzte einer ganzen Reihe früher israelitischer Gotteshäuser des gleichen Typs – die Bibel erwähnt insgesamt ein Dutzend. Unter ihnen waren offenbar die Tempel von Beth El und Dan die bemerkenswertesten – in ihnen ließ später Jerobeam I. (um 926–907 v. Z.), nachdem er König des Nordstaates geworden war, jeweils ein goldenes Kalb aufstellen (1. Kön. 12, 26–29), um zu verhindern, daß seine Untertanen zum Tempel nach Jerusalem pilgerten; weiter die von Schilo und Mizpa in Benjamin sowie die Heiligtümer von Hebron und Gilgal im Bergland von Ephraim. Die meisten dieser älteren Tempel lagen im Kernland der frühen israelitischen Besiedlung. Der Tempel in Jerusalem war der prachtvollste in dieser Reihe, zugleich ist er der einzige, von dem eine ausführliche Beschreibung erhalten geblieben ist.

Wie der Tempel Salomos tatsächlich aussah, kann nur aus einem Vergleich mit ähnlichen zeitgenössischen Heiligtümern erschlossen werden, zum Beispiel demjenigen auf dem Tell Ta'inat an der syrischen Küste – dieser Bau kommt Salomos Tempel, so wie er in der Bibel beschrieben ist, von den Dimensionen her am nächsten – oder den Tempeln in Samal im Südwesten der Türkei und Hamath in Mittelsyrien. Als ältere Prototypen des salomonischen Gotteshauses dürfen die bronzezeitlichen Tempel von Hazor in Galiläa (15.–13. Jh. v. Z., vgl. S. 59 f.) oder auch von Ebla (Tell Mardich; Mittlere Bronzezeit, 2200–1500 v. Z.) südlich von Aleppo betrachtet werden. Zudem weisen die kanaanäischen Tempel von Sichem, Megiddo und Beth Schean ähnliche Elemente wie Salomos Tempel in Jerusalem auf.

Traditionell gilt der Felsen im Untergeschoß des Felsendoms von Jerusalem als der einzige Überrest des salomonischen Tempels (Farbtafel 4), als der Grundstein, über dem sich das *Debir*, das Allerheiligste, erhob. In jüngster Zeit regt sich jedoch Widerspruch gegen diese Auffassung: Seit 1974 versucht der israelische Physiker Dr. Asher Kaufman mittels Quellenstudien und Feldforschungen den Nachweis zu führen, daß sich der Grundstein des salomonischen Gotteshauses nicht im Felsendom befindet, sondern unter der sogenannten »Kuppel der Geister«, fast 100 m weiter nordwestlich. Auch der israelische Historiker Gaalya Cornfeld bezweifelt die ältere Forschungsmeinung, da jedes Zeichen eines großen Feuers in der Umgebung des besagten Felsens fehle; nach zwei Feuersbrünsten, von denen die Überlieferung berichtet, müßten seiner Ansicht nach aber entsprechende Spuren zu finden sein. Die israelischen Archäologen haben die neue These zwar bisher noch nicht ausdrücklich unterstützt, doch wohlwollend aufgenommen.

Anscheinend kurz nach der Aufnahme der Bauarbeiten am Tempel ließ Salomo dieselben Baumeister – Phöniker aus Tyrus – den Grundstein zu einem **Königspalast** im Süden des Tempels legen. Dieser Palast war zugleich als königliche Residenz und Verwaltungszentrum konzipiert und umfaßte den eigentlichen Wohnsitz des Königs und seiner vielköpfigen Familie, das Haus der Pharao-Tochter, das sogenannte Libanon(= Zedern)-Waldhaus (möglicherweise eine Art Arsenal) und schließlich die Thronhalle, die als Gerichts- und Repräsentationsbau diente. Wie lange die Gesamtbauarbeiten dauerten, ist auch überliefert: »Zwanzig Jahre hatte Salomo an den beiden Häusern, dem Tempel des Herrn und dem königlichen Palast, gebaut« (1. Kön. 9,10). Tempel und Palast wurden im Jahre 587/586 v. Z. vom babylonischen König Nebukadnezar II. dem Erdboden gleichgemacht.

Ebenso stellte Salomo den Millo wieder her; neue Stützmauern – ihre Spuren sind archäologisch nachgewiesen (Abb. 45) – ersetzten die früheren, verfallenen Substruktionen und schütz-

VEREINTE MONARCHIE: SALOMO (AUSDEHNUNG JERUSALEMS)

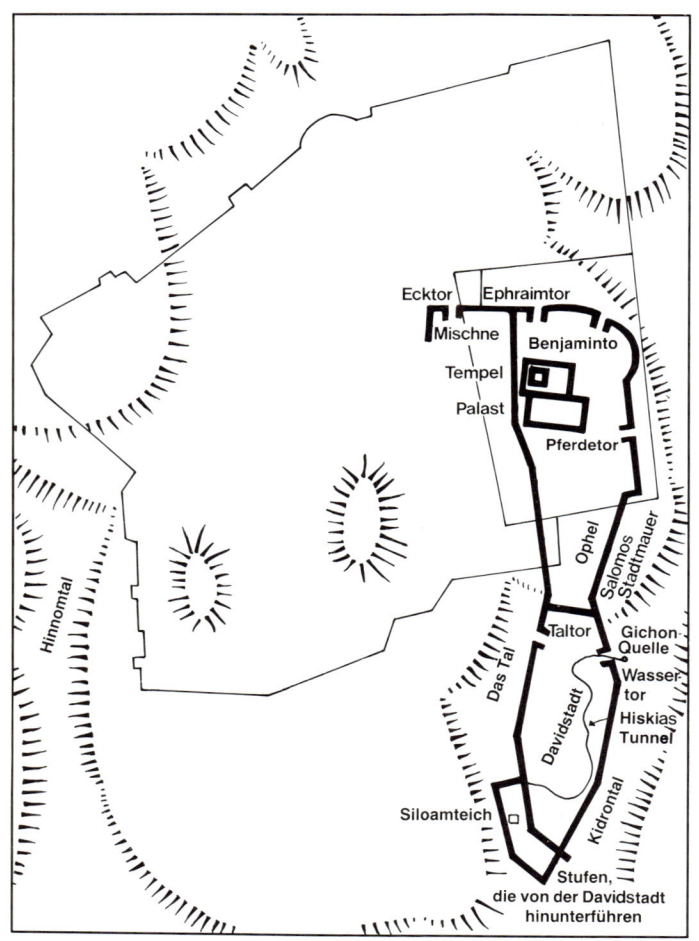

45 Jerusalem. Stadtplan zur Zeit Davids und Salomos. 10. Jh. v. Z.

ten den unteren Bereich des Steilhangs zum Kidrontal hin. In den oberen Abschnitten der östlichen Anhöhe entdeckte die britische Archäologin Kathleen Kenyon geringe Reste eines Walles, möglicherweise der »Ringmauer« Salomos; jedenfalls zeigte die Mauer die für die Zeit des Königs typische Kasemattenbauweise (die Kasematten wurden später mit Schutt angefüllt). Zusammen mit einem protoäolischen Kapitell vom Ophel, das den zeitgenössischen Kapitelltypus im vereinigten Königreich repräsentieren dürfte, sind dies die einzigen Überreste aus salomonischer Zeit.

Die Stadt selbst wuchs unter Salomo beträchtlich, von den ca. 45 000 m² unter David verdreifachte sich ihr Areal auf ca. 130 000 m². Im Norden wurde nun auch der Berg Moria mit dem

Tempel des Herrn in den Schutzbereich der Wälle mit einbezogen. In der Namengebung spiegelt sich der städtische Wandel ebenfalls wider: »Zion« wurde nun die gebräuchlichste, mit Vorliebe gerade in poetischem Zusammenhang verwendete Bezeichnung Jerusalems, während als »Davidstadt« nur noch jener Bezirk am äußeren Ende des Bergausläufers galt, auf den Davids Stadt ursprünglich begrenzt gewesen war.

Von großer Bedeutung ist der Fund, den der israelische Archäologe Yigal Shiloh von der Hebräischen Universität in Jerusalem bei seinen Forschungen in der Davidstadt bergen konnte. Bis 1983 legte er in fünf Grabungskampagnen eine gestufte Steinpyramide (Abb. 46) mit einer Gesamthhöhe von 17 m frei. Schon der irische Archäologe Macalister war bei seinen Grabungen zwischen 1923 und 1925 auf dieses Bauwerk gestoßen. Er hielt es für eine Rampe oder ein steinverkleidetes Glacis aus der Zeit Davids und Salomos oder ihrer jebusitischen Vorgänger. Zwischen 1961 und 1967 grub die englische Archäologin Kathleen Kenyon weitere Teile aus und identifizierte sie – fälschlich, wie Shiloh meint – als Teil der Verteidigungsanlagen aus der Zeit des zweiten Tempels.

Nach Shilohs Auffassung haben wir hier ein für israelitische Städte einmaliges Monument vor uns, das zudem fast auf das Jahrzehnt genau datierbar ist, weil sich direkt unter dem Stufenbau die Überreste einer wuchtigen kanaanäischen Fundamentmauer befanden und sich darüber, an den Fuß der Pyramide anschließend, Häuser aus der Zeit des ersten Tempels erhoben, die erst

46 *Jerusalem. Gestufte Steinstruktur, die die Mauer um Salomos Palast stützte. 10. Jh. v. Z.*

VEREINTE MONARCHIE: SALOMO (HAZOR)

im 6. Jh. v. Z. von den Babyloniern zerstört wurden, wie Tonscherben aus jenem Jahrhundert beweisen (Abb. 47). Der Stufenbau steht im nördlichen Teil der Davidstadt, dort, wo die Königsresidenz der vereinten Monarchie vermutet wird (Sondierungen und Ausgrabungen auf dem Gelände sind nicht möglich, weil hier heute das arabische Dorf Silwan liegt). Die Steinpyramide weist an ihrem Fuß eigenartige eingangsähnliche Öffnungen auf, die allerdings – wie elektronische Sondierungen inzwischen ergeben haben – blind enden.

Anfangs erwogen optimistische Interpreten – nicht Yigal Shiloh! – die in der Tat verführerische Möglichkeit, daß sich die Steinpyramide über den Gräbern Davids und Salomos erhebe. Mittlerweile ist jedoch unbestritten, daß es sich bei dem Stufenbau um eine Futtermauer für die Zitadelle der israelitischen Königsstadt handelt. Die Suche nach den Gräbern der beiden israelitischen Könige geht unterdessen weiter.

Im ersten Buch der Könige (9,15) erwähnt die Bibel eher beiläufig, daß Salomo »Hazor, Megiddo und Geser« wieder aufbaute. Was der Spaten der Archäologen in diesen drei Städten an salomonischen Bauwerken freilegte, steht freilich im umgekehrten Verhältnis zu dieser knappen Bemerkung – so wie andererseits besonders ausführlich geschilderte Ereignisse und Taten, zum Beispiel die Eroberung von Jericho (vgl. S. 58, 173 f.) oder der Tempelbau in Jerusalem, kaum durch archäologische Funde gestützt oder bestätigt werden konnten.

47   *Jerusalem. Gruppe von Tonwaren und Bullen. Rechts: vier Steingegenstände, die Kultständern ähneln; Mitte: 51 Tonbullen. 6. Jh. v. Z.*

Wie im dritten Kapitel (S. 58f.) beschrieben, wurden Ober- und Unterstadt von **Hazor** im 13. Jh. v. Z. durch eine Feuersbrunst zerstört. Die Unterstadt blieb danach unbewohnt, in der Oberstadt ließen sich zunächst Halbnomaden nieder. Die Ausgrabungen in diesem Bereich haben denn auch kaum Spuren fester Häuser, sondern vor allem Reste von Hütten oder Gehegen ans Licht gebracht. Die materielle Kultur jener Halbnomaden war offenbar wenig entwickelt; so dienten etwa auf den Kopf gestellte Vorratskrüge als Backöfen, in deren Innerem Feuer gemacht wurde, während an die Außenwände die feuchten Mehlfladen geklebt wurden. Die Ausgräber entdeckten auch zahlreiche Schächte, die größtenteils mit Steinen angefüllt waren: Yigael Yadin identifizierte sie als Getreidespeicher. Die Steine hatten ursprünglich die Wände verkleidet, lösten sich aber, als die Schächte verfielen. Die Vermutung, daß die ersten Bewohner Hazors nach dessen Zerstörung Israeliten waren, wird durch die Tonware am Ort bestätigt.

Auch die zeitlich nachfolgende Siedlung auf Tel Hazor war noch unbefestigt. Möglicherweise wurde sie in der Spätzeit der Richter unter Saul oder vielleicht sogar während der davidischen Herrschaft gegründet. Die bemerkenswerteste Entdeckung in diesem Siedlungshorizont war ein rechteckiger Bau, anscheinend ein Kultgebäude, das 5 × 4 m maß und in seinem südlichen Teil einen bankähnlichen Absatz aufwies. Westlich des mutmaßlichen Heiligtums erstreckte sich eine gepflasterte Fläche mit vier Steinsäulen, im Süden und Osten schlossen sich weitere Pflasterböden an. Südlich des Baus fanden die Ausgräber zudem zwei zerbrochene Weihrauchaltäre, ähnlich jenen, die in Megiddo zutage kamen. Möglicherweise handelt es sich bei dem Komplex um eine der sogenannten »Höhen«, ein Heiligtum unter freiem Himmel, aus der Zeit König Davids (1004–965 v. Z.).

Erst 300 Jahre nach der Zerstörung der Stadt Hazor durch Josua wurde der bis dahin unbefestigte Ort von der umwallten und geplanten Stadt Salomos (965–926 v. Z.) abgelöst, doch nahm diese Stadt nur den westlichen Teil des heutigen Tells ein. Die Gesamtfläche Hazors betrug jetzt nur noch knapp 26 000 m². Erst unter Ahab (871–852 v. Z.) dehnte sie sich wieder über den gesamten oberen Tell aus. Zum Architekturbestand des salomonischen Hazor gehörte eine Kasemattenmauer, wie sie vor allem in der Regierungszeit dieses Königs für Befestigungsanlagen verwendet wurde. Bei diesem Mauertypus schließt sich an eine massive Außenwand eine Folge fensterloser Kammern an, die man mit Erde, Geröll und Schutt anfüllte. Gelegentlich wurden die Kammern auch als Vorratsräume genutzt. Die Außenwand der Kasemattenmauer von Hazor war ca. 1,50 m stark, die Innenwand knapp 1 m; die Trennwände zwischen den einzelnen Kammern maßen gleichfalls 1 m, der Abstand zwischen Außen- und Innenwand betrug ungefähr 2,50 m, und jede Kasematte war zwischen 8 und 10 m lang. Jede Kammer verfügte über einen eigenen Zugang in einer Ecke, der Boden bestand aus gestampfter Erde. Zwischen der Innenmauer und dem nächstgelegenen Häuserblock zogen sich eine glatt gepflasterte Straße sowie ein Abwasserkanal hin, letzterer nahe der Mauer und parallel zu ihr. Vor der Befestigungsanlage sorgte ein gewaltiger, tief ausgehobener Graben für zusätzlichen Schutz.

In einer der Kasematten fanden die Ausgräber den Rückenpanzer einer Schildkröte sowie eine Muschel aus dem Roten Meer, die die Israeliten wohl als *Schofar* – eigentlich ein Widderhorn, eine Urform der Trompete – verwendet hatten. Einer der Grabungsarbeiter setzte die

VEREINTE MONARCHIE: SALOMO (MEGIDDO)

Muschel versuchsweise an die Lippen und blies hinein: 3000 Jahre hatte das Schofar unbenutzt in Schutt und Geröll gelegen, doch gelang es sogleich, ihm die gewünschte Tonfolge zu entlocken.

Besonderes Interesse verdient Salomos Stadttor in Hazor: Wie die Tore in Megiddo und Geser aus der gleichen Zeit besaß es sechs Kammern. Sie lagen links und rechts der 4,20 m breiten Durchfahrt, je drei auf jeder Seite, und dienten wahrscheinlich als Wachstuben. Der Eingang wurde auf beiden Seiten von je einem vorgesetzten Turm flankiert. Sogar die Maße entsprechen in Hazor denen des Megiddo-Tores: Der Bau war 20,30 m lang und 18,20 m breit.

Die Stadt, die Salomo neu hatte erstehen lassen, wurde allem Anschein nach um das Jahr 885 v. Z., als im nördlichen Königreich Baësa (Bascha) herrschte (906–883 v. Z.), vom aramäischen König Benhadad zerstört. Zwar führt die Bibel (1. Kön. 15, 20; 2. Chron. 16, 4) Hazor nicht unter den Städten auf, die Benhadad auf Anraten des Königs Asa von Juda einnahm und verwüstete; da die Ausgrabungen jedoch für diese Zeit Zerstörungen belegen, dürfte Hazor das gleiche Schicksal wie die anderen, namentlich erwähnten Städte erlitten haben.

Folgt man den Ausführungen der Bibel (2. Kön. 23, 29–30), so zählt das von Salomo neu aufgebaute **Megiddo** (vgl. S. 68) nicht zu den Städten, die Josua im 13. Jh. v. Z. eroberte. Dem entspricht der archäologische Befund: Die Spuren von Zerstörung, die die Ausgrabungen in Megiddo zutage brachten, datieren nach Ansicht der israelischen Archäologen aus dem 11. Jh. v. Z. und gehen vielleicht auf die Eroberung des Ortes durch David zurück, der in diesem Fall Josuas Werk zu Ende geführt hätte. Die auf die Zerstörung folgende Besiedlungsschicht bezeugt genau wie in Hazor, daß Megiddo zu dieser Zeit kaum als Stadt anzusprechen ist – der Ort war unbefestigt und anscheinend von halbnomadisch lebenden Israeliten bewohnt. Die in diesem Stratum gefundenen Artefakte sprechen wieder von der noch wenig entwickelten materiellen Kultur dieser Übergangszeit.

Jenes armselige Megiddo des 11. und frühen 10. Jh.s v. Z. erwuchs, wie schon angedeutet, unter Salomo zu einer Stadt mit prachtvollen öffentlichen Gebäuden. Ebenso wie in Hazor und Geser, beim Bau des Tempels und Palastes sowie der Errichtung des Millo in Jerusalem setzte der König nach biblischem Bericht dazu Zwangsarbeiter ein: »Die gesamte Bevölkerung, die noch übrig war von den Amoritern, Hethitern, Perisitern, Hiwwitern und Jebusitern,... die hob Salomo zum Frondienst aus.... Von den Israeliten dagegen machte Salomo niemanden zum Sklaven« (1. Kön. 9, 20–22).

Als erster grub – zwischen 1903 und 1905 – der Deutsche Gottlieb Schumacher in Megiddo, in den Jahren 1925 bis 1939 nahmen Archäologen des Chicago Oriental Institute die Arbeit wieder auf, und 1960, 1967, 1971 und 1972 widmete sich Yigael Yadin von der Hebräischen Universität Jerusalem dem Tell in mehreren kurzen Ausgrabungskampagnen (Abb. 48).

Von Salomos Prachtbauten fanden diese Forscher im Norden von Megiddo unter einem der später dort erbauten Ställe ein rechteckiges Gebäude, das mit Maßen von ca. 28 m in ost-westlicher und ca. 21 m in nord-südlicher Richtung eine Fläche von fast 600 m² bedeckte. Es erhob sich direkt am Nordrand des Tells; an dieser Seite erstreckte sich eine Flucht von fünf Räumen. Im Süden wurde der Bau von einer mehr als 2 m dicken Mauer begrenzt, entlang der Ost- und

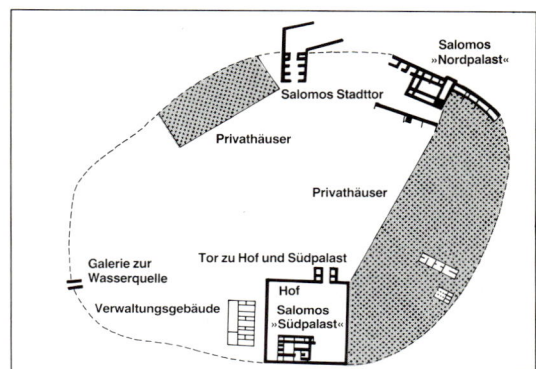

48 Megiddo. Stadtplan zur Zeit Salomos. 10. Jh. v. Z.

Westseite zogen sich oblonge Säle hin. An einer der Ecken dürfte sich ein Turm erhoben, in einem anderen Gebäudewinkel ein quadratischer Raum gelegen haben. Vom Grundriß her erinnert das Gebäude damit an die aus Syrien und Phönikien bekannten Paläste des 1. Jt. v. Z. – ein wichtiger architektonisch-archäologischer Hinweis also auf Salomos enge Phönikien-Bindungen. Im allgemeinen dienten Bauten solcher Art als Zeremonialpalast, in dem der König wohnte, wenn er sich in der Stadt aufhielt.

Am anderen Ende des Tells erhob sich ein weiteres monumentales Gebäude, Salomos Südpalast, etwas kleiner als sein Gegenstück im Norden. Er war an drei Seiten von einem Hofe umgeben, der von Norden nach Süden ca. 59 m und von Osten nach Westen ca. 57 m maß. Im Süden war auch dieser Palast möglicherweise direkt an die Kasemattenmauer gebaut. Nach der Stärke der Mauern und der Tiefe und Massivität der Fundamente zu schließen, dürfte der Bau einst mehrgeschossig gewesen sein. Die wenigen am Ort gefundenen Steine weisen darauf hin, daß auch hier phönikische Handwerker beschäftigt waren, wurden für den Bau doch Quader mit behauenen Kanten und rauh belassener Mitte – sogenannte »Bossen« – verwendet. Neuesten Studien zufolge ähnelt auch dieser Palast bestimmten Bauten in Syrien bzw. solchen im Einflußbereich der neuhethitischen Kleinreiche. Zur Typologie dieser Herrschaftsarchitektur gehören ein großer Saal, möglicherweise als Thron- und Audienzhalle, mit einem Vorbau auf einer der Längsseiten sowie Nebengebäude und Obergeschosse, die dem König oder seinem Statthalter als Wohnräume gedient haben dürften.

Westlich vom Südpalast hatte zu Salomos Zeit ein – später überbautes – Verwaltungsgebäude seinen Platz und westlich des Nordpalastes das Stadttor, das wie in Hazor auf jeder Seite der Durchfahrt einen Turm und drei Kammern, möglicherweise für die Wachen, besaß (Abb. 49). An den Torbau schlossen sich auch hier wieder die für Salomos Zeit typischen Kasemattenmauern an; man hat sie über eine Länge von 35 m freigelegt.

Auch die Artefakte dieser Epoche bezeugen eine neue zivilisatorische Phase und umfassen die für das 10. Jh. v. Z. typischen Gebrauchsgegenstände des täglichen Lebens, zum Beispiel Vorratskrüge, Teller und Kochtöpfe.

VEREINTE MONARCHIE: SALOMO (GESER/EZJON-GEBER)

49   Megiddo. 10. Jh. v. Z. Maßstabgerechtes Modell

Trotz ihrer Umwallung wurde Salomos Stadt auf dem Tel Megiddo um das Jahr 925 v. Z. zerstört, allem Anschein nach im Verlaufe jenes Feldzugs, den Pharao Scheschonk I. (der Schischak der Bibel) gegen das Jerusalem des Salomo-Sohnes Rehabeam unternahm. Scheschonks Triumph: Er entführte sämtliche Schätze aus Tempel und Königspalast nach Ägypten (1. Kön. 14, 25 + 26).

Die dritte Stadt, die die Bibel gemeinsam mit Hazor und Megiddo erwähnt, ist **Geser,** eine bis zum 10. Jh. v. Z. blühende kanaanäische Siedlung, die nicht von Josua erobert worden war. Ein Pharao der 21. Dynastie (1070–945 v. Z.) nahm sie schließlich ein und gab sie seiner Tochter, die er mit Salomo verheiratete, als Mitgift (1. Kön. 9,16).

Geser wurde 1873 von dem Franzosen Clermont-Ganneau identifiziert (vgl. S. 15); die Ausgrabungen in den Jahren 1902 und 1905 und noch einmal 1907 und 1909 sind der Initiative des irischen Archäologen Macalister zu verdanken. Allerdings waren Keramiktypologie und Stratigraphie zu Macalisters Zeit noch wenig entwickelt und seine Interpretation der Funde muß heute als überholt gelten: Einen entscheidenden Irrtum beging der irische Forscher, als er einen dreikammrigen Bau als »Makkabäerburg« bezeichnete. Nach sorgfältiger Prüfung der Aufzeichnungen und Pläne Macalisters konnte der israelische Archäologe Yigael Yadin das betreffende Bauwerk als Stadttor aus den Regierungsjahren Salomos identifizieren mit Resten der zeittypischen Kasemattenmauer, die sich unter einer späteren massiven Mauer abzeichneten. Ausgrabungen, die William D. Dever vom Hebrew Union College in Jerusalem zwischen 1965 und 1973 in Geser durchführte, bestätigten Yadins Theorie und Datierung. Sie ergaben weiter, daß

Salomos Geser im Jahr 732 v. Z. vom assyrischen König Tiglathpileser III., dem biblischen Pul (2. Kön. 15,19), zerstört wurde.

Salomo begnügte sich im übrigen nicht damit, Jerusalem und andere königliche Verwaltungszentren auszubauen, er schuf auch die erste israelitische Flotte, und zwar wiederum mit Hilfe von Hiram, dem phönikischen König von Tyros: »Auch eine Flotte baute Salomo zu **Ezjon-Geber,** das bei Elat am Ufer des Schilfmeeres im Lande Edom liegt« (1. Kön. 9,26). Und: »Sie [d. h. Hirams und Salomos Seeleute] fuhren nach Ophir, holten von dort Gold,... und überbrachten es dem König Salomo« (1. Kön. 9,28). Und: »Denn der König hatte Tarschisch-Schiffe auf dem Meer zusammen mit den Schiffen Hirams. Alle drei Jahre kamen die Tarschisch-Schiffe zurück und brachten Gold, Silber, Elfenbein, Affen und Äffchen« (1. Kön. 10,22). Salomos Ezjon-Geber gibt den Archäologen und historischen Geographen Rätsel auf. Einige setzten es mit Elath gleich, da es nach biblischem Bericht jedoch *bei* Elath liegen soll, kann es kaum derselbe Ort sein. Andere, allen voran der amerikanische Archäologe Nelson Glueck, identifizierten die Hafenstadt mit dem Tell el-Cheleife, der dort liegt, wo die Arabasenke zum Golf von Elath/Aqaba hin abfällt. Daß auch diese Lokalisierung unwahrscheinlich ist, nimmt unter anderem der israelische Archäologe Beno Rothenberg von der Universität Tel Aviv an. Rothenberg und andere Archäologen sind der Ansicht, Salomo habe die Koralleninsel, arabisch *Dschesirat el-Far'un,* d. h. »Pharaoneninsel«, 12 km südlich von Elath (heute ägyptisches Staatsgebiet), zu seinem Hafen gemacht, denn allein diese Insel besitzt an der langen Küste des Roten Meeres eine geschützte Bucht, in der Schiffe bei Sturm hätten Zuflucht finden können.

Auf Anregung von Beno Rothenberg führte die Abteilung Geschichte maritimer Zivilisationen der Universität Haifa unter der gemeinsamen Leitung von Elischa Lindner und dem Architekten Alexander Flinder vom Komitee für nautische Archäologie (Council of Nautic Archaeology) zwischen 1968 und 1970 drei Ausgrabungskampagnen unter Wasser durch, doch stieß man weder auf Schiffswracks noch auf Werkzeuge oder auch nur auf Spuren von Hafenanlagen aus dem 10. Jh. v. Z. Dessen ungeachtet sind Rothenberg und Lindner weiterhin fest davon überzeugt, daß sich auf der und um die Koralleninsel das Rätsel des salomonischen Hafens Ezjon-Geber eines Tages werde lösen lassen.

Wo genau **Ophir** lag, ist ebenfalls Gegenstand hitziger wissenschaftlicher Auseinandersetzungen. Die Experten suchen das Goldland wechselweise in Südarabien, Ostafrika und sogar in Indien, wobei Indien wegen der dreijährigen Reisedauer der salomonischen Schiffe – vielleicht ein Jahr für die Hinreise, ein Jahr für den Kauf der Waren und ein drittes Jahr für die Rückreise – besonders starke Argumente für sich hat. *Daß* Gold aus Ophir eingeführt wurde, bestätigt jedenfalls ein Ostrakon, eine beschriebene Tonscherbe, aus einem anderen salomonischen Hafen. Eine Textzeile lautet hier: »Gold aus Ophir für Beth Horon – 30 Schekel« (Farbtafel 5). Nach Ansicht einiger Wissenschaftler stammt dieses Ostrakon allerdings aus dem 8. Jh. v. Z.; es wäre dann 200 Jahre jünger als Salomos Flotte.

Auch die genaue Lage des Ortes **Tarschisch** ist umstritten, für die meisten Archäologen liegt er jedoch irgendwo an der spanischen Westküste. Allem Anschein nach ist *Tarschisch* ein phönikisches Wort mit der Bedeutung »Metallhütte«. Die Phöniker bezeichneten damit ihre Verhüttungszentren, die sie vor allem auf Sardinien und in Spanien gründeten.

VEREINTE MONARCHIE: SALOMO (SCHIKMONA/KADESCH BARNEA)

Das Kupferbergwerk Salomos, von dem die biblische Überlieferung zu berichten weiß, identifizierte Nelson Glueck in den dreißiger Jahren mit der Ruinenstätte von **Timna,** 35 km nördlich von Elath, doch konnte Beno Rothenberg, der sich auf die Archäologie in dem öden Landstreifen der Arabasenke spezialisiert hat, in Forschungen seit 1959 nachweisen, daß Glueck auch in diesem Fall irrte (vgl. S. 22 f). Zwar hat es in Timna ein Kupferbergwerk gegeben, es ist jedoch um mehrere hundert Jahre älter als Salomos Reich: Ägypter und Midianiter förderten hier bis zum 12. Jh. v. Z. das begehrte Erz. Das erste Buch der Chronik (18,8 und 22,3) deutet denn auch an, daß David sein Metall aus Syrien bezog, hauptsächlich als Beutegut, teilweise auch im Tauschhandel mit den Phönikern. Salomo importierte später Metall wohl hauptsächlich aus den Ländern des westlichen Mittelmeeres.

Der zweite salomonische Hafen, der heute mit **Tell Qasile,** knapp 250 m vom Fluß Jarkon, gleichgesetzt wird, entstand auf den Ruinen einer philistäischen Stadt, die sich hier seit dem 12. Jh. v. Z. ausbreitete.

Mit dem Spaten erforscht wurde dieser Tell, der später den Kern des Ha'aretz-Museums in Tel Aviv (vgl. S. 75 ff., 224) bildete, seit 1948. Es handelte sich um die ersten archäologischen Ausgrabungen in dem eben gegründeten Staat Israel. Bereits während der ersten Kampagne legte der israelische Archäologe Benjamin Mazar eine Straße aus israelitischer Zeit frei, die zwischen dem 10. und 8. Jh. v. Z. benutzt wurde, des weiteren ein öffentliches Gebäude und Schmelzöfen. Ein Haus auf dem Tell aus dem 10. Jh. v. Z. wurde in seiner ursprünglichen Bauweise restauriert. Wie die Stadt, zu der es gehörte, ließ es erkennen, daß sich die altisraelitische Ortschaft zum Meer hin öffnete – im Gegensatz zur modernen Stadt Tel Aviv, die ihm den Rücken zuwendet.

Nach Ansicht israelischer Gelehrter wurden die Zedern des Libanon, die König Hiram an Salomo schickte (1. Kön. 5,15–24), auf Schiffen bis zur Mündung des Flusses Jarkon, d. h. bis zum Hafen Tell Qasile, befördert und von dort auf Ochsenkarren nach Jerusalem hinaufgeschafft. Den Hafen von Jaffa/Joppa schließen diese Überlegungen deshalb aus, weil er sich zu Salomos Zeit nachweislich nicht in israelitischer Hand befunden hat.

Von einer dritten salomonischen Hafenstadt, **Schikmona,** nahe Haifa am Meer gelegen, spricht die Bibel mit keinem Wort. Aber auch hier gilt die Regel, daß die archäologischen Funde um so interessanter sind, je weniger die Bibel über den betreffenden Ort berichtet. Die Geschichte von Schikmona reicht bis ins 14. Jh. v. Z. zurück; wahrscheinlich gründeten die Ägypter den Ort als Militär- und Flottenstützpunkt, um die Straße zu schützen, über die das Pharaonenreich Zedernholz aus dem Libanon importierte. Irgendwann unter David oder Salomo nahmen die Israeliten Schikmona ein; es wurde zu ihrer einzigen Stadt an der Nordküste.

Seit 1963 gräbt der Leiter des Museums für antike Kunst in Haifa, Yosef Elgavish, jedes Jahr einige Wochen in Schikmona. Von Salomos Stadt wurden bisher eine 5 m starke Kasemattenmauer sowie mehrere Steingebäude und gepflasterte Straßen aufgedeckt. Die Kasemattenmauer, von der jetzt fast 60 m freiliegen, folgt nicht der Kontur der Anhöhe. Dort, wo Süd- und Ostmauer in einem Winkel von über 90 Grad zusammentrafen, erhob sich ursprünglich ein stattliches Gebäude, möglicherweise war es Bestandteil der Befestigungsanlagen. Im übrigen ist denkbar, daß die Kasemattenmauer nur als innere Einfriedung diente und weiter unten am Berghang ein zweiter, äußerer Wall verlief. Die archäologische Bestätigung für diese Hypothese steht allerdings noch aus.

Das erwähnte Gebäude im Südostwinkel der Mauer – es könnte sich hier auch um einen Palast handeln – mißt ca. 11 × 15 m und besitzt einen weitläufigen Hof. Auf zwei Seiten zieht sich je eine Zimmerflucht hin. Da das Bodenniveau das der angrenzenden Gebäude unterschreitet, haben wir allem Anschein nach das Kellergeschoß dieses Palastes bzw. Wehrbaus vor uns. Die Mauern stehen noch bis zu einer Höhe von 1,60 m.

Parallel zur Ostmauer und entlang der Südmauer ziehen sich jeweils Straßen aus dem 10. Jh. v. Z. hin. An der Südstraße hat Elgavish ein weiteres, ebenfalls rechteckiges Gebäude von 9,50 × 13 m aufgedeckt. Der Zugang führte über einen kleinen Hof, auf dem der Ausgräber einen Tonofen fand. Zwischen der Oststraße und der Ostmauer schließlich wurden zwei weitere Häuser aus dem 10. Jh. v. Z. freigelegt.

Die Kleinfunde in Schikmona beschränken sich auf bescheidene, alltägliche Gebrauchsgegenstände, darunter eine Öllampe, zwei kleine polierte Krüge, einige Mahlsteine sowie mehrere Vorratskrüge und zwei Schalen vom sogenannten »zypro-phönikischen Typ«.

Das israelitische Schikmona bestand bis zur assyrischen Invasion im 8. Jh. v. Z. Neue Siedlungen blühten hier in persischer, römischer und byzantinischer Zeit. Endgültig zerstört und aufgegeben wurde der Ort während der arabischen Eroberung im Jahre 638 n. Z.

Über Salomos Grenzbefestigungen im Süden des Landes schweigt sich die Bibel ebenfalls völlig aus. Und doch muß es nicht nur in Kadesch Barnea, Tel Beerscheba und Arad – wo sie durch Ausgrabungen nachgewiesen sind –, sondern auch in Mizpe Ramon, Jerucham und Dimona sowie Sde Boker und Revivim solche Wehranlagen gegeben haben, die alle durch Straßen miteinander verbunden waren.

Die Ausgrabungen von **Kadesch Barnea** zwischen 1976 und 1982 (vgl. S. 138) standen unter der Leitung Rudolf Cohens von der Abteilung Altertümer des israelischen Erziehungsministeriums. Sie brachten den Nachweis, daß der Hügel nacheinander drei militärische Anlagen aus der Zeit des ersten Tempels trug. Die älteste (unterste), eine bescheidene ovale Festung aus dem 10. Jh. v. Z., fiel möglicherweise einem ägyptischen Angriff zum Opfer, denn eine Ascheschicht bedeckte den Boden. Die Außenwand ihrer Kasemattenmauer war 1,50 m stark, die Innenwand dagegen nur 90 cm. Freigelegt wurde ein insgesamt 7 m langer Wallabschnitt, der abbiegt und sich unter der mittleren, also zeitlich folgenden Festung fortsetzt. Aus der ältesten Schicht wurden handgeformte sogenannte »Negev-Tonware« und auf der Töpferscheibe hergestellte Gefäße, beide typisch für das 10.–9. Jh. v. Z., geborgen: Schalen, Krüge, Öllampen und Kochgeschirr.

Auch der **Tel Arad** mit seinen zwei Erhebungen wurde anscheinend von Salomo befestigt. Die Stätte liegt im östlichen Negev, ca. 36 km nordöstlich von Beerscheba. Zum ersten Mal war Arad im Chalkolithikum, der Kupferzeit (4000–3150 v. Z.) bewohnt; dieser Siedlung folgte in der Frühen Bronzezeit (3150–2200 v. Z.) eine Stadt, deren Mauern eine Fläche von fast 100 000 m²

VEREINTE MONARCHIE: SALOMO (TEL ARAD)

50 Tel Arad. Kanal, durch den die israelitische Zitadelle mit Wasser versorgt wurde. 10. Jh. v. Z.

umschlossen. Nach biblischem Bericht hinderte ein König von Arad die Israeliten unter Moses daran, auf direktem Weg ins Land Kanaan zu ziehen (4. Mose 21, 1 und 33, 40); später zählte er zu den Königen, denen Josua auf dem westlichen Jordanufer eine Niederlage beibrachte (Jos. 12,14).

Die nächste nachweisbare Siedlung breitet sich über der nördlichen Anhöhe aus und datiert frühestens aus dem 10. Jh. v. Z. Nicht zuletzt aufgrund der freigelegten Kasemattenmauern hat man sie in die Zeit Salomos gewiesen (Abb. 50). Innerhalb einer Zitadelle von etwa 50 m Seitenlänge – die Mauern wurden später mehrfach erneuert – breitete sich ein Hof aus, den an drei Seiten Gebäude säumten, darunter offenbar ein Verwaltungssitz, denn in den Ruinen des betroffenden Baues wurden Ostraka gefunden, die zweifelsohne aus dem offiziellen Archiv des Ortes stammen (Abb. 51).

Besonderes Interesse weckte ein Gebäudekomplex auf der Zitadelle von Arad, bei dem es sich offenbar um ein Heiligtum handelte, denn auch der biblischen Tradition zufolge hatte es in

51 Tel Arad. Ostrakon, das das ›Haus des Herrn‹ (in Jerusalem?) erwähnt. 8. Jh. v. Z. Oben: Ostrakon. Unten: Nachschreibung des Textes

dieser Stadt einen Tempel gegeben, der älter war als der in Jerusalem. In einem Hof stand denn auch ein wuchtiger Altar mit gleich langen Seiten (2,50 m) und einer Höhe von ca. 1,50 m, erbaut aus Lehm und unbehauenen Steinen, wie es die Bibel in 2. Mose 20, 25 vorschreibt. Um die Altarplatte waren noch die verputzten Rinnen zu erkennen, die dazu dienten, das Opferblut abzuleiten. Das Westende des Hofes nahm ein breitgelagerter Raum ein, die Haupthalle, deren Eingang einst zwei Säulen flankierten, ähnlich den Säulen Boas und Jachin vor Salomos Tempel in Jerusalem – so darf man jedenfalls aus dem Fund zweier Steinplatten schließen, die als Säulenbasen gedient haben könnten. An den Längsseiten des Saales zogen sich Bänke hin, die zum Abstellen der Opferschalen dienten; gegenüber dem Eingang öffnete sich ein sehr kleiner Raum, ein Schrein, zu dem drei Stufen führten; auf der dritten Stufe, beiderseits der Pforte, standen Räucheraltäre (Abb. 52).

Die Ausgrabungen der israelitischen Stadt und ihrer Vorläufer auf dem Tel Arad wurden von Yohanan Aharoni bzw. Ruth Amiran zwischen 1962 und 1967 durchgeführt, danach hat sich Ruth Amiran zusammen mit Carmela Cohen vor allem der älteren Siedlungsschicht gewidmet.

Möglicherweise wurde die israelitische Zitadelle mit dem Heiligtum erst im 6. Jh. v. Z. endgültig zerstört, als der babylonische König Nebukadnezar II. in Israel einfiel. In hellenistischer Zeit entstand auf den Ruinen der israelitischen Zitadelle eine neue Festung.

52 Tel Arad. Zwei Räucheraltäre aus dem Kultbereich. 10. Jh. v. Z.

53   Tel Beerscheba. Luftaufnahme des Grabungsgebietes

Zwischen Kadesch Barnea und Tel Arad lag eine dritte südliche Grenzfestung, **Tel Beerscheba** (Abb. 53), die seit 1969 von dem israelischen Archäologen Yohanan Aharoni freigelegt wurde. (Aharoni selbst starb im Jahre 1976 und erlebte den Abschluß der Arbeiten nicht.)

Bei seinen Ausgrabungen fand Aharoni über unberührtem Erdreich einen ersten Siedlungshorizont, dessen Anfänge er auf das 12.–11. Jh. v. Z., d. h. auf die Richterzeit, ansetzte. Allem Anschein nach führte Sauls Krieg gegen die Amalekiter (1. Sam. 15,1-9) zur Errichtung aller oben besprochenen Negev-Festungen einschließlich des ältesten Wehrbaus auf Tel Beerscheba.

Diesen ersten festen Ort umgab eine unregelmäßige, fast 50 m lange Kasemattenmauer, deren Außenwand im allgemeinen 1 m, deren Innenwand zwischen 0,60 und 1 m stark war. Die Tiefe der Kasematten schwankte zwischen 1,25 und 1,75 m. Die Häuser lehnten an der Innenmauer, zumeist bestanden sie aus nur zwei Räumen, unterteilt jeweils durch eine Reihe von Steinsäulen. In der Mitte der Anlage befand sich wahrscheinlich ein offener Hof. Damit entspricht Tel Beerscheba durchweg dem architektonischen Typus der anderen Negev-Festungen.

Der Festungsanlage auf Tel Beerscheba folgte ein unbefestigtes Dorf; beim Bau seiner Häuser fanden die Steine der älteren Kasemattenmauer Verwendung, teilweise hat man die Häuser der Erstsiedlung aber auch nur leicht umgebaut und dann erneut benutzt. Ebenso wie die Festung wurde auch der zweite Ort nicht gewaltsam zerstört, sondern im Laufe der Zeit allmählich in eine feste Stadt umgewandelt.

Diese bewehrte Stadt datiert in die Zeit der vereinten Monarchie (10. Jh. v. Z.). Geschützt wurde sie von einer ca. 4 m starken Mauer, die auf einem künstlichen, ungefähr 5 m hohen Wall

VEREINTE MONARCHIE: SALOMO (TEL BEERSCHEBA)

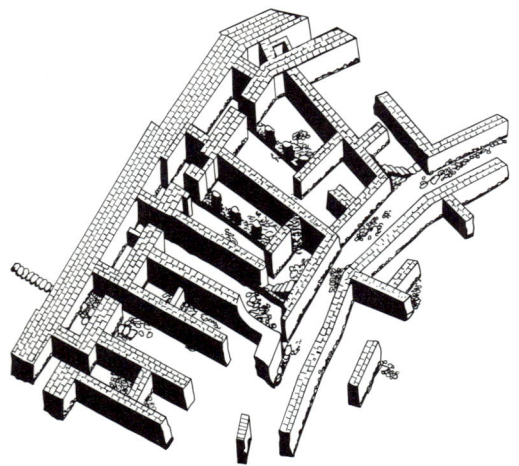

54a Tel Beerscheba. Isometrische Rekonstruktion des Westviertels. 10. Jh. v. Z.

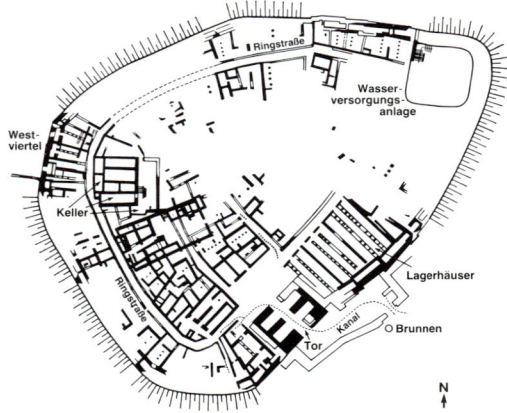

54b Tel Beerscheba. Schematischer Plan. 10. Jh. v. Z.

aus Asche- und Kieselschichten ruhte. Parallel zur Stadtmauer verlief eine Ringstraße. An die Mauer selbst war eine erste Zeile von Vierraumhäusern angelehnt. Diese waren so konstruiert, daß ein dem Eingang gegenüberliegender quergelagerter Raum gleichzeitig einen Teil der Kasemattenmauer bildete. Auf der gegenüberliegenden Seite der Ringstraße verlief parallel eine weitere Häuserzeile (Abb. 54a).

Das Stadttor, das nach Ansicht Yohanan Aharonis bereits unter David entstanden ist, weil es wie das in Dan zu beiden Seiten der ca. 4 m breiten Durchfahrt jeweils zwei Kammern besaß, wurde auf jeder Seite durch einen Turm gesichert. An den Wänden der inneren Torkammer liefen Bänke entlang, und in dem offenen Raum in einem der beiden Türme wurde ein runder, sorgfältig behauener Räucheraltar gefunden (siehe Abb. 20, S. 49). Möglicherweise gehörte er ursprünglich zu einer *Bama* neben dem Toreingang, einer »Höhe«, wie sie in 2. Kön. 23,8 beschrieben wird.

Zum Stadttor führte ein Kanal, in den – unter dem Straßenpflaster und mit Steinplatten abgedeckt – weitere, kleinere Kanäle wie Äderchen mündeten (Abb. 54b). Gespeist wurden diese Zuflußkanäle von Regenrinnen, die das Wasser von den Hausdächern ableiteten. Die Kanäle wurden um so tiefer (bis zu 70 cm), je näher sie dem Stadttor und damit ihrem Bestimmungsort kamen – einer ca. 10 m tiefen Zisterne unter dem Torbau. Zisternen dieser Art waren auch an vielen anderen wichtigen Punkten der Stadt in den Fels gehauen.

Vom Tor aus hatte man zugleich einen außerhalb des befestigten Stadtbereichs in den Fels gehauenen Brunnen aus der Zeit der ersten Siedlung im Blick, zu dem eine Stützmauer mit breiter Treppe hinunterführte. Es ist allerdings nicht auszuschließen, daß es sich auch hierbei lediglich um ein Regenwasserreservoir handelte, denn auf dem Tel Beerscheba selbst gibt es keine Quellen. Brunnen im eigentlichen Sinne konnten nur im Boden nahegelegener Wadis – Flußbetten, die nach winterlichen Regenfällen Wasser führen – ausgehoben werden. Inzwischen wurde der Brunnen vor der Stadt bereits bis zu einer Tiefe von 40 m geräumt, ohne daß die Archäologen seinen Boden erreicht hätten. So drängt sich nun der Gedanke auf, daß der Schacht bis zum Grundwasserspiegel des Wadi hinunterreicht und somit doch einen echten Brunnen darstellt – vielleicht, wie einige Interpreten meinen, Abrahams »Schwurbrunnen« (siehe Kap. 2, S. 49, Abb. 19). Die Anlage war übrigens bis in Herodes' Zeit fast ununterbrochen in Gebrauch.

In der Stadt selbst durchquerten zwei vom Tor ausgehende Straßen das gesamte ummauerte Areal und mündeten auf der dem Tor gegenüberliegenden Seite in die Ringstraße, die parallel zur Stadtmauer verlief. Von den öffentlichen Gebäuden, die bisher auf dem Tel Beerscheba ausgegraben wurden, sind zunächst die drei parallel zueinander liegenden Lagerhäuser östlich des Stadttores bemerkenswert; auf verblüffende Weise gleichen sie den Ställen von Megiddo, die allerdings nicht aus Salomos, sondern aus Ahabs (871–852 v. Z.) Zeit stammen. Wie jene unterteilten auch hier Stützenreihen das Innere jedes Gebäudes in einen Mittelgang mit seitlichen »Boxen«, und hier wie dort wiesen einige der Säulen, die das Dach stützten, Löcher auf. Andererseits weisen Vorratskrüge und Töpfe, in denen vermutlich Getreide, Wein und Öl aufbewahrt wurden, die Bauten als Speicher aus, und die erwähnten Löcher in den Säulen könnten zum Anbinden der Lasttiere – wahrscheinlich Esel – beim Be- und Abladen gedient haben. Zu den Kleinfunden in den drei Lagerhäusern gehören zahlreiche Gefäße in Tiergestalt, Tier- und Astarte-Figürchen sowie diverse Knochen- und Steingeräte, eine Pflugspitze und anderes Eisengerät.

Von der Existenz eines Heiligtums in Beerscheba, das schon vor dem Bau des salomonischen Tempels in Jerusalem bestanden haben muß, zeugen zahlreiche Kultgegenstände, so die Figur einer Göttin im ägyptischen Stil, ein Apisstier, eine ägyptische Doppelkrone, die Terrakottafigur eines Vogels, Knochen- und Steinamulette sowie ein Zylindersiegel, das einen Adoranten vor der verehrten Gottheit zeigt. Diese Kultgegenstände fanden sich sämtlich in einem großen

VEREINTE MONARCHIE: SALOMO (TEL BEERSCHEBA)

Gebäude vom Vierzimmertyp. Eine Inschrift aus demselben Bau erwähnt einen gewissen Rimtuilani, den Sohn des Adad-idri, der irgendwann zwischen dem 9. und 7. Jh. v. Z. König in Syrien oder Transjordanien war.

In die Mauern eines der Lagerhäuser verbaut fanden die Ausgräber zu ihrem Erstaunen eine Reihe von vier Altarhörnern, darüber und in unmittelbarer Nähe gleichartig bearbeitete Quader eines besonderen Typs; zusammengefügt ergaben sie einen fast vollständigen Altar, der ähnlich dem Brandopferaltar in Arad (vgl. S. 106) eine Höhe von 1,57 m erreichte (Abb. 55). Kleinere Räucheraltäre dieser Art waren zuvor schon in Megiddo freigelegt worden.

55   Tel Beerscheba. Hörneraltar nach der Rekonstruktion. 10. Jh. v. Z.

Altar und Kultgegenstände stützen die Annahme der Gelehrten von einem Tempel, älter als den in Jerusalem. Allerdings handelt es sich hier in der Tat um eine *Annahme*, eine Hypothese, die archäologisch noch nicht abgesichert werden konnte. Bis zu seinem Tode vertrat Yohanan Aharoni denn auch die Ansicht, daß der Beerscheba-Altar doch nur zu einer der vielen »Höhen« gehört habe, die über das ganze Land verstreut waren – im Gegensatz zu seinem, 1984 ebenfalls verstorbenen, Kollegen Yigael Yadin, der auf dem Gelände von Tel Beerscheba einen Tempelbau vermutete, den die Ausgräber noch zu entdecken hätten oder dessen freigelegten Resten bisher fälschlich eine andere Funktion zugewiesen worden sei.

Die erste befestigte Stadt auf dem Tel Beerscheba wurde anscheinend im späten 10. Jh. v. Z. bei dem Feldzug des Ägypters Scheschonk I. gegen Juda zerstört, die Kasemattenmauer aus dem 9. Jh. v. Z. ging in einer Brandkatastrophe unter, und die dritte – diesmal massiv gebaute – Mauer aus dem 8. Jh. v. Z. fiel dem Assyrerkönig Sanherib im Jahr 701 v. Z. zum Opfer. Der gehörnte Altar wurde entweder unter König Hiskia von Juda (725–697 v. Z.) oder einem seiner Nachfolger, König Josia (639–609 v. Z.), im Zuge ihrer religiösen Reformen abgetragen. Nach der Zerstörung der befestigten Stadt durch den Assyrerkönig entstand am Ostfuß des Tells um das 7. Jh. v. Z. noch einmal eine israelitische Siedlung, die – obwohl ganz ungeschützt – bis zum Ende des ersten Tempels (586 v. Z.) fortbestand.

Salomos Beitrag zur **Entwicklung der israelitischen Kultur und Kunst** ist schwerlich zu überschätzen. Indem er phönikische Baumeister und Handwerker ins Land holte, vermittelte er der einheimischen Baukunst und -technik wichtige neue Impulse. So wurden jetzt etwa für die Mauern der öffentlichen Gebäude, genauer gesagt: für die Fundamente und unteren Mauerpartien, statt grob behauener oder gar unbehauener Steine wohlvorbereitete Quader benutzt, die eine schmale Kante, den »Randschlag«, und eine rauh belassene Mitte, die »Bosse«, besaßen. Die sich darüber erhebenden Mauern wurden in Läufer-Binder-Technik aufgeführt und zeigten keine Bossen. In regelmäßigen Abständen waren in diese Mauern übrigens behauene Steinpilaster eingelassen, oft bekrönt von Kapitellen protoäolischen Typs.

Die jüdische Tradition sieht in König Salomo einen großzügigen Mäzen der Literatur und der schönen Künste, und tatsächlich besteht kein Zweifel daran, daß zur Zeit Davids und Salomos eine große Anzahl von Stadtschreibern für die königlichen Archive arbeitete. Die Bibel enthält zahlreiche Hinweise darauf: »Die übrige Geschichte (von König X) aber und alles, was er unternommen hat, das ist ja aufgezeichnet im Buch der Geschichte der Könige von Israel (Juda).« Dieses Geschichtswerk ist nicht erhalten. Überliefert wurden dagegen das Buch der Sprüche, das Buch Prediger *(Kohelet)* und das Hohelied, als deren Verfasser die jüdische Überlieferung König Salomo betrachtet, so wie sein Vater David als Urheber der Psalmen gilt.

Zu den Aufgaben der biblischen Schreiber – die man heute vielleicht besser mit dem umfassenderen Begriff Sekretär bezeichnet, denn sie sind wohl einfache Abschreiber liturgischer oder offizieller Texte wie hohe Staatsbeamte gewesen – gehörte im übrigen auch die Unterweisung des Volkes in den religiösen Sitten und Geboten, im Lesen und Schreiben. Zünfte von Schreibern waren im Land Israel – wie überhaupt im Nahen Osten – keine unbekannte Erscheinung: Ihre Mitglieder arbeiteten nicht nur am Königshof, sondern waren als öffentliche Verwalter und Sekretäre in jeder Stadt und jeder größeren Ortschaft tätig.

Salomo hatte seinem Land ein Goldenes Zeitalter gebracht, von dem die jüdischen Nachfahren auch heute, fast 3000 Jahre später, noch träumen. Und doch kündigte sich in dieser Hochblüte bereits der Niedergang an, erkennbar an gewissen religiös-kulturellen Auflösungserscheinungen: So umwarb Salomo neben der Tochter des Pharao noch viele andere ausländische Frauen und errichtete ihren Göttern Heiligtümer in der Nähe von Jerusalem, trotz des ausdrücklichen Gebotes des Herrn: »Ihr sollt euch nicht mit ihnen [d.h. ausländischen Frauen] einlassen, (...) sonst werden sie gewiß eure Herzen verführen, so daß ihr ihren Göttern nachlauft« (1. Kön. 11,2). Vor allem aber erstanden ihm in den Königen von Edom (1. Kön. 11,14) und Damaskus (1. Kön. 11,24–25) ernstzunehmende äußere Feinde. Salomos gefährlichster Gegner kam allerdings aus den eigenen Reihen: »Jerobeam, der Sohn des Nebat, ein Ephratiter aus Zereda – seine Mutter hieß Zerua, eine Witwe –, er war Beamter Salomos« (1. Kön. 11,26). Ihm hatte der Prophet Achija aus Schilo verheißen: »Also spricht der Herr, Israels Gott: Siehe, ich will das Reich aus Salomos Hand reißen und dir zehn Stämme geben« (1. Kön. 11,31). Salomo wollte den Aufrührer ausschalten, Jerobeam aber erkannte die Gefahr und floh nach Ägypten. Als Salomo starb, war die Stunde des Ephratiters gekommen.

Kapitel 6
»So fiel Israel vom Hause David ab«
Das nördliche Königreich Israel

1. Kön. 12,19

Jerobeam I. (926–907 v. Z.), aus dem Exil in Ägypten zurückgekehrt, gründete im Jahre 926 v. Z. das Königreich Israel, das die zehn nördlichen Stämme umfaßte (Abb. 56). Aus Furcht, daß seine Untertanen sich wiederum dem Haus David und seinem regierenden König Rehabeam (926–910 v. Z.) zuwenden könnten, wenn sie wie bisher dreimal im Jahr zu den großen Pilgerfesten nach Jerusalem wallfahrteten – zum Passah-, zum Wochen- und zum Laubhüttenfest –, ließ er »zwei goldene Kälber herstellen« (1. Kön. 12,28), und: »Dann stellte er das eine in Beth-El auf, das andere brachte er nach Dan, (...) und das Volk zog in Prozession bis nach Dan vor das Kalb dort« (ebd., 29–30).

Die Archäologen, die unter der Leitung von Avraham Biran (Hebrew Union College, Jerusalem) seit 1966 auf dem **Tel Dan** graben, haben denn auch im nördlichen Teil des Hügels, im Areal T, eine *Bama*, eine der biblischen »Höhen«, freigelegt (Abb. 57), bestehend aus einer ca. 19 × 19 m großen ummauerten Plattform. Dieses Mauerwerk ist aus sorgfältig behauenen Steinen in der für Salomos und später auch für Ahabs Bauwerke typischen Läufer-Binder-Technik aufgeführt, wobei die untersten zwei Reihen einen reinen Binderverband zeigen und erst anschließend Läufer mit Bindern wechseln. Nur die Nordmauer bestand aus Basaltblöcken, die übrigen drei aus bossierten Kalksteinquadern. Den Raum zwischen den vier Mauern füllten die Erbauer anschließend mit Basaltbruchsteinen, so daß eine offene Plattform entstand. Offenbar war diese Plattform Bestandteil einer größeren Sakralanlage, die sich – so das Ergebnis der Ausgrabungen – in drei Bauphasen entwickelte.

In der ersten Phase, die vermutlich in die Zeit Jerobeams I. fällt, war die Plattform rechteckig und maß knapp 7 × 18 m. Davon haben sich nur zwei Steinlagen erhalten, doch auch diese spärlichen Reste, die auf einem Fundament aus unbehauenen Steinen ruhten, lassen deutlich erkennen, daß die Kulthöhe in einer Brandkatastrophe unterging: Das Feuer, das die Plattform vernichtete, war so heftig, daß sich die Ränder der Steine rot verfärbten. Das könnte um das Jahr 885 v. Z. geschehen sein, als der Aramäer Benhadad in das Königreich Israel einfiel.

In der zweiten Bauphase, die man der Zeit Ahabs (871–852 v. Z.) zuordnen kann, wurde die Plattform vergrößert. Es entstand jener nahezu quadratische Bau, den wir oben beschrieben haben (Abb. 58). Im Süden, Westen und Osten säumte ein Hof mit Stampfboden, überzogen mit Kalkestrich, die Kultplattform.

In einer dritten Bauphase schließlich wurde die noch heute sichtbare Treppe angebaut, die zwei abgestufte Mauern flankierten. Die Treppe selbst war 8 m breit, und Biran nimmt an, daß sie unter Jerobeam II. (787–747 v. Z.) entstand.

1 Grabgemälde der Beni-Hasan in Ägypten. Kanaaniter auf dem Weg nach Ägypten. 19. Jh. v. Z.

2 Groteske Sargdeckel der Seevölker (zu denen die Philister später gezählt wurden). 12.–10. Jh. v. Z. Jerusalem, Israel-Museum

3 Kuntilat Adschrud. Luftaufnahme des religiösen Kultzentrums. Ende 9./Anfang 8. Jh. v. Z.

4   Jerusalem. Der Fels im Untergeschoß des Felsendoms

5   Ostrakon mit dem Schriftzug ›Gold aus Ophir‹. Vermutlich 8. Jh. v. Z.

6 Grab des Absalon im Kidrontal

7 Hebräische Siegelbullen. 8.–7. Jh. v. Z. Jerusalem, Israel-Museum

8 Qumran. Höhlen der ›Schriftrollen vom Toten Meer‹. 1. Jh. v. Z.

10 Cäsarea. Der herodianische Aquädukt. 2. Hälfte 1. Jh. v. Z.   12 Bethlehem. Die Geburtsgrotte ▷
9 Jerusalem. Steintisch mit rotem Geschirr aus dem ›Verbrannten Haus‹. 1. Jh. v.–1. Jh. n. Z.
11 Kapernaum. Die oktogonale Kirche über dem ›Haus des Petrus‹. 5. Jh. n. Z.

56 Das geteilte Königreich. 927–723 v. Z.

NORDREICH ISRAEL: JEROBEAM I. (TEL DAN)

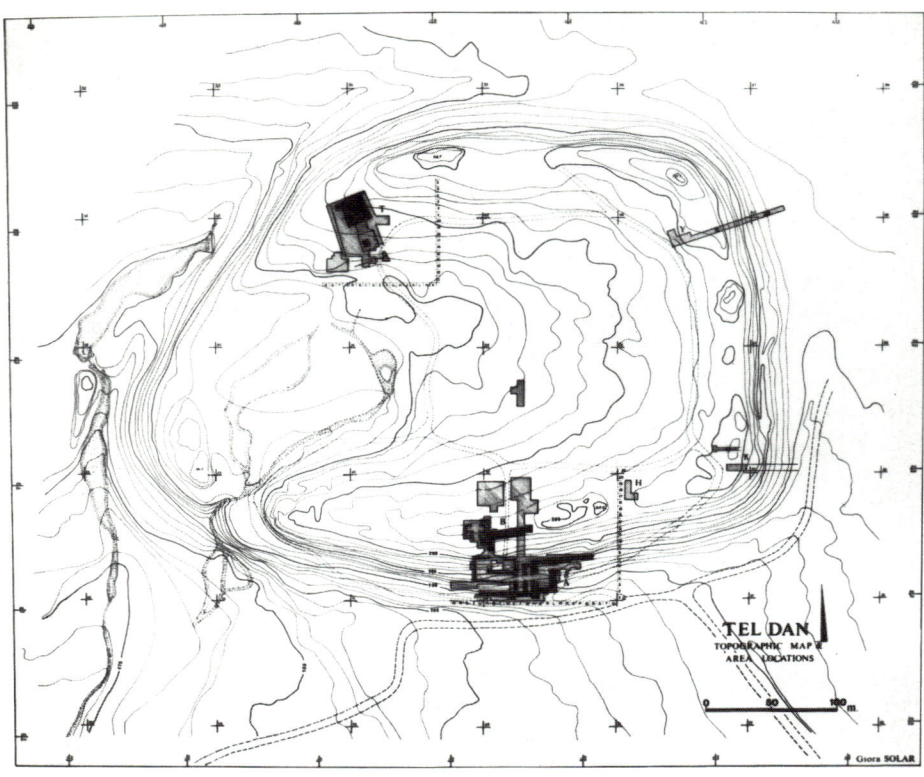

57 Tel Dan. Lageplan. 8. Jh. v. Z.

Wie schon angedeutet, war die Kulthöhe von Dan vermutlich Teil eines größeren sakralen Bezirks, und schon neben der Plattform der ersten Bauphase erhob sich ein stattliches Gebäude mit etwa 1 m starken Mauern, die noch bis zu einer Höhe von 2 m anstanden. Hier hat man zahlreiche große Tonbehältnisse, zwei große *Pithoi* – spitz endende Vorratskrüge – mit Schlangenmotiven und neben fragmentierten Gefäßen auch etliche Tierknochen aufgedeckt. Der Archäologe Biran datiert all diese Funde auf das späte 10. oder frühe 9. Jh. v. Z. und sieht in ihnen Indizien für die engen Beziehungen, die zu jener Zeit zwischen Israel und Phönikien bzw. Zypern bestanden.

Im Süden der Plattform legten die Ausgräber ein in den Boden eingelassenes Becken frei, das von zwei Basaltplatten und zwei eingemauerten Krügen flankiert wurde (Abb. 59). Daneben befand sich eine Reihe von Steinen, die allesamt durchbohrt waren. Die Basaltplatten neigten sich ganz leicht in Richtung der Krüge, und in den Stein, der am Südende lag, war eine Rille eingekerbt, über die man den Krügen Flüssigkeit zuführen konnte. Die gesamte Anlage ist

58 Tel Dan. Die ›Höhe‹ der dritten Bauphase. 8. Jh. v. Z.

59 Tel Dan. Kultbereich mit Becken, Basaltplatte und Krug. 8. Jh. v. Z.

NORDREICH ISRAEL: JEROBEAM I. (TEL DAN)

6,70 m lang, das 80 cm tiefe Becken mißt 1,50 × 1,30 m. Wie es scheint, diente der Aufbau kultischen Zwecken: Libationen bzw. Trankopfern. Bei den Resten von vier Fayencefiguren, die in diesem Bereich gefunden wurden – die Darstellung eines Affen; das 6 cm hohe Fragment einer ägyptischen Gottheit, die einen Stab oder einen Lotos hält; der 12 cm hohe Kopf einer Pharao-Statue mit der weißen Krone des Osiris und ein weiterer Kopf, wie die übrigen Bildwerke im ägyptischen Stil gehalten, aber nicht ägyptischer Herkunft (Abb. 60) – mag es sich um Opfergaben handeln, die im Heiligtum dargebracht wurden. Alle vier bestehen aus einem grünlichen Ton und sind mit schwarzen Streifen und Punkten bemalt. Im Hof schließlich, der in der zweiten wie in der dritten Bauphase die Kultplattform umgab, wurde ein gehörnter Altar gefunden – möglicherweise hat er auch ursprünglich an diesem Platz gestanden. Dagegen ist das Goldene Kalb, das Jerobeam I. in Dan hatte aufstellen lassen, bei den Ausgrabungen bislang nicht zutage gekommen. Wie andere Tempelschätze dürfte es aramäischen oder assyrischen Plünderern in die Hände gefallen sein.

Man weiß von der Ortsgebundenheit kultischer Einrichtungen gerade im Nahen Osten, und so überrascht weder die Auffassung der verantwortlichen Archäologen, daß Jerobeam I. auf dem Tel Dan an eine noch ältere Kultstatt anknüpfen konnte, noch der Nachweis, daß das Heiligtum auch nach dem Untergang des Nordreichs (Israel) erhalten blieb. In hellenistischer Zeit stand hier wiederum ein Altar, möglicherweise sogar ein Tempel zu Ehren des Gottes von Dan, dessen Name so bekannt war, daß man ihn inschriftlich nicht erst erwähnen mußte. Unter

60 *Tel Dan. Zwei Figuren. 8. Jh. v. Z. Links: Ägyptische Gottheit mit Stab oder Lotus; rechts: Kopf von der Statue eines ägyptischen Königs mit der weißen Osiris-Krone*

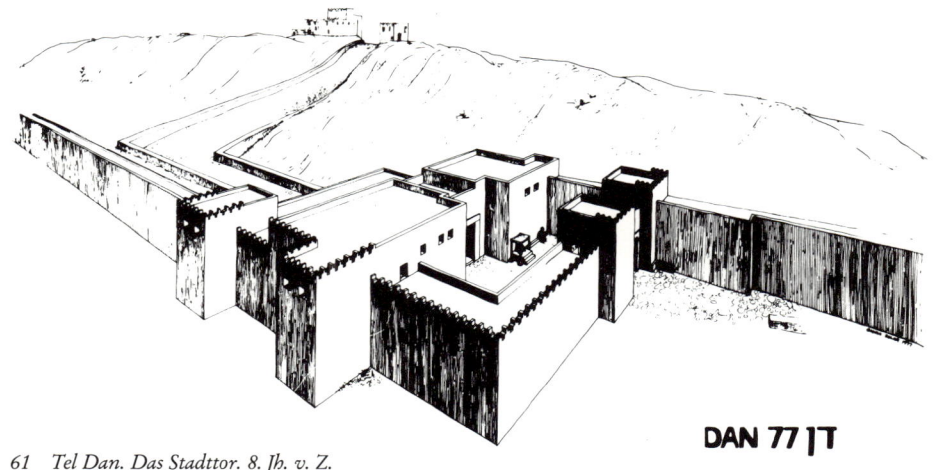

61 Tel Dan. Das Stadttor. 8. Jh. v. Z.

römischer Herrschaft erhob sich auf dem altehrwürdigen Terrain anscheinend ein Nymphäum oder Quellhaus. Die letzten am Ort gefundenen Münzen sind Prägungen Kaiser Konstantins (306–337 n. Z.), der das Christentum zur Staatsreligion erhob.

Jerobeam I. erweiterte das Territorium der Stadt Dan, die sich bis dahin innerhalb der Erdumwallung der mittleren Bronzezeit entwickelt hatte, und zwar – wie Bodenfunde belegen – ganz im geschichtlichen Rhythmus anderer israelitischer Orte, so beispielsweise von Hazor (vgl. S. 59f., 97f., 131ff.). Der Zerstörungsschicht der kanaanäischen Stadt Lais (vgl. S. 46) folgte ein Siedlungshorizont von israelitischen Halbnomaden, die in Zelten oder Hütten lebten und zahlreiche Silos anlegten.

Nach der Einnahme von Lais trugen diese frühen Israeliten Kiesel aus den Flußbetten der Umgebung zusammen, um den Hang der Erdumwallung zum Stadtinnern hin zu begradigen. In diese Kieselschicht gruben sie Schächte und Silos, denen sie ihre kostbaren Lebensmittelvorräte anvertrauten. In zahlreichen Schächten wurden Vorratsgefäße, große und kleine Krüge sowie Kochtöpfe gefunden, die aufgrund der Formgebung der beginnenden Eisenzeit, dem 12. Jh. v. Z., zugewiesen werden können. Die Häuser des nächstfolgenden Siedlungshorizonts wurden über jene älteren Schächte und Silos gebaut, die jetzt im allgemeinen mit Basaltplatten abgedeckt waren, um festere Fundamente für die darüber errichteten Bauwerke zu schaffen. Ansonsten besaßen die Häuser Böden aus Stampferde. Steinmauern trugen die Holzbalken der Dächer, die – wie Abdrücke der zu Boden gestürzten Decken zeigen – mit Schilf und Ästen gedeckt waren.

Ins Auge fielen den Ausgräbern Schmelztiegel und zerbrochene Gebläsetüllen aus Ton. Die Schmelztiegel waren handgefertigt und zwischen 12,5 und 18 cm hoch, besaßen einen einfachen, unstrukturierten Boden und wiesen noch leichte Bronzehaftungen auf. Besonders bemerkenswert ist, daß die Metallverarbeitung in Dan nach Ausweis entsprechender Funde nicht erst in

NORDREICH ISRAEL: JEROBEAM I. (TEL DAN/SICHEM/TIRZA)

der zweiten israelitischen Schicht, sondern bereits zwei Siedlungshorizonte früher einsetzt. Bekanntlich schickte schon der König von Mari im 18. Jh. v. Z. mehr als zehn Pfund Zinn, das ja für die Bronzeherstellung unumgänglich ist, nach Lais. Möglicherweise war anfangs die kanaanäische, dann die israelitische Stadt für die Metallverarbeitung ein sehr viel wichtigeres Zentrum, als bisher vermutet wurde.

In der zweiten israelitischen Schicht, die der ersten im wesentlichen ähnlich ist, freilich einer höheren Entwicklungsstufe entspricht, wird deutlich, daß der Ort wohl in der zweiten Hälfte des 11. Jh.s v. Z. von einem Feuer zerstört, aber nicht aufgegeben wurde. Auf den Ruinen entstand die dritte israelitische Siedlung aus dem 11.–10. Jh. v. Z. Dabei wurden die geräumigeren Behausungen durch kleinere ersetzt, möglicherweise, weil Dan jetzt stärker bevölkert war und der Siedlungsraum knapp wurde. Der nächste Siedlungshorizont – er läßt sich dem 10.–9. Jh. v. Z. zuordnen – gab Tongefäße frei, verziert mit Schwarzweißmustern auf rotem Schlickerhintergrund und damit ähnlich der zeitgleichen Ware aus Hazor.

Weiter haben die Archäologen unter der Leitung von Avraham Biran auf dem Tel Dan die Stadtmauer westlich des Stadttores auf einer Länge von 43 m freigelegt. Dabei entdeckten sie am Fuß des Tells einen Steinbau aus der Zeit des ersten Jerobeam, der entweder Teil der Befestigungsanlagen oder des eigentlichen Tores gewesen sein muß. An der westlichen, südlichen und östlichen Fassade dieses Baus waren noch Spuren des Gipsverputzes zu erkennen. Auch ein vorgelagertes, leicht geneigtes Steinpflaster schreiben die Ausgräber Jerobeam I. zu.

Ein sehr viel eindrucksvolleres Stadttor verdankt Dan König Ahab (871–852 v. Z.), der seine nördliche Grenzstadt gegen die Aramäer aus Damaskus mit starken Wehranlagen sicherte. Zwei Steinbastionen in einem Abstand von 12 m sollten anscheinend die Befestigungen des Stadttores weiter verstärken. Die Stadtmauer selbst ist in diesem Bereich fast 4 m stark. Der Zugang zur Stadt erfolgte über ein äußeres und ein inneres Tor – das zweite besaß zwei Kammern zu jeder Seite des Durchgangs –, führte dabei über einen großen gepflasterten Platz zwischen den beiden Toren (Abb. 61) und mündete schließlich auf eine gepflasterte Straße, die anfangs gerade verlief und dann, im rechten Winkel abbiegend, den Gipfel des Tells erreichte. Die lichte Weite des inneren Tores betrug 4 m, die des äußeren 3,70 m. Auf dem Platz zwischen dem äußeren und inneren Tor fanden die Ausgräber eine 4,50 m lange Bank aus Quadersteinen, daneben ein Postament, ebenfalls aus Quadersteinen. An den vier Ecken dieses Postaments oder Sockels erhoben sich – wie zwei erhaltene Basen zeigen – ursprünglich Säulen, die anscheinend ein Dach trugen. Möglicherweise stand hier bei offiziellen Anlässen ein Thronsitz, und die Ältesten der Stadt versammelten sich auf dem Platz (Rut 4, 1+2). Aber auch vor dem Außentor lag ein gepflasterter Platz, der nach Osten hin in einer Länge von 17 m ausgegraben wurde, dessen Begrenzung damit aber noch nicht erreicht ist. Denkbar erscheint, daß hier Ahabs Streitwagen standen, da sie den Steilhang zur Stadt nicht hätten bewältigen können.

Die Ausgräber verfolgten den Lauf der Straße vom Stadttor zur Anhöhe hinauf und fanden auf dem Gipfel eine weitere Toranlage. Die zweite der insgesamt fünf Bauphasen dieses oberen Tores läßt sich mit dem Wirken Jerobeams II. (787–747 v. Z.) in Verbindung bringen; weitere Veränderungen gehen auf die Assyrer zurück, die den Ort im 8. Jh. v. Z. eroberten. Zwar büßte Dan in der Folgezeit seine Bedeutung als Militär- und Verwaltungszentrum ein, als Kultstätte spielte der Ort aber auch in der assyrischen, dann in der hellenistischen und römischen Zeit noch eine gewisse Rolle. Erst mit der Verbreitung des Christentums unter Konstantin dem Großen im 4. Jh. n. Z. verlor der heilige Bezirk von Dan endgültig jede Bedeutung.

In **Beth El,** ca. 18 km nördlich von Jerusalem gelegen, hat in den Jahren 1934, 1954, 1957 und 1960 der amerikanische Archäologe W. F. Albright gegraben. Die dortige Stadt aus der jüngeren Bronzezeit – sie war bemerkenswert solide gebaut – fiel einer Feuersbrunst zum Opfer: nach Ansicht von Albright das Werk der eindringenden Israeliten zu Beginn des 13. Jh.s v. Z. Als die Neuankömmlinge sich ihrerseits in Beth El niederließen, standen sie hinsichtlich ihrer materiellen Kultur auf einem niedrigeren Niveau als die kanaanäischen Vorgänger. Im 6. Jh. v. Z. wurde Beth El dann bei einem der Feldzüge der neubabylonischen Könige endgültig zerstört. Ebensowenig wie in Dan haben die Ausgräber in Beth El das von Jerobeam I. dort aufgestellte Goldene Kalb gefunden.

Weiteren Aufschluß über die Taten Jerobeams I. gibt die Bibel: »Jerobeam befestigte Sichem im Gebirge Ephraim. Von dort zog er aus und befestigte Penuël« (1. Kön. 12,25) – wahrscheinlich zu der Zeit, als Pharao Scheschonk I. in Palästina einfiel (um 926). Später machte der König Tirza zu seiner Residenzstadt.

Sichem (heute Tell Balatha genannt), Jerobeams erste Hauptstadt, am nördlichen Ende des Passes gelegen, der zwischen den Bergen Gerisim und Ebal hindurchführt, wurde zwischen 1913 und 1934 von den Deutschen E. Sellin, C. Watzinger und anderen archäologisch erkundet, doch liegen kaum Berichte über die Ergebnisse vor. Zwischen 1956 und 1966 führte dann die Drew-McCormick-Expedition unter der Leitung von G. E. Wright weitere Ausgrabungen durch.

Sie ließen erkennen, daß Sichem mit zu den ältesten Städten des Landes zählt, deren Anfänge in die Mittlere Bronzezeit datieren (2200–1500 v. Z.). Eine Siedlung von Halbnomaden bestand sogar schon im 4. Jt. v. Z. In ägyptischen Ächtungstexten der 12. Dynastie wie auch auf einer Stele des Pharao Sesostris III., der die Stadt um 1850 v. Z. brandschatzte, läßt sich der Ortsname zuerst belegen. Gegen Ende der Mittleren Bronzezeit (ca. 17.–16. Jh. v. Z.) wurde der Ort verwüstet, danach blieb er einige Zeit unbewohnt. Aber schon in den Amarna-Briefen aus dem 14. Jh. v. Z. spielt Sichem erneut eine hervorragende Rolle. Im 12. Jh. v. Z. ein weiteres Mal zerstört, kamen erst im 10. Jh. v. Z. wieder Bewohner in die verlassene Stadt. Wie Tirza und Samaria ging auch Sichem unter, als die Assyrer dem nördlichen Königreich im Jahr 721 v. Z. den Todesstoß versetzten. Die letzten Bewohner waren die von den Assyrern im nördlichen Königreich zwangsweise angesiedelten Samaritaner. Im Jahre 128 v. Z. hat der Hasmonäer Johannes Hyrkanus die traditionsreiche Stadt endgültig zerstört; sie wurde nie wieder aufgebaut.

Der Ort **Penuël** (heute Tulul edh-Dahab), liegt auf der Ostseite des Jordan im Haschemitischen Königreich Jordanien. Über die Grabungen der letzten Jahre liegen noch keine wissenschaftlichen Berichte vor. In Penuël soll Jakob mit dem Engel gerungen haben.

Tirza schließlich, die dritte Hauptstadt Jerobeams I., wurde mit dem Tell el-Far'a identifiziert, der sich ca. 10 km nördlich von Sichem/Tell Balatha (heute: Nablus) erhebt. Von hier aus

NORDREICH ISRAEL: OMRI (SAMARIA/MEGIDDO)

regierte auch der Usurpator Baësa, der sich nach Jerobeams Tod in einem Putsch gegen dessen Sohn Nadab zum Herrscher über Israel aufschwang (906–883 v. Z.). Vierzig Jahre blieb Tirza Hauptstadt des Nordreiches, bis Omri, erneut ein Usurpator, seine Residenz nach Samaria verlegte, das bis zu seiner Zerschlagung durch den Assyrer Sargon II. Zentrum Israels blieb. In der ersten israelitischen Siedlungsschicht wurden die Mauern der Jüngeren Bronzezeit (1500–1200 v. Z.) wiederverwendet, hingegen sind die Häuser vom Vierzimmertyp der Israeliten. Die Israeliten benutzten auch das alte Stadttor weiter, daneben errichteten sie einen kleinen Tempel. Zeitgenössische Töpferware weist in das 10./frühe 9. Jh. v. Z.

Da die Archäologen halbfertige, unvollendete Gebäude vorfanden, muß Tirza ganz unvermittelt aufgegeben worden sein: Anscheinend nahm Omri alle israelitischen Einwohner mit in seine neue Hauptstadt Samaria. Im 8. Jh. v. Z. war Tirza dann wieder bewohnt, bis es – wie Samaria – im Jahr 721 v. Z. durch die Assyrer zerstört wurde. Brandspuren bezeugen den Untergang der Stadt.

Die Bibel berichtet über Omris Ortswechsel (876 v. Z.): »Sechs Jahre regierte er zu Tirza. Dann kaufte er für zwei Talente Silber von Semer den Berg, befestigte ihn und gab der Stadt, die er gebaut hatte, den Namen Samaria« (1. Kön. 16, 23 + 24).

Beim Bau seiner Hauptstadt **Samaria** verwirklichte Omri ein neues Konzept: Er reservierte der königlichen Residenz ein eigenes Viertel, das mit seiner Umfassungsmauer die Akropolis gegen die Bezirke abgrenzte, die das Volk bewohnte, und ließ zu diesem Zweck eine Terrasse anlegen, die von eben dieser Mauer getragen wurde. Die Terrasse maß in ost-westlicher Richtung 145 m und in nord-südlicher Richtung 76 m. Zwar bleibt es in der Bibel unerwähnt, doch lassen die archäologischen Funde keinen Zweifel aufkommen, daß Omri für den Bau von Samaria phönikische Handwerker in sein Königreich rief: Wie Salomos Bauten weisen auch die Ruinen aus Omris Zeit Quader mit »Randschlag« und »Bossen« auf. Unter Omris Sohn Ahab (871–852 v. Z.) wurde die Einfassungsmauer der Residenz durch eine Kasemattenmauer ersetzt. Innerhalb dieser rechteckigen Umwallung standen in lockerer Ordnung inmitten weitläufiger Höfe die von Ahab und Omri errichteten Gebäude. Zwei davon, das sogenannte »Ostraka-Haus« und das »Elfenbein-Haus«, verdienen wegen der dort gemachten Funde besondere Aufmerksamkeit.

Kamen im Ostraka-Haus 63 beschriebene Tonscherben, Ostraka (Abb. 62), zutage, die über Lieferungen von Wein und Öl – allem Anschein nach Naturalien-Abgaben an den Königshof – informieren, so fand man in dem zweiten erwähnten Bau bei den Ausgrabungen von 1931–1935 zahlreiche Elfenbeintäfelchen, die ursprünglich wohl Einrichtungsgegenstände und Wände in Ahabs Palast zierten. Stilistisch vergleichbare Elfenbeinarbeiten wurden zwischen 1949 und 1963 in Sargons II. Hauptstadt Kalach (heute Nimrud) entdeckt – möglicherweise handelt es sich dabei um die Kriegsbeute des assyrischen Königs aus Samaria.

Im Altertum benutzte man Elfenbein mit Vorliebe zum Schmuck von Gebrauchsgegenständen wie Kämmen, Kästchen, Spiegelgriffen und Kosmetiklöffeln, außerdem für Einlegearbeiten an Prunkbetten und -stühlen. Obwohl ein Text aus Ur bereits um 2100 v. Z. ein Land »Meluhha« erwähnt, aus dem das Rohmaterial, der Stoßzahn des Elefanten, bezogen wurde,

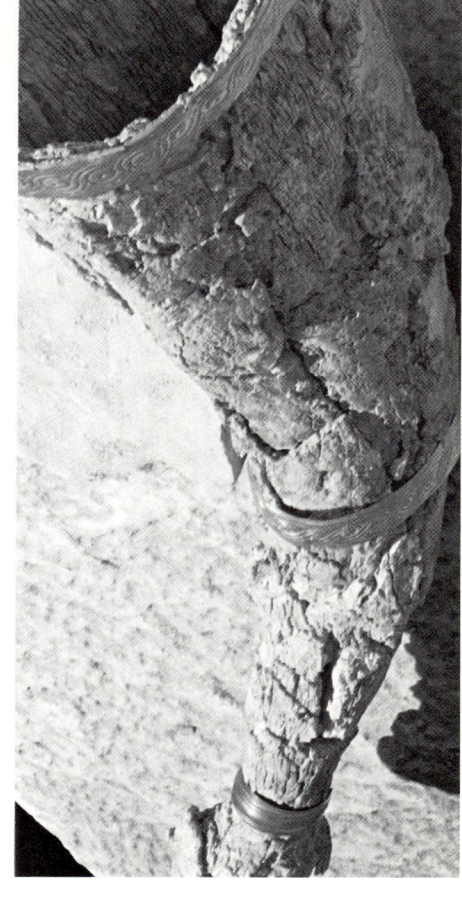

62 Samaria. Ostrakon aus dem Ostraka-Haus. 9. Jh. v. Z.

63 Megiddo. Elfenbeinflasche. 12. Jh. v. Z. Jerusalem, Israel-Museum

scheint Elfenbein im alten Sumer eher selten gewesen zu sein; in Ägypten dagegen kannte man es seit frühdynastischer Zeit, d.h. seit der Frühen Bronzezeit (ca. 3. Jt. v. Z.), als Ziermaterial, und das Land Kanaan stand bereits im 3. Jt. v. Z. mit seiner Elfenbeinverarbeitung in der damaligen zivilisierten Welt an zweiter Stelle – möglicherweise stammte das Rohmaterial der kanaanäischen Schnitzer von syrischen Elefanten, die es damals noch gab.

Megiddo erscheint in diesem Zusammenhang als ein Produktionszentrum, wo Wanderhandwerker schmückende Elfenbeintäfelchen applizierten oder zu ganzen Ensembles komponierten (Abb. 63). Die Stile, in denen sie arbeiteten, waren vielfältig und lassen auf ihre unterschiedliche Herkunft schließen; so kann man ägyptische, mykenische, syrisch-kanaanäische und rein syrische Einflüsse unterscheiden und pseudo-ägyptische Imitationen nachweisen. Die Funde aus dieser Region umfassen sogar eine chalkolithische (= kupferzeitliche) Werkstätte (um

NORDREICH ISRAEL: AHAB (MEGIDDO/HAZOR)

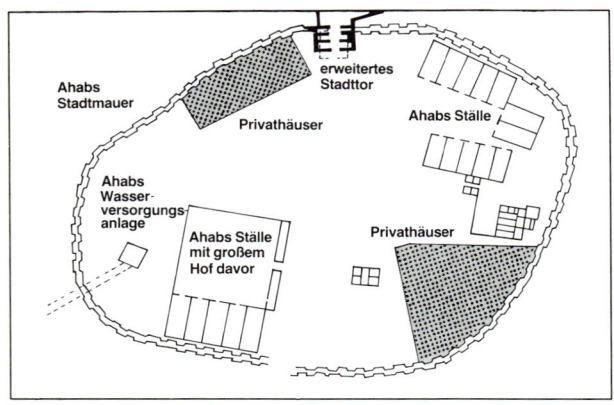

64 Megiddo. Stadtplan zur Zeit Ahabs. 9. Jh. v. Z.

3320 v. Z. zu datieren), komplett mit Arbeitsbank, Elefantenstoßzahn und Ahlen mit Knochengriffen, daneben eine Serie von aus Elfenbein geschnitzten Stier- und Kalbsköpfen aus Ai, Jericho und Beth Jerach (ca. 2550–2250 v. Z.) sowie natürlich die bedeutenden Artefakte aus Megiddo – 1937 wurden dort ca. 200 Gegenstände, darunter Kosmetikbehälter, Spiegelgriffe, Spielbretter und Mobiliar, teils einheimische Erzeugnisse, teils Importe, etwa aus Zypern, entdeckt – und die um 300 Jahre jüngeren Objekte aus Samaria. Ein großer Teil der Elfenbeintäfelchen aus diesem letzten Ort war rußgeschwärzt – archäologisches Indiz für die Eroberung und Plünderung der Stadt durch Sargon II. im Jahr 721 v. Z.

Über die Bautätigkeit König Ahabs von Israel schweigt die Bibel sich hartnäckig aus, abgesehen davon, daß sie ihm neben anderen Freveltaten auch die Errichtung eines Baaltempels in Samaria vorwirft (1. Kön. 16,22). Indessen unterrichtet uns die Archäologie darüber, daß Ahab die Städte Salomos nicht nur instandhielt, sondern bedeutend vergrößerte. In Salomos Festungsstadt **Megiddo** (vgl. S. 98ff.) ersetzte Ahab um 850 v. Z. den älteren Nordpalast durch Stallungen für die Pferde seiner Streitwagen; den Südpalast dagegen erhielt und erweiterte er. Das salomonische Verwaltungsgebäude im Westen wurde wiederum durch einen Stall mit vorgelagertem weitläufigem Hof abgelöst, wozu sich noch ein dritter hinzugesellte, zwischen diesem und dem nördlichen gelegen.

Es handelte sich dabei jeweils um gestreckte, »dreischiffige« Hallen. Der Zugang erfolgte durch eine weite Toröffnung in das breite »Mittelschiff«; der Boden war hier mit Kalkestrich abgedeckt. Steinerne Pfeiler trennten die mittlere Partie von den beiden Seitengängen, deren Boden aus Kopfsteinpflaster bestand (Abb. 64). Die Pfeiler wiesen Löcher auf – wahrscheinlich für Ketten oder Stricke, mit denen die Pferde angebunden wurden. Zwischen den Pfeilern reihten sich zu beiden Seiten des Mittelgangs, jeweils fast 1,70 m breit, Steintröge oder Krippen, eine für jede »Box«. Nach der Anzahl der Krippen errechneten die Ausgräber einen Bestand von 450 Pferden, was 150 Streitwagen entspricht; denn in dem eher bergigen Gelände Israels und Syriens zogen jeweils drei Pferde einen Streitwagen, nicht zwei wie im ebenen Ägypten. Immerhin hat der König so viele Rösser besessen, daß er – wie eingangs (S. 35) erwähnt – 2000 Streitwagen in die Schlacht von Qarqar schicken konnte, ein für diese Zeit gewaltiges Kontingent.

Noch eine weitere, schon von Salomo neu aufgebaute israelitische Stadt erreichte unter Ahab (im 2. Viertel des 9. Jh.s v. Z.) ihre Hochblüte: **Hazor** (vgl. S. 59f., 97f.). Salomos Kasemattenmauer wurde zunächst mit Steinen und Erde aufgefüllt, um darüber dann – außer an der westlichen Spitze des Tells, wo die Befestigungen der Zitadelle (s. u.) ausreichenden Schutz gewährleisteten – eine massive Steinmauer aufzurichten. Ahab verdoppelte die Gesamtfläche des salomonischen Hazor, so daß seine Stadt jetzt den gesamten Tell einnahm.

Die erwähnte Zitadelle auf dem Tel Hazor, eine von insgesamt neun in historischer Schichtung übereinander erbauten Festungsanlagen, erhob sich auf einer Grundfläche von 25 × 21 m. Eine mittlere Mauer von Westen nach Osten diente dem Wehrbau als architektonische Achse. Die Außenmauern waren bis zu 2 m stark, die weniger wuchtigen Innenmauern nahmen nahezu 40 Prozent der Gesamtfläche der Zitadelle, oder besser: ihrer Fundamente, ein. Der Gebäude-

65 Hazor. Zitadelleneingang mit protoäolischen Kapitellen. Rekonstruktion. 10.–9. Jh. v. Z.

kern bestand aus großen, sorgfältig behauenen Quadern, die in einigen Fällen eine Länge von bis zu 1,50 m erreichten. Nach dem archäologischen Befund war ihm an der Nordwestecke eine Treppe vorgelagert, die ursprünglich anscheinend in ein Obergeschoß führte. Nördlich der Zitadelle hatten Ahabs Baumeister zwei fast spiegelgleiche Verwaltungsgebäude errichtet, ferner entstand eine Lagerhalle mit zwei Reihen monolithischer Stützen.

Hazors öffentliche Gebäude zeugen vom hohen Stand der Architektur unter Ahab; in ihrem Aufwand und ihrer großzügigen Planung stehen sie den königlichen Bauten in Megiddo und Samaria keinesfalls nach. Als architektonisches Kennzeichen jener Staatsbauwerke aus dem 10. und 9. Jh. v. Z. erscheinen überall die sogenannten »protoäolischen Kapitelle« (Abb. 65); mit ihren stilisierten Palmenvoluten sind sie Vorläufer des klassischen äolischen und letztlich auch des ionischen Kapitells. Als Pilasterkronen zierten sie im allgemeinen nur die eine Seite eines Quaders, in Hazor jedoch wurde zum ersten Mal – im Verbund mit einem monolithischen Türsturz – ein zweiseitiges oder »doppelköpfiges« Kapitell-Relief protoäolischen Typs aufgefunden, das vielleicht von einer Säule getragen wurde und den Eingang zur Zitadelle schmückte.

Zur Zeit Jerobeams II. (787–747 v. Z.) nahm Hazor, wie die Funde aus dieser Zeit bezeugen, einen neuen Aufschwung. Die traditionellen Gebäude wurden nach Reparaturen und baulichen Veränderungen – erwähnt seien die erhöhten Fußböden in vielen Häusern und neue Säulenstellungen im Hof einiger Repräsentationsbauten – durchweg weiter genutzt. Die Nebengebäude der Zitadelle mußten freilich einer wuchtigen Steinmauer, gegliedert durch Vorsprünge und Nischen, weichen, und an der nordwestlichen Spitze des Tells verstärkte ein zweikammriger Turm die städtischen Wehranlagen – beides Indizien dafür, daß die Großmacht Assyrien während der Regierungszeit des zweiten Jerobeam zunehmend als politischer Faktor, als militärische Bedrohung erkannt wurde.

Indessen: Das Hazor Jerobeams II. wurde zunächst von einem heftigen Erdbeben (763 v. Z.) in Mitleidenschaft gezogen. Zwei Häuser geben mit ihren geneigten Mauer- und Säulenresten Zeugnis von jener Naturkatastrophe: das sogenannte »Haus Yaëls«, das drei Räume im Westen, zwei Räume im Norden und einen überdachten Hof im Osten besaß – anscheinend lebte in dem geräumigen Gebäude eine Familie der israelitischen Oberschicht –, und der von den Archäologen scherzhaft als »Haus der Familie Machbiram« bezeichnete Zwei-Zimmer-Bau. Die Funde, die in dieser bescheidenen Unterkunft gemacht wurden, sind allerdings besonders aufschlußreich; neben den üblichen Kochgefäßen und einem Becken umfaßten sie auch einen Kosmetiklöffel, geschnitzt aus Elfenbein. Ein seltener Fund, denn in der Regel wurden die israelitischen Ortschaften, bevor die Eroberer sie dem Erdboden gleichmachten, bis auf den letzten Wertgegenstand geplündert.

Hazor fiel im Jahr 732 v. Z. dem assyrischen König Tiglatpileser III. zum Opfer. Eine Ascheschicht, einen Meter hoch, kündete den Archäologen vom Schicksal der israelitischen Stadt, über das auch die Bibel (2. Kön. 15,19) spricht: »Zur Zeit des Pekach, Königs von Israel, zog Tiglathpileser, der König von Assyrien, herauf, eroberte ... Hazor.«

Ein Fund aus Hazor stützt indirekt vielleicht die Polemik des Propheten Jesaja gegen jene Israeliten, »... die Schweinefleisch verzehrten und deren Geräte voll von unsauberer Brühe sind« (Jes. 65,4). Neben einer Reihe von Astarte-Figuren entdeckten die Archäologen südlich

66 Hazor. Eingang zur Wasserversorgungsanlage. 9. Jh. v. Z.

des Zitadelle-Eingangs das Skelett eines Schweines! Allerdings wies Yigael Yadin darauf hin, daß es möglicherweise jenen assyrischen Soldaten als Festbraten diente, die nach der Eroberung der Stadt an diesem Platz lagerten. Wie dem auch sei, die auf Tel Hazor geborgenen Inschriftensteine zeugen davon, daß die Israeliten die letzten Einwohner des Ortes waren.

Ahab stattete Hazor, Megiddo und Geser aber nicht nur mit wuchtigen Verteidigungsanlagen aus, er stellte auch die in Zeiten einer Belagerung für die Einwohner dieser Städte so wichtige **Trinkwasserversorgung** sicher. Zwar schweigt sich die Bibel – wie über manch andere bedeutende Leistung – auch über diesen Aspekt der israelitischen Zivilisation aus, doch haben Ahabs Ingenieure zweifellos Gewaltiges geleistet, besonders wenn man bedenkt, daß ihnen weder moderne Meßinstrumente noch schwere Maschinen zur Verfügung standen.

Der Wasserbau im Nahen Osten hatte bereits drei wichtige Entwicklungsstufen hinter sich, als Ahabs Techniker in Hazor, Megiddo und Geser ans Werk gingen. Anfangs legte man einen horizontalen Stollen an, um eine Quelle zu erreichen – zunächst möglicherweise durch das Erweitern natürlicher Kanäle, über die die Quelle gespeist wurde. In einem zweiten Schritt wurde der künstliche Kanal zur Stadt hin verlängert und der ursprüngliche Zugang zur Quelle vermauert, so daß die Wasserversorgung der Stadt auch in Zeiten der Belagerung sichergestellt war. In einer dritten Phase verband eine Galerie die Quelle mit einem zweiten Wasserbau, der Quellenaustritt wurde so an einen geeigneten, vor allem einen sicheren Platz verlagert. Schließlich ging man in einer vierten Phase dazu über, mit Hilfe eines Brunnenschachts oder einer Galerie den Grundwasserspiegel zu erschließen.

NORDREICH ISRAEL: WASSERVERSORGUNGSANLAGEN

67 Megiddo. Der unterirdische Tunnel der Wasserversorgungsanlage. 9. Jh. v. Z.

68 Gibeon. Der ›Teich von Gibeon‹. 10. Jh. v. Z.

Im Jahr 1968 fand der israelische Archäologe Yigael Yadin, der schon Ober- und Unterstadt von **Hazor** ausgegraben hatte, am südlichen Ende des Tells jene geniale Wasserversorgungsanlage, die Ahab hatte bauen lassen (Abb. 66). Sie bestand aus drei Elementen: einem Eingangsbau, einem senkrechten Schacht mit Treppen und einem schrägen Tunnel. Der obere, 19×15 m große Teil der Anlage, den massive Futtermauern stützten, reichte bis in eine Tiefe von 10 m. Der anschließende senkrechte Schacht wurde weitere 20 m tief in den Fels gehauen. Daran schloß bzw. schließt sich ein 25 m langer geneigter Tunnel an, der nochmals 10 m weiter hinabführt, bis er – 40 m unterhalb des Gipfels – den Wasserspiegel am Fuß des Tells erreicht.

Die Stufen an den Wänden des Schachtes sind bis zu 3 m breit, anscheinend, um gleichzeitigen Verkehr in beiden Richtungen zu erlauben, möglicherweise sogar unter Einsatz von Lasttieren. Der Tunnel läuft an seinem Ende spitz zu und ist dort 4,50 m hoch. Im Eingang 4 m breit, wird er anschließend auf einer Strecke von 9 m schmaler, danach verbreitert er sich wieder bis auf 5 m; er endet schließlich in einem Wasserbecken. Insgesamt besitzt der Tunnel 80 Stufen, davon sind die letzten acht, die während der winterlichen Regenzeit unter Wasser stehen, aus widerstandsfähigem Basalt, die übrigen aus dick verputztem Kalkstein gearbeitet.

In **Megiddo** hatte schon Salomo einen einfachen Stollen durch die Stadtmauer zur Quelle geführt (vgl. S. 98 ff.), die in einer Höhle außerhalb lag (Abb. 67). Da sich in der Zeit Ahabs der Druck aus dem Norden verstärkte, mußten sich des Königs Ingenieure eine bessere Lösung einfallen lassen, die dann im wesentlichen jener glich, die wir schon in Hazor kennengelernt haben: Sie trieben einen fast 22 m tiefen Schacht ins Erdinnere; von dessen Ende führte ein fast 64 m langer Tunnel zur Quelle vor der Stadt. Die Quellgrotte selbst wurde von einer mit Erde getarnten Mauer vor den Augen etwaiger Angreifer verborgen.

Alle Anzeichen weisen übrigens darauf hin, daß der Tunnel in Megiddo von zwei Mannschaften, die an den entgegengesetzten Enden begannen, in den Fels getrieben wurde. Als einen Beweis für ihr technisches Können wird man den Umstand werten, daß die beiden Teilstücke in der Höhe nur um wenige Zentimeter und in der seitlichen Abstimmung nur um 60 cm voneinander abwichen, als sie sich in der Mitte trafen.

Auch **Geser** verfügt über eine ähnliche Anlage. Zu ihr gehört ein fast 66 m langer Tunnel, der allerdings noch nicht völlig geräumt worden ist.

Etwas älter als die drei erwähnten Wasserbauten, die offenbar unter König Ahab im 9. Jh. v. Z. entstanden, ist der in 2. Sam 2,13 beiläufig erwähnte »Teich von Gibeon« – heute mit **el-Dschib**, ca. 13 km nordwestlich von Jerusalem, identifiziert. Es handelt sich hier um einen runden, in den Fels gehauenen Schacht (Abb. 68), der einen Durchmesser von etwas mehr als 11 m hat und fast 25 m in die Tiefe reicht. Die spiralförmig entlang der Wände verlaufende Treppe zählt insgesamt 79 Stufen. Nach Ansicht der Archäologen – unter der Leitung von J. B. Pritchard und finanziert vom Museum der University of Pennsylvania wurde hier 1957, 1959, 1960 und 1962 gegraben – diente dieser Schacht dazu, Regenwasser zu speichern oder den Zugang zum Grundwasser zu erleichtern.

Darüber hinaus gibt es in el-Dschib noch zwei Wassertunnel, die von den Archäologen auf das 10. Jh. v. Z. datiert werden. Beide liegen in nächster Nähe zum Teich. Nahe der Stelle, wo die wasserreiche Quelle von Gibeon aus dem Berg trat, hatten die Bewohner der Ortschaft ein kleines Becken angelegt, das in einer Art Höhle liegt. Den Zugang zu dieser Höhle sicherte eine wuchtige Tür, die in Zeiten der Gefahr verschlossen werden konnte. Vom Becken aus trieb man einen Erschließungstunnel von fast 55 m Länge durch den Fels. Damit die Quelle auch in Kriegszeiten zugänglich blieb, schufen die Einwohner von Gibeon einen zweiten Tunnel, der vom Stadtinneren bis zum Becken in der Höhle führte. Der Höhenunterschied zwischen dem Eingang zu diesem Tunnel und dem Becken beträgt 18 m. Er wurde über 93 Stufen auf einer Tunnellänge von fast 45 m bewältigt.

Und doch halfen weder Verteidigungs- noch komplizierte Wasserversorgungsanlagen den Einwohnern des Königreiches Israel, als sich die assyrische Kriegsmaschine von Norden her gegen sie in Bewegung setzte. In mehreren Feldzügen eroberte die Großmacht eine israelitische Stadt nach der anderen; als der Assyrer Sargon II. im Jahr 721 v. Z. Samaria (vgl. S. 37) einnahm, die Stadt plünderte und dem Erdboden gleichmachte, ihre Einwohner in die Gefangenschaft führte – die zehn Stämme gelten seither als verschollen – und an ihrer Stelle fremde Völker, darunter die Samariter, ansiedelte, war dies gleichbedeutend mit dem Untergang der israelitischen Königsmacht.

Den Israeliten verblieb nur das kleinere, provinziellere Königreich Juda; es sollte den nördlichen Bruderstaat um knapp 140 Jahre überleben.

Kapitel 7

»Rehabeam wohnte nun in Jerusalem«
Das südliche Königreich Juda

2. Chron. 11,5

Die Unnachgiebigkeit Rehabeams, des Sohnes Salomos, gegenüber der Forderung des Volkes nach Erleichterung der Steuerlast führte zum Abfall der zehn nördlichen Stämme, die weiterhin den Namen Israel trugen. Nur Juda und Benjamin blieben dem König treu.

Im fünften Regierungsjahr Rehabeams zog Pharao Scheschonk I. (945–924 v. Z.), der Schischak der Bibel, »gegen Jerusalem herauf ... Er eroberte die festen Städte Judas« (2. Chron. 12, 2+4).

Eine dieser festen Städte war **Eglon**, das heute im allgemeinen mit Tel Beth Mirsim identifiziert wird. Die von den Archäologen als Stratum B bezeichnete Siedlungsschicht birgt allem Anschein nach die Überreste des von Scheschonk I. zerstörten Ortes. Die Stadt zählte damals knapp 3000 Einwohner. Zahlreiche Webstuhlgewichte und die Überreste von 20 bis 30 Färbereianlagen lassen darauf schließen, daß Eglon vor seiner Zerstörung ein bedeutendes Zentrum der Textilherstellung gewesen ist.

Aus Jerusalem nahm Scheschonk I. »die Schätze des Hauses des Herrn und des Königshauses weg« (2. Chron. 12,9). Nach dem Abzug der ägyptischen Truppen herrschte für den Rest der Regierungszeit Rehabeams Frieden im Land.

Rehabeams Sohn Abia (910–908 v. Z.) und sein Enkel Asa (908–872 v. Z.) führten weiter Krieg gegen das abtrünnige Reich Israel. Asa »befestigte ... Mizpa« (2. Chron. 16,6), das zu einem wichtigen Grenzort aufgestiegen war, um Juda vor möglichen Angriffen durch seinen nördlichen Nachbarn, König Baësa von Israel (906–883 v. Z.), zu schützen. Die Ausgräber fanden in **Mizpa**, das mit Tel en-Nasba, ca. 13 km nördlich von Jerusalem, identifiziert wird, bis zu 4 m starke, aus unbearbeiteten Steinen aufgeschichtete Verteidigungsmauern. Wie in anderen kleinen israelitischen Orten gibt es auch hier keine Anzeichen für den Einsatz phönikischer Steinbearbeitungstechniken.

Die Mauer war mit vorspringenden rechteckigen Türmen bewehrt, die sowohl unterschiedliche Abstände zueinander aufwiesen als auch unterschiedlich hoch waren. Im Osten und Westen war der Wall durch ein Glacis verstärkt. An der Stelle des Stadttores überschnitten sich die Mauerenden auf einer Strecke von 14 m, das äußere Mauerende schützte ein besonders wuchtiger Turm. Die Häuser von Mizpa waren weiterhin vom Vierzimmertyp und, dem Mauerverlauf folgend, kreisförmig angeordnet. Zwischen Häusern und Mauer erstreckte sich

69 Kadesch Barnea. Luftaufnahme des Tells mit Wadi (vorn)

ein fast 10 m breiter freier Raum, auf dem die Archäologen eine große Anzahl von Vorratssilos freilegten.

Nach Asas Tod bestieg sein Sohn Josaphat (872–852 v. Z.) den Thron des Königreiches Juda. Die Bibel weiß Gutes von ihm zu berichten: Er befolgte das Gesetz des Einen Gottes, und »in Juda baute er Burgen und Vorratsstädte« (2. Chron. 16,12). Zeitgenosse König Ahabs von Israel (871–852 v. Z.) war er, wie Ausgrabungen und archäologische Sondierungen erwiesen haben, einer der tatkräftigsten Könige, die je über Juda herrschten. Den Seehandel von **Ezjon-Geber** aus versuchte er wiederzubeleben, aber »die Schiffe verunglückten und vermochten nicht nach Tarschisch zu fahren« (2. Chron. 20, 37). Im nördlichen Negev ließ er Wüstenfestungen errichten und setzte damit die Unternehmungen seiner Vorgänger David und Salomo fort.

König Usia (785–747 v. Z.), ein Zeitgenosse Jerobeams II. von Israel (787–747 v. Z.), wird zumindest am Anfang seiner Herrschaft von der Bibel nachsichtig behandelt. Er dehnte sein Herrschaftsgebiet im Negev aus und gliederte ihm sogar Teile von Philistäa und Edom ein, um so den Karawanenhandel zu fördern. Das judäische Heer wurde verstärkt, und im Süden des Landes errichtete man zum Schutz der wichtigsten Kreuzungen und der Grenze mächtige Festungen, von Kasemattenmauern umgeben und mit jeweils acht Türmen bewehrt.

SÜDREICH JUDA: USIA (KADESCH BARNEA/GIBEA/AROËR)

Eine dieser Festungen war **Kadesch Barnea** (Abb. 69), das fast hundert Jahre zuvor (950 v. Z.) möglicherweise von ägyptischen Truppen zerstört worden war (vgl. S. 103). Zwischen 1976 und 1982 wurde der Ort in mehreren Ausgrabungskampagnen der Abteilung Altertümer und Museen des israelischen Ministeriums für Erziehung und Kultur unter der Leitung des Archäologen Rudolf Cohen freigelegt.

Die Anlage des Usia bildet die mittlere Siedlungsschicht von Kadesch Barnea. Es war ein 60 × 40 m großes Rechteck, das sich, von 4 m starken Mauern mit acht vorspringenden Türmen umgeben, über einem steilen Glacis erhob. Diesem war eine Futtermauer und nach drei Seiten hin ein trockener Graben vorgelagert. Die vierte Seite war durch eine natürliche steile Böschung zum Wadi hin geschützt.

Eine Hauptstraße und schmale Gassen trennten die kleinen Häuser der Festung voneinander. Eine große Zisterne mit Stufen und einem Fassungsvermögen von 180 m³, deren Wände und Boden verputzt waren, wurde durch einen Tunnel unter der Mauer gespeist, der das Wasser entweder aus einer in der Nähe liegenden Quelle oder – nach den Regenfällen des Winters – aus dem Wadi heranführte. Die Wehranlage besaß kein Tor; möglicherweise war sie über Leitern zugänglich. Die Festung selbst verfügte über zwei Vorratssilos, vier weitere befanden sich außerhalb, direkt unterhalb der nördlichen Futtermauer. Durch wen die Anlage schließlich zerstört wurde, ist nicht geklärt, möglicherweise fiel sie Eindringlingen aus der Wüste zum Opfer.

Schon bald nach ihrer Zerstörung wurde die Festung von Kadesch Barnea durch König Josia (639–609 v. Z.) mit nahezu identischem Grundriß wiedererrichtet. Allerdings ersetzte er die massive Mauer durch eine Kasemattenmauer; dadurch vergrößerten sich der Lager- und Wohnraum im Innenbereich. Zu den Funden aus dieser dritten und jüngsten Siedlungsschicht gehören winzige verbrannte Äpfel – die einzigen, die je aus dieser Zeit gefunden wurden – sowie die Reste von Datteln, Feigen und Weizen. Man entdeckte u. a. eine Tonscherbe mit Zahlen bis 10 000; vor einigen stand das hebräische Schekelzeichen, es handelt sich demnach um Gewichtangaben. Auf einer zweiten Scherbe ist den Zahlen das hebräische Wort *geva* hinzugefügt, das kleinste damals gebräuchliche Gewichtsmaß (etwa ein halbes Gramm).

Die Anlage des Josia wurde anscheinend vom babylonischen König Nebukadnezar auf seinem Feldzug gegen Jerusalem um das Jahr 586 v. Z zerstört.

Um das Ende des 10. Jh.s v. Z. datiert eine ähnliche, wenn auch kleinere Festung in Sauls Heimatort **Gibea** (vgl. S. 84). Es entstand hier jedoch keine Siedlung mehr wie zur Zeit König Sauls, sondern um den Südwestturm der alten Anlage herum eine der typischen turmartigen hebräischen Verteidigungsanlagen (ein *Migdal*), wie sie ägyptische Darstellungen von Feldzügen gegen Israel zeigen und wie sie auch in der Negevwüste anzutreffen sind. Die Mauer des Migdal war 9 m stark und schloß ein Terrain von fast 130 m² ein. Eine zweite, weniger breite Mauer war der Hauptmauer vorgelagert. Zwischen beiden befand sich eine Erdaufschüttung, vor der äußeren wiederum ein Steinglacis.

Jüngeren Datums ist die Festung **Aroër,** die Avraham Biram vom Hebrew Union College und Rudolf Cohen zwischen 1975 und 1981 im Negev ausgruben.

Die Bibel erwähnt insgesamt drei Orte namens Aroër: »Sichon, der König der Amoriter, der in Heschbon residierte, herrschte von Aroër am Rand des Arnontals an« (Jos. 12,2); dieser Ort lag an der Südgrenze des israelitischen Stammesgebietes in Transjordanien. Er wurde 1964/65 von einem spanischen Archäologen freigelegt. Ein weiteres Aroër lag in der Nähe des modernen Amman, der jordanischen Hauptstadt. Die Bibel erwähnt es im Zusammenhang mit Jiphtach: »Er schlug sie [d. h. die Ammoniter] von Aroër ...« (Rich. 11,33). Der Ort konnte bisher noch nicht identifiziert werden. Von der Ansiedlung Aroër im Negev spricht eine andere biblische Belegstelle: »Als dann David nach Ziklag gekommen war, sandte er einen Teil der Beute an die Ältesten ... in Aroër« (1. Sam. 30, 26–28).

Dieser Ort wurde schon 1838 von dem amerikanischen Gelehrten Edward Robinson identifiziert. Er erstreckt sich über eine Fläche von mehr als 20 000 m², d. h. er war doppelt so groß wie das sehr viel bekanntere Beerscheba (vgl. S. 107ff.). Die Anhöhe, auf der die Stadt errichtet wurde, ist an drei Seiten von einem Wadi umgeben. Die Ansiedlung war durch eine feste, außen verputzte Mauer mit Nischen und Vorsprüngen geschützt. Ein vorgelagerter steiler Wall aus Erde, Geröll und Stein verstärkte die Mauer, die ungefähr die Hälfte des gesamten Areals umgab; das übrige Stadtgebiet am Ostfuß des Hügels war ungeschützt. Zu den bemerkenswertesten Entdeckungen der Grabungen seit 1975 gehörte ein auf dem gewachsenen Fels erbauter Vorratsraum (Abb. 70), der Gefäße sowohl aus der Zeit vor als auch nach Sanheribs Feldzug von 701 v. Z. enthielt; dies bedeutet, daß Aroër – ebenso wie Lachis – nach diesem Eroberungszug weiter besiedelt war. Als Gründer der Siedlung im Negev kommt König Hiskia (725–697 v. Z.) in Frage, der nach Sanheribs Rückzug die Südgrenze Judas neu befestigte.

70 Aroër. Auf den Felsgrund gebauter Silo. 8. Jh. v. Z.

SÜDREICH JUDA: USIA (NEKROPOLE IM KIDRONTAL)

Die Stadt Aroër wurde im 7. oder 6. Jh. v. Z. zerstört. Auf ihren Ruinen entstand eine neue große Ansiedlung mit offenbar wohlhabenden Einwohnern, möglicherweise in der Regierungszeit König Josias (639–609 v. Z.). Endgültig vernichtet wurde sie zusammen mit anderen Dörfern und Städten im Verlauf des Nebukadnezar-Feldzugs gegen Juda in den Jahren 587/586 v. Z.

Die Funde aus dieser Zeit weisen auf enge Handelsbeziehungen zu Städten an der Meeresküste im Westen und zu Edom im Osten hin. Eine kleine Knochenplatte, 5 × 2,5 cm groß und mit einem protoäolischen Kapitell dekoriert, mag als Kalender gedient haben – sie weist drei Reihen mit je zehn und eine vierte mit 12 Löchern auf. Daneben fand man fünf unversehrte Figürchen sowie Fragmente einer Darstellung der Fruchtbarkeitsgöttin Astarte und in Privathäusern drei kleine Weihrauchaltäre, die möglicherweise ebenfalls im Astartekult Verwendung fanden.

Ungefähr 500 Jahre lang blieb Aroër unbewohnt, dann wurde es entweder von Herodes dem Großen oder seinem Enkel Herodes Agrippa I. (41–44 n. Z.) im Zuge der Verstärkung der Südgrenze wieder aufgebaut. Aus der Zeit des letzteren fand man einige Münzen.

Zwei Münzen aus der Zeit des ersten Jüdischen Krieges gegen Rom (66–70 n. Z.) und zahllose eingestürzte Mauern zeugen von der Zerstörung Aroërs um das Jahr 70 n. Z., als die Römer auch Jerusalem und seinen Tempel vernichteten.

Auf dem Gelände des russisch-orthodoxen Klosters am Fuße des Ölbergs in **Jerusalem** fand der Archäologe Sukenik 1931 eine kleine, 33 × 35 cm große Marmorplatte mit der aramäischen Inschrift: »Hierher wurden die Gebeine Usias, des Königs der Juden, gebracht. Nicht öffnen« (Abb. 71). Auch Usia, 747 v. Z. gestorben und der Bibel zufolge »auf dem Begräbnisfeld der Könige« (2. Chron. 26, 23) beigesetzt, war von dem Einen Gott abgefallen und dafür mit lebenslangem Aussatz bestraft worden. Offenbar wurde er – dem Schriftbild der Marmortafel nach zu urteilen – im 1. Jh. v. Z. aus einem unbekannten Grund ein zweites Mal bestattet.

Aus der Zeit König Usias, dem 8. Jh. v. Z. also, stammen die Gräber der **Nekropole** mitten im heutigen arabischen Dorf **Silwan/Siloam** am Felshang östlich des Kidrontals, vor dem südlichen Ausläufer des Ölbergs. Entdeckt bzw. untersucht wurde die Nekropole von dem Franzosen Clermont-Ganneau (1870), dem Deutschen Schick und schließlich von den Israelis Nahman Avigad, Gabriel Barkay und David Ussishkin von der Hebräischen Universität in Jerusalem bzw. der Universität Tel Aviv. Ussishkin führt in einer neuen Übersicht ca. 50 Gräber auf, die noch völlig erhalten oder nur teilweise zerstört sind. Darüber hinaus gelang es ihm, eine ganze Reihe inzwischen völlig zerstörter Gräber nachzuweisen.

Der Felshang, in den die Totengrüfte gehauen sind, liegt der ursprünglichen Davidstadt genau gegenüber. Allem Anschein nach wurden hier in der Zeit vom 9. bis zur Mitte des 7. Jh.s v. Z. hochgestellte Personen des Königreiches Juda bestattet. Zur Zeit des zweiten Tempels verwandelte man einen Teil der Grabhöhlen in sogenannte *Kuchim*, Schiebestollen. In spätrömischer oder frühbyzantinischer Zeit diente der Felshang als Steinbruch, so daß viele Grabstätten vernichtet wurden. Die verbliebenen Höhlen nutzten byzantinische Mönche im 5. und 6. Jh. n. Z. als Einsiedelei, einige Gräber gestalteten sie zu Kirchen um. Zu diesem Zweck

71 Jerusalem. Usias Grabplatte mit Inschrift. 1. Jh. v. Z.

wurden die Überreste der Beigesetzten entfernt, in die Höhlenwände Fensteröffnungen geschlagen, Ablagen an den Wänden angebracht und die Wände mit Kreuzen verziert. Beim Bau des arabischen Dorfes wurde schließlich ein weiterer Teil der Grabstellen zerstört.

Drei Typen von Gräbern lassen sich unterscheiden: Gräber mit giebliger Deckenlösung, Gräber mit flacher Decke sowie Monolithgräber. Sieben nahezu unversehrte Begräbnisstätten des ersten Typs fand man in der untersten Reihe des Felshanges, vier weitere sind nicht fertiggestellt worden; sie waren für ein bis zwei Tote bestimmt, nur ein Grab hatte Platz für drei. Der Zugang ist im Durchschnitt jeweils 50 bis 60 cm hoch und liegt im allgemeinen nur wenig über dem Bodenniveau, gelegentlich war er jedoch nur mit Hilfe einer Leiter zu erreichen. Die Grabkammern sind rechteckig, die Decke ist von der Mitte zu den Seiten hin abgeschrägt; nur in einem Fall hat sie die Form eines Tonnengewölbes. Die Kammern sind 2,40 m lang, 1,31 m breit und zwischen 2,09 und 2,55 m (in der Mitte) hoch. Die Bank, auf die der Tote gelegt wurde, befindet sich an der Längsseite; sie ist rechteckig und hat in der Mitte eine Vertiefung. Über dem Zugang verläuft ein aus dem Fels gehauenes Band, möglicherweise war hier eine Inschrift angebracht. Der Leichnam wurde mit einem Stein bedeckt. Sein Kopf ruhte auf einem kleinen Steinkissen, das zum Eingang hin angebracht war.

In zwei Gräbern befanden sich zwei Bänke, von denen eine knapp 5 bis 8 cm höher war als die andere; sie war vermutlich für den Mann bestimmt, die niedrigere wohl für seine Gemahlin. Die Totenbetten waren zwischen 2,10 und 1,75 m lang und somit vielleicht schon zu Lebzeiten in Auftrag gegeben worden, offenbar der Körpergröße des Grabinhabers angepaßt.

Die Mehrzahl der Gräber gehört dem zweiten Typ an – sie bestehen aus zwei oder drei hintereinanderliegenden Kammern mit großen rechteckigen Zugängen. Anscheinend handelt es sich

SÜDREICH JUDA: USIA (NEKROPOLE IM KIDRONTAL)

um Familiengrüfte. Einige enthielten Bänke, andere dagegen nicht – hier wurden die Toten möglicherweise in Holz- oder Steinsarkophagen beigesetzt.

Die bedeutendsten Monolithgräber der Region sind Absaloms Grab (Farbtafel 6) und das Grab des Zacharias im Kidrontal. Im Dorf Silwan sind vor allem bemerkenswert das sogenannte ›Grab der Pharaonentochter‹ aus dem 7. Jh. v. Z. und das ›Grab des königlichen Verwalters‹.

Das erstgenannte erhebt sich auf dem Gelände der weißrussischen Kirche. Es hat die Form eines Würfels. Der Zugang erfolgt von der Seite, die zur Davidsstadt blickt. Die Decke ist abgeschrägt; die Bank für den Leichnam wurde in byzantinischer Zeit zerstört und durch Ablageflächen ersetzt. Der gleichzeitigen Vergrößerung des Zugangs fiel auch die ursprünglich dort angebrachte althebräische Inschrift zum Opfer. Ein letzter Buchstabe in der linken Ecke oben sowie ein Fragment des vorletzten zeugen heute von ihrer Existenz.

Ursprünglich war der Monolith wohl von einer Pyramide bekrönt – anfangs nahm man an, aus Hausteinen. Für wahrscheinlicher hält David Ussishkin heute einen oberen Abschluß aus Felsgestein, der in byzantinischer Zeit während der Steinbrucharbeiten am Felshang abgetragen wurde.

Das zweite herausragende Monolithgrab liegt an der Hauptstraße des Dorfes und dient heute als Lager. Dieser Monolith war ursprünglich in zwei Kammern eingeteilt, die schon in byzantinischer Zeit in eine einzige umgewandelt wurden. In der ersten Kammer befand sich anscheinend eine Doppelbank für den Würdenträger und seine Frau, in der zweiten ein Einzelgrab für einen Familienangehörigen.

Die althebräische Grabinschrift, 1870 von Clermont-Ganneau entdeckt, befindet sich heute im British Museum in London. Nach der Lesung von Nahman Avigad lautet sie: »Dies / ist die Grabstätte / des . . . jahu, der über das Haus eingesetzt ist. Hier ist kein Silber und Gold, nur / seine Knochen / und die Gebeine seiner Sklavenfrau. Verflucht sei der, der das Grab öffnet!« Möglicherweise ist der Grabinhaber mit jenem Schebna/jahu identisch, von dem es im Buch Jesaja 22,15 und 16 heißt: ». . . diesem Verwalter da, zu Schebna, dem Hausminister, der sich auf der Höhe ein Grab aushauen und in den Felsen eine Kammer meißeln läßt«.

Die Gräber in der Nekropole des Dorfes Silwan sind anderen eisenzeitlichen Grabstätten im Nahen Osten sehr ähnlich. So können die Großformen und bestimmte architektonische Merkmale – Kammern mit gegiebelten oder flachen Decken, Dachabsätze, Totenbänke mit Decksteinen, Inschriften über den Eingängen – nach Ansicht von David Ussishkin mit der zeitgenössischen ägyptischen und phönikischen Architektur in Verbindung gebracht werden. Bemerkenswert ist im übrigen, daß sich die in Jerusalem gefundenen Grabinschriften dieser Zeit stark von jenen im übrigen Juda unterscheiden.

Ungefähr 100 bis 200 Jahre jünger, aber immer noch aus der Zeit vor der Zerstörung des ersten Tempels in Jerusalem, sind zehn Gräber, die der Archäologe Gabriel Barkay von der Universität Tel Aviv 1979 am Hang der Anhöhe gegenüber dem Bahnhof von Jerusalem fand, auf deren Gipfel die schottische St. Andrew's Church steht. Alle Gräber bestehen aus U-förmigen Grabkammern mit Totenbänken an drei Seiten. Unter einer dieser Bänke führt eine Öffnung in die unter dem Bestattungsraum liegende sogenannte ›Knochenkammer‹. Die Überreste der Verstorbenen sowie die Grabbeigaben wurden hierher verlegt, wenn eine der Bänke für eine weitere Bestattung benötigt wurde. Von dieser Praxis rührt wohl der biblische Ausdruck »er legte sich zu seinen Vätern« (unter anderem in 1. Kön. 22,40) her, denn die Knochen der Verstorbenen wurden ja tatsächlich zu jenen der Vorväter gebettet. Diese Form der Beisetzung war ausschließlich in Juda gebräuchlich.

Die Grabkammern am Felshang dürften längst geplündert gewesen sein, als sie rund 1000 Jahre nach ihrer Entstehung schließlich von den Römern wiederverwendet wurden. In einer der Knochenkammern fand Barkay sogar ein Waffenlager aus der Zeit, als das Heilige Land Bestandteil des Osmanischen Reiches war.

Eine Grabkammer, Nr. 25 (Abb. 72), jedoch erwies sich zur freudigen Überraschung der Ausgräber als völlig unberührt. Eine Woche lang arbeiteten die Archäologen fieberhaft fast 20 Stunden am Tag, um die entdeckten Schätze in Sicherheit zu bringen. Die Funde aus der Zeit des ersten Tempels waren für eine Ausgrabung in Israel im allgemeinen und Jerusalem im besonderen einmalig. Unter den mehr als 700 Gegenständen befanden sich Perlen aus Fayence, Bergkristall, Achat, Karneol und anderen Halbedelsteinen, unversehrte Tongefäße wie Öllampen, kleine Parfümfläschchen und Krüge, dazu – eine ganz besonders seltene Entdeckung – 100 Gegenstände aus Silber, darunter Ohrringe, und schließlich ein für die Bibelarchäologie bisher einmaliger Fund: zwei kleine beschriftete Amulette aus reinem Silber. Fachleuten vom Israel-

72 Jerusalem. Boden von Grab Nr. 25. Ende 7. oder Anfang 6. Jh. v. Z.

SÜDREICH JUDA: HISKIA (JERUSALEM)

Museum in Jerusalem gelang es mit Hilfe einer eigens für diesen Zweck entwickelten Methode, die kleinen, in zusammengewickeltem Zustand knapp 3 cm breiten Amulette zu entrollen. Nach dem Aufrollen maß das eine 97×27cm, das andere 39×11cm. Beide waren so aufgewickelt, daß ihr Besitzer sie an einer Kette oder Schnur um den Hals tragen konnte. Die Inschrift, die nun zum Vorschein kam, stellte alle anderen Funde in den Schatten: Die vier althebräischen Buchstaben lauteten *JHWH,* in Langschrift *Jehovah* oder *Jahweh* – der hebräische Name des Einen Gottes, der von Juden niemals ausgesprochen wird. Zwar erwähnt die Bibel den göttlichen Namen mehr als 6800mal, aber nie zuvor ist er bei einer Ausgrabung in Jerusalem, der Stadt des Herrn, aufgetaucht. Inzwischen wurde der Text der Amulette, soweit dies anhand der noch lesbaren Fragmente möglich war, vollständig entziffert. Es handelt sich um einen typischen Amulettext, der seinen Träger vor aller Unbill schützen sollte.

Allem Anschein nach war das Tragen von Amuletten zur Zeit des ersten Tempels ein weitverbreiteter Brauch, und offenbar bedeuteten derlei apotropäische Hilfsmittel ihren Besitzern so viel, daß sie sie noch ins Grab mitnahmen. Der Fund wirft im übrigen neues Licht auf die religiösen Bräuche jener Tage, denn auf Metallstreifen geschriebene Verse, die um den Hals getragen als Amulett dienten, waren bisher erst aus hellenistischer, römischer und byzantinischer Zeit bekannt.

Ferner läßt in diesem Bereich Jerusalems gefundene Tonware – sie stammt aus der Zeit nach der Zerstörung des ersten Tempels durch Nebukadnezar (586 v. Z.), als die Oberschicht von Juda in die Gefangenschaft nach Babylon geführt wurde – darauf schließen, daß weiterhin Menschen in der Stadt des Einen Gottes lebten oder hierher kamen, um ihre Toten zu bestatten.

Doch von den Toten Jerusalems zurück zu den historischen Stätten. Usias Sohn Jotham (758–743 v. Z.) setzte der Bibel zufolge die Bautätigkeit seines Vaters fort (2. Chron. 27, 3+4); archäologische Beweise hierfür stehen allerdings bis heute noch aus. Unter Jothams Sohn Ahas (742–725 v. Z.) geriet das Königreich Juda unter immer stärkeren Druck; es mehrten sich die Angriffe aus den Reichen Aram und Israel wie auch der Edomiter und Philister. In seiner Verzweiflung wandte sich Ahas sogar an den König von Assyrien, aber: »Er kam ihm nicht zu Hilfe« (2. Chron. 28,21), obwohl er aus Juda reiche Geschenke erhalten hatte.

Erst Ahas' Sohn Hiskia, der im Jahr 725 v. Z. den Thron bestieg (gest. 697 v. Z.), fand wieder Gnade vor dem Einen Gott, denn: »Er tat, was in den Augen des Herrn recht war« (2. Chron. 29,2). Der historische Hintergrund: Der assyrische König Sargon II. bemühte sich zu Beginn von Hiskias Regierungszeit darum, ein System friedlicher internationaler Handelsbeziehungen unter assyrischer Vorherrschaft ins Leben zu rufen.

In dieser Zeit dürfte Jerusalem die engen Grenzen der Davidstadt gesprengt und sich zum Westhügel hin ausgedehnt haben. Aufgrund der starken Zuwanderung israelitischer Flüchtlinge aus der assyrischen Provinz Samaria, dem ehemaligen Königreich Israel, das Sargon II. im Jahr 721 v. Z. seinem Reich eingegliedert hatte (vgl. S. 37), war Judas Wohlstand offenbar gewachsen.

Belege für die Ausbreitung Jerusalems auf den Hügel westlich von Davidstadt und Tempelberg bereits zur Zeit des ersten Tempels (Abb. 73 a) fand Nahmann Avigad, als er 1969 seine Ausgrabungen in dem bis 1967 für israelische Archäologen unzugänglichen Jüdischen Viertel der

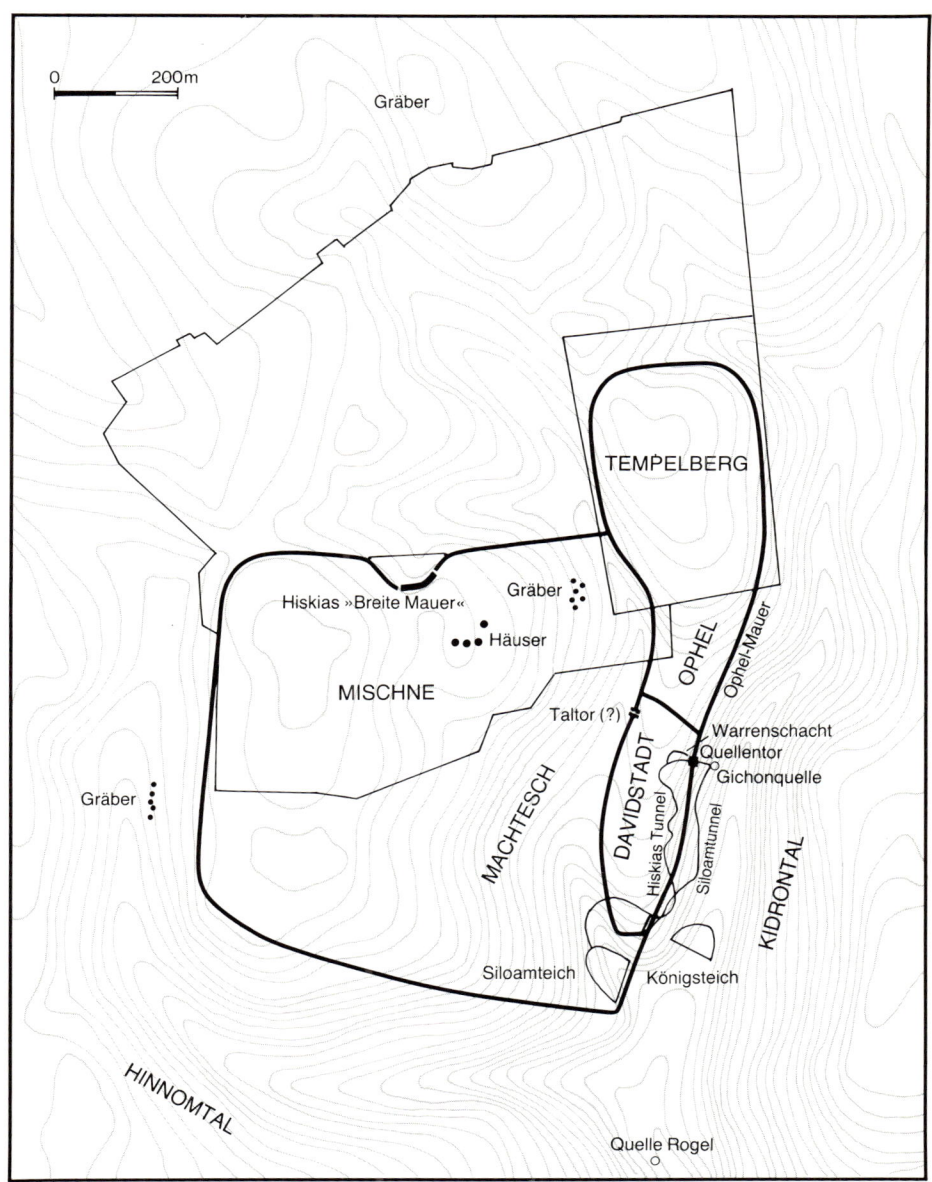

73a   Jerusalem. Stadtplan mit Westhügel im 8. Jh. v. Z.

SÜDREICH JUDA: HISKIA (JERUSALEM)

Jerusalemer Altstadt aufnahm. Was anfangs wie ein gepflasterter Platz aussah, erwies sich in späteren Grabungskampagnen als das Fundament einer fast 7 m breiten Stadtmauer – eine kaum zu überschätzende Entdeckung der israelischen Archäologie. Die Mauer zog sich ungefähr 275 m westlich der West- (auch: Klage-)Mauer des Tempelbergs hin. Avigad legte ein Teilstück von fast 65 m frei, wovon 45 m auf einer nord-südlichen Achse verlaufen, mit einer leichten südwestlichen Abweichung. Bei der heutigen Straße Pelugat Hakotel biegt die Mauer dann nach Westen ab und zieht sich zur Straße Jewish Quarter hin. Ihr weiterer westlicher Verlauf kann nicht mehr festgestellt werden, da sie an dieser Stelle im 6. Jh. n. Z. dem byzantinischen *Cardo maximus*, der damaligen Prachtstraße Jerusalems, weichen mußte. Von Hiskias **»Breiter Mauer«** (Abb. 73 b) haben sich zwischen zwei und sieben Steinlagen bis zu einer Höhe von 3,30 m erhalten. Ihre Außenseite bestand aus großen Blöcken, die ohne Mörtel zusammengefügt worden waren; Ritzen wurden mit kleinen Steinen geschlossen. Den Kern der Mauer bildete eine Füllung von Steinen unterschiedlicher Größe.

Die Ansicht der Ausgräber, daß sich die »Breite Mauer«, den topographischen Gegebenheiten folgend, einst in nördlicher Richtung nahe der Kettenstraße, dann entlang dem quer verlaufenden Tal nach Osten hinzog, konnte nicht bestätigt werden, da ein Grab aus osmanischer Zeit

73 b Jerusalem. Hiskias ›Breite Mauer‹. 8. Jh. v. Z.

es nicht erlaubte, die mutmaßliche Biegung nach Osten zu sondieren. Statt dessen wandten sich die Archäologen einer weiter im Westen gelegenen Stelle zu, an der kurz zuvor ein Haus abgebrochen worden war. Man hoffte, hier auf die nördlichen Verteidigungsanlagen Jerusalems aus hasmonäischer Zeit (2./1. Jh. v. Z.) zu stoßen (vgl. S. 177).

In einer Tiefe von 15 m wurde dabei die Außenecke einer wuchtigen Struktur freigelegt, die im Verlauf der Grabungen von 1980 12 m weit in westlicher Richtung verfolgt werden konnte. Dort endete sie unvermittelt. Allem Anschein nach handelte es sich um eine Befestigung, möglicherweise einen Turm, der an dieser Stelle aus der Mauer hervorsprang. Seine bis zu 4 m dicken Mauern waren aus großen, unbehauenen Steinen gefügt, ähnlich jenen der »Breiten Mauer«; den Ecken verliehen besonders große, zudem sorgfältig bearbeitete und in Läufer-Binder-Technik geschichtete Steine zusätzliche Stabilität. Vor der Nordwand des Turms bestand der Boden aus gestampfter Erde. An seinem Fuß fand man verkohltes Holz, Asche und Ruß sowie vier Pfeilspitzen aus Eisen und eine aus Bronze. Eiserne Pfeilspitzen waren bei den Israeliten, bronzene dagegen bei ausländischen Söldnern vom ausgehenden 7. Jh. v. Z. bis zur persischen Zeit (598–332 v. Z.) in Gebrauch. Diese Funde, die ersten ihrer Art, sind nach Ansicht von Avigad als Zeugnisse der Belagerung und Eroberung Jerusalems durch den babylonischen König Nebukadnezar II. um 587/586 v. Z. zu werten.

Daß die Ansiedlung auf dem Westhügel anfangs unbefestigt war, beweist die Tatsache, daß die »Breite Mauer« zum Teil über den Ruinen älterer israelitischer Häuser errichtet wurde. Dies bestätigt Jesajas Rüge (Jes. 22,10): »Ihr zählt die Häuser Jerusalems und reißt die Häuser nieder, um die Mauern zu verstärken«.

Hiskia (725–697 v. Z.) sah sich zum Bau neuer Verteidigungsanlagen und zur Verstärkung bestehender Mauern in Jerusalem und anderen Orten seines Königreiches gezwungen, als mit der Thronbesteigung Sanheribs (704–681 v. Z.), des Sohnes Sargons II., das friedliche Zwischenspiel mit Assyrien endete und von einer aggressiven Außenpolitik des Großreiches abgelöst wurde. Dem entspricht der Bericht der Bibel: ». . . kam Sanherib, der König von Assur. Er rückte in Juda ein, belagerte die festen Städte und gab Befehl, sie zu erobern« (2. Chron. 32,1).

Schon vorher hatte Hiskia vorsorglich nicht nur die »Breite Mauer« um das neue Stadtviertel Jerusalems auf dem Westhügel und den erwähnten wuchtigen Turm erbaut, sondern angesichts der aus dem Norden drohenden Gefahr auch **Jerusalems Wasserversorgung** gesichert, indem er durch einen in den Fels gehauenen unterirdischen Kanal die schon beschriebene Gichonquelle mit einer Zisterne, dem **Siloamteich,** verband, den eine gleichfalls von ihm errichtete neue Stadtmauer schützte. Auch die Bibel berichtet – ausnahmsweise – vom Bau des Teiches und des Kanals: »Derselbe Hiskia verstopfte den obern Ausfluß der Wasser des Gichon und leitete sie zum Westen der Stadt Davids hinab« (2. Chron. 32,30).

Die Entfernung von der Quelle zum Teich beträgt zwar nur 320 m in Luftlinie, wegen der Bodenverhältnisse beschreibt der Tunnel jedoch zahlreiche Windungen, so daß seine wirkliche Länge heute 533 m beträgt; nach Ansicht einer ganzen Reihe von Gelehrten war er in der Vergangenheit sogar noch länger (Abb. 74 a und b). Eine Felsinschrift in der Nähe des Auslasses zum Siloamteich belegt, daß der Tunnel von beiden Enden aus vorgetrieben wurde: »Die

SÜDREICH JUDA: HISKIA (JERUSALEM)

74a Jerusalem. Siloamteich heute

74b Jerusalem. Siloamteich zur Zeit von Herodes. 2. Jh. v. – 1. Jh. n. Z. Nachbildung

Steinhauer schlugen auf den Felsen ein, jeder gegenüber seinem Arbeitskameraden, Spitzhacke gegen Spitzhacke, und das Wasser begann, von der Quelle in Richtung auf den Teich hin zu fließen.« Der Amerikaner Edward Robinson untersuchte den Tunnel 1838 in seiner ganzen Länge. Die Inschrift wurde 1880 von einem arabischen Jungen entdeckt, der an einem heißen Sommertag im kühlen Siloamteich badete; heute befindet sie sich im Archäologischen Museum von Istanbul, Türkei.

Um die Datierung ihrer Funde aus dieser für die israelitische Geschichte kritischen Zeit zu sichern, drangen die Ausgräber in der westlichen Stadterweiterung Jerusalems bis auf den gewachsenen Fels vor. Direkt über dem Steingrund findet sich Erde in einem frischen roten Farbton, sogenannte *Terra rosa*. Im Laufe der Ausgrabungen stellte sich heraus, daß dies die unberührte Erde der Gegend von Jerusalem ist, das typische Bodensubstrat unter der ältesten israelitischen Siedlungsschicht (8.–7. Jh. v. Z.) auf dem Westhügel.

In späteren Bauphasen, vor allem zur Zeit des zweiten Tempels, wurde diese Erde an vielen Stellen bis zum natürlichen Fels abgetragen. Deshalb stießen die Archäologen nur auf spärliche Reste von Häusern und Kleinobjekten aus der Zeit vor der Zerstörung Jerusalems durch die Babylonier um 587/586 v. Z., doch reichen die Tonscherbenfunde aus, um Bauzeit und Lebensdauer eines Hauses oder anderer architektonischer Hinterlassenschaften, in deren unmittelbarer Nähe sie ausgegraben werden, zu bestimmen.

Die für Juda typischen Tonscherben des 8. und 7. Jh.s v. Z. wurden in großer Anzahl gefunden (vollständig erhaltene Gefäße waren erheblich seltener); sie stammen von damals gebräuchlichen Haushaltsgeräten wie Schalen, Mischkrügen, sogenannten Kratern, großen und kleinen Krügen, Kochtöpfen und Vorratsgefäßen, besitzen häufig einen roten, als Schlicker bezeichneten Überzug und sind außen ganz oder auch nur in Streifen poliert.

Ebenso typisch für diesen Zeitraum sind die zahlreichen Tierfigürchen, oft Pferde, die als Spielzeug identifiziert worden sind, und die bereits erwähnten Fruchtbarkeitsidole, ein Überbleibsel aus kanaanäischer Zeit, das die Israeliten trotz des strengen Bilderverbots der Bibel übernahmen.

Schriftfunde aus der Zeit des ersten Tempels sind selten, denn das zumeist verwendete Schreibmaterial – Papyrus – hatte keinen Bestand. Dauerhafter waren dagegen als Schreibgrund benutzte Tonscherben, sogenannte *Ostraka*, von denen zwei gefunden wurden. Eine stammt von einem Vorratskrug; die drei lesbaren Schriftzeilen lassen darauf schließen, daß er als Tempelgabe bestimmt war. Das zweite Ostrakon hält anscheinend das Ergebnis einer offiziellen Inspektion fest. Die erste Tonscherbe wurde aufgrund des Schriftbilds auf das späte 8. oder frühe 7. Jh. v. Z., die zweite auf Ende des 7. oder Beginn des 6. Jh.s v. Z. datiert.

Häufiger haben sich königliche Siegelabdrücke auf Vorratskrügen erhalten. Sie tragen die althebräischen Buchstaben für *la-Melech*, d. h. »für den König«, sowie den Namen einer der drei Städte Hebron, Siph oder Soko oder aber den Schriftzug *mmscht*, dessen Sinn noch nicht geklärt werden konnte. Möglicherweise bedeutet er soviel wie »des Staates«. Dem Schriftzug ist stets ein Skarabäus mit vier Flügeln oder eine stilisierte Sonnenscheibe mit zwei Flügeln beigefügt. Die ersten derartigen Siegelabdrücke (Abb. 75) datieren aus dem ausgehenden 8. Jh. v. Z., aus der Zeit

SÜDREICH JUDA: MANASSE/JOSIA (JERUSALEM)

75 Siegelabdruck mit der althebräischen Inschrift la-Melech, *»für den König«. 7. Jh. v. Z.*

König Hiskias also. Im 7. Jh. v. Z., möglicherweise unter König Josia (639–609 v. Z.), wurden sie dann durch eine stilisierte Rosette ersetzt.

Ähnliche Funde (Farbtafel 7) haben S. N. Johns und anschließend Ruth Amiran und A. Eitan im Hof der Jerusalemer Zitadelle, Kathleen Kenyon und A. D. Tushingham im Armenischen Garten und M. Broshi auf dem Zionsberg gemacht.

Nach biblischem Bericht zerstörte Hiskias Sohn Manasse das Werk seines Vaters: »Er tat, was in den Augen des Herrn böse war ... Er baute Höhen wieder auf, die sein Vater Hiskia zerstört hatte ... Er selber ließ auch seine Söhne im Tal der Söhne Hinnoms durchs Feuer gehen« (2. Chron. 33, 2–6).

Beweise dafür, daß Manasse seine Söhne opferte, wurden auf israelischem Boden bisher nicht gefunden; Ausgrabungen in der phönikischen Kolonie Karthago haben jedoch die zahlreichen Berichte jener Zeit über Menschenopfer bestätigt. Unter dem dortigen Tempel des Molech fanden die Ausgräber eine Bodenschicht mit Urnen, die die Überreste verbrannter Kinder enthielten; die meisten dieser Kinder waren zum Zeitpunkt ihres Todes noch keine zwei Jahre alt. Erst Manasses Enkel untersagte die Kinderopfer für den phönikischen Gott Molech, die während Manasses Regierungszeit im Hinnomtal an dem als *Tophet* (Platz des Verbrennens) bezeichneten Ort im Süden Jerusalems stattfanden.

Die »Höhen«, die Hiskia abschaffte und die sein Sohn Manasse wieder aufbaute, waren usprünglich kanaanäische Kultstätten, die die Israeliten übernahmen. Im allgemeinen handelte es sich um offene Plätze, auf denen *Massebot,* heilige Steinsäulen, und *Ascherim,* heilige Bäume, standen. Jede dieser Höhen besaß einen Altar, entweder aus Erde oder Steinen aufgeschichtet. Die Steine blieben unbehauen, denn sobald sie mit Eisen in Berührung kamen, galten sie als unrein. Die meisten dieser Altäre muß man sich als einfache große Würfel vorstellen, ähnlich dem Bronzealtar in Salomos Tempel, es gab jedoch auch stufenförmige Anlagen, beispielsweise auf dem Berg Ebal (vgl. S. 65ff.), oder solche mit Hörnern wie in Dan (vgl. S. 112ff.) und Beerscheba (vgl. S. 110).

Manasses Sohn Amon (640–639 v. Z.) lebte – so berichtet uns die Bibel – noch gottloser als sein Vater und fand schließlich einen gewaltsamen Tod. Sein Sohn Josia (639–609 v. Z.) war der letzte große König, der den Israeliten vor dem Untergang ihres Königreiches knapp 36 Jahre später erstehen sollte. Begünstigt wurde die Blütezeit unter Josia durch den Zerfall des Assyrischen Reiches Ende des 7. Jh.s v. Z. Der Bibel zufolge »fing er an, Juda und Jerusalem von den Höhen und heiligen Pfählen, von den Schnitz- und Grabbildern zu reinigen ... die Gebeine der Priester verbrannte er auf ihren Altären« (2. Chron. 34,3 + 5). Mit diesem Akt waren die Heiligtümer in Dan und Beth El unrein geworden, die Opferstätte auf der Höhe von Beerscheba wurde gleichfalls aufgegeben, so daß sich Gottesdienst und Kult fortan ausschließlich auf Jerusalem konzentrierten. Ausschlaggebend für diese Reform war, daß nach biblischer Überlieferung die Priester des Tempels in Jerusalem unter Josia in einer entlegenen Nische des Heiligtums eine Schriftrolle fanden, die das 5. Buch Mose oder – wie die Juden sagen – die Bundesrolle enthielt (2. Chron. 34, 14–21). In einer feierlichen Versammlung wurde sie vor den Einwohnern Jerusalems, den Priestern und Leviten sowie den Ältesten Judas und Jerusalems verlesen.

König Josia war es allem Anschein nach auch, der als erster die Bedeutung der Oase **En Gedi** am Westufer des Toten Meeres erkannte. In älterer Zeit war schon David vor Saul zu den »Berghöhen von Engedi« geflohen (1. Sam. 24,1), und eben hier kam es auch zur Schlacht der Moabiter und Ammoniter gegen Josaphat von Juda (872–852 v. Z.): »Sie stehen in Hazazon-Tamar, das ist Ein-Gedi« (2. Chron. 20,2).

In En Gedi wurde 1961/62 und 1964 von den israelischen Archäologen B. Mazar und I. Dunayevski gegraben und ermittelt, daß die Ortschaft in josianischer Zeit nicht sehr bedeutend gewesen sein kann, für eine größere Einwohnerschaft gab es auf dem beschränkten Areal des Tells (Tell e-Dschurn) keinen Platz. Man fand grob gearbeitete Vorratskrüge und andere Tonware sowie eine Reihe von Gebrauchsgegenständen aus Metall. Nach Ansicht der Ausgräber lassen die Häuser, aus denen die Vorratskrüge geborgen wurden, auf eine blühende Parfümindustrie in En Gedi schließen. Auch eine Reihe von hebräischen Siegeln und beschrifteten Gewichten datiert aus der Zeit König Josias. Zerstört und vorübergehend aufgegeben wurde der Ort um das Jahr 582 v. Z., im Gefolge der babylonischen Invasion also. Später, in persischer, herodianischer, römischer und byzantinischer Zeit, war die Oase von En Gedi erneut besiedelt.

Josia kam ums Leben, als er sich 609 v. Z. Pharao Necho bei Megiddo in den Weg stellte, der nach Karchemisch am Euphrat aufgebrochen war, um dort das unter dem Ansturm der Babylonier zusammenbrechende Assyrische Reich zu verteidigen.

In den folgenden 20 Jahren lösten sich die Herrscher Judas in schneller Reihenfolge ab. Aufschluß über das Leben der Israeliten während der letzten Jahre des Königreiches Juda geben unter anderem die zahlreichen Funde, die der israelische Archäologe Yigal Shiloh bei seinen Ausgrabungen in der Davidstadt gemacht hat. Das Wohnviertel der Oberschicht befand sich in der **Jerusalemer Oberstadt,** d. h. auf dem Hügel westlich des Tempelbergs. Wohlhabende Familien wohnten hier in zweigeschossigen Häusern vom Vierzimmertyp, die einen Hof umschlossen, in dem die Haustiere gehalten wurden. Im Hof befand sich auch die Küche, die nur zur Hälfte überdacht war, damit der Rauch des Feuers abziehen konnte. Eine kleine Kammer, deren Boden mit Kalkestrich verputzt war und die ebenfalls vom Hof aus betreten wurde, stand für Waschvorrichtungen – in der Regel nicht mehr als eine Schüssel – und die Toilette – der wohl älteste israelitische Toilettensitz aus weißem Stein wurde in einem der Häuser gefunden – bereit. Ebenfalls im Erdgeschoß befanden sich die Lagerräume mit Mahlsteinen und

SÜDREICH JUDA: JOJAKIM (JERUSALEM)

Vorratskrügen für Olivenöl, Wein und Getreide. In den Wohnräumen im zweiten Stock lebte man im 7. und 6. Jh. v. Z. durchaus stilvoll: In den Überresten eines bei der babylonischen Eroberung (587/86 v. Z.) abgebrannten Hauses fanden die Archäologen verkohlte Stücke fein geschnitzten Holzes sowie Elfenbeinfragmente, beides Reste wertvoller Möbelstücke. Daneben lieferten die Grabungen auch Beweise für einen regen Importhandel, der Myrrhe, Weihrauch und Gold aus Arabien sowie Alabaster aus Ägypten nach Juda brachte.

Sehr viel bescheidener nahmen sich dagegen die Behausungen des einfachen Volkes aus, das auf den beengten Terrassen an der Ostseite der Unterstadt Jerusalems lebte. Hier bestanden die Wände der Häuser aus rauhem Mauerwerk, die Zimmer waren klein, ihre Böden mit Kalkestrich gedeckt. Möglicherweise hat man ursprünglich auch die Wände in dieser Weise verputzt. In einem Zimmer wurde ein Ofen gefunden, in den Ruinen eines zweiten insgesamt 34 Gewichte; letzteres dürfte demnach das Heim eines Händlers gewesen sein. Ähnlich bescheidene Behausungen aus der Zeit der Könige wurden in allen Städten Judas entdeckt.

Daß die Bibel nicht zu Unrecht tadelt: »Alle Priesterfürsten und das Volk verübten viele Treulosigkeiten nach Art der Greuel der Heiden« (2. Chron. 36,14), ergaben Funde von Schweineknochen und Gräten des ebenfalls nicht koscheren Katzenfisches. Zudem griffen die Israeliten auch nach Josias religiöser Reform wieder auf die ihnen so werten Kulthöhen und Fruchtbarkeitsidole zurück.

Einen Beweis für solche ganz und gar unisraelitischen Bräuche lieferte ein Fund, den die britische Archäologin Kathleen Kenyon bei ihren Ausgrabungen 1963 bis 1966 knapp 300 m von der südlichen Grenze des Tempelbergs entfernt machte: ein Kultzentrum mit zwei noch aufrecht stehende *Massebot*, heiligen Steinsäulen, dem Fundament eines Altars und einer großen Anzahl fast unversehrter Tongefäße in einer Nische im Fels.

51 **Tonsiegel**, auf die wiederum Shiloh in der Davidstadt stieß, zeugen von einer entwickelten Bürokratie am Ende des Königreiches Juda: Auf zahlreichen stehen Namen, die auch aus der Bibel bekannt sind, so »Gemarjahu, des Sohnes Schaphans« (Jer. 36,11), der unter König Jojachim (598 v. Z.) Schreiber war. Eine der genannten Personen wird als *ha-Rofe* bezeichnet, was nach Ansicht des Epigraphikers Joseph Naveh von der Hebräischen Universität in Jerusalem ›Heiler‹ bedeutet. Daneben tauchen auf den Siegeln aber auch bisher unbekannte Namen wie Resajahu oder Efroach ben-Ahijahu auf. Das Gebäude, in dem Shiloh die Siegel entdeckte, diente möglicherweise als königliche Kanzlei. Funde ganz anderer Art, Pfeilspitzen aus Bronze und Eisen, erinnern an das Schicksal des Gebäudes.

Offenbar gab es schon zur Zeit des ersten Tempels unehrliche Händler, denn Shiloh fand bei den Ausgrabungen auch einen Satz steinerner Schekelgewichte, die bedeutend leichter waren, als sie normalerweise sein müßten (ein Schekel wiegt 11,4 g).

Trotz der Bedrohung seines Königreichs ließ König Jojakim (609–598 v. Z.) einen aufwendigen Palast für sich bauen, den der israelische Archäologe Yohanan Aharoni bei Grabungen in **Ramat Rachel** im Süden Jerusalems freilegte. Es ist bisher der einzige Palast eines judäischen Königs aus der Zeit des ersten Tempels. Jojakim hatte für den Bau des Palastes keine Ausgaben gescheut. Die Mauern bestanden aus sorgfältig behauenen Quadern – ähnlich denen des Ahab-

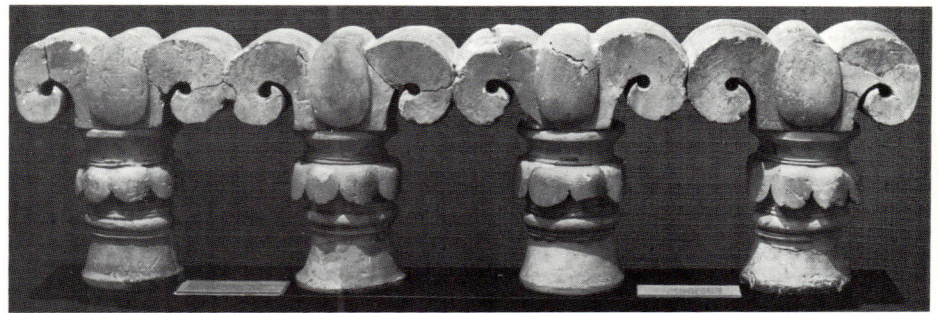

76 Ramat Rachel. Balustrade aus Jojakims (?) Palast. 7. Jh. v. Z. Rekonstruktion

Palasts in Samaria (Abb. 76); zahllose protoäolische Kapitelle trugen anscheinend ein Dach aus Zedernholz.

Eine von zwei bemalten Tonscherben aus den Trümmern des Palastes (Abb. 77) zeigt das Bildnis eines Königs, möglicherweise Jojakim selbst. Es ist das einzige Bildnis dieser Art, das bisher bei Ausgrabungen in Israel zutage kam. Die Darstellung zeigt einen Mann auf einem hohen, verzierten Stuhl oder Streitwagen. In strengem Profil wiedergegeben, ist er durch einen langen, vorspringenden Bart, wallendes Lockenhaar, eine ausgeprägte Nase und einen Mund, der leicht zum Lächeln geöffnet ist, gekennzeichnet. Das sichtbare Auge ist groß. Beide Hände sind nach vorn gestreckt, die Rechte über der Linken. Der Mann trägt ein bodenlanges Gewand mit Zierstreifen und kurzen Ärmeln, die die deutlich hervortretenden Armmuskeln freilassen.

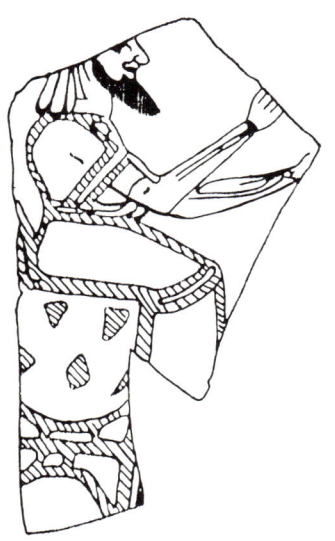

Aharoni datiert die Scherbe aufgrund der Fundsituation im Palast auf das ausgehende 7. Jh. v. Z. Seiner Ansicht nach ist die Darstellung ein Produkt neuassyrischen Einflusses mit geringen Andeutungen einer Abhängigkeit auch vom syrisch-judäischen Kulturraum. Andere Gelehrte halten Charakter, Form und Ausführung des Bildes für typisch griechisch.

Im Jahr 598 v. Z. erhob sich Juda gegen den babylonischen Herrscher Nebukadnezar II. (605–562 v. Z.). Wahrscheinlich hatte Jojakim den Aufstand noch kurz vor seinem Tode entfacht, die Verantwortung mußte jedoch sein Sohn Jojachim nach nur dreimonatiger Regierungszeit übernehmen. Jerusalem fiel dem Chaldäer in die Hände, und der König wurde zusammen mit einem Teil der Bevölkerung in die babylonische

77 Ramat Rachel. Bemalte Tonscherbe mit dem Bild eines Königs. 7.–6. Jh. v. Z.

SÜDREICH JUDA: EROBERUNG LACHIS' DURCH SANHERIB

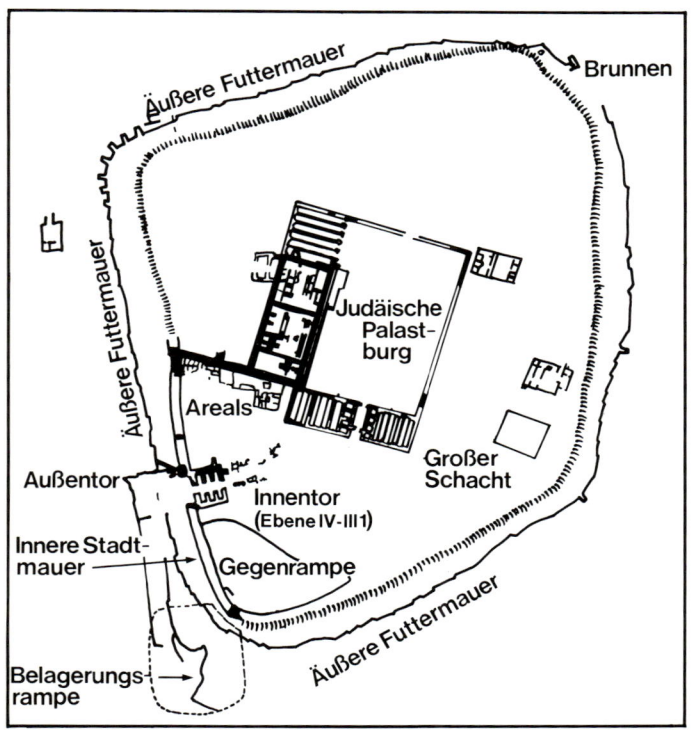

78 Tel Lachis. Plan der Stadt im 8. Jh. v. Z.

Gefangenschaft geführt. An Jojachims Stelle setzte Nebukadnezar dessen Onkel Zedekia (598–586 v. Z.) als König ein. Aber auch dieser lehnte sich gegen die fremde Großmacht auf. Zwei Jahre lang belagerte das babylonische Heer erneut Jerusalem, das im Jahr 586 v. Z. (oder 587 v. Z., die Differenz rührt vom hebräischen Kalender her) ein zweites Mal eingenommen wurde. Diesmal wurde die Stadt unbarmherzig geplündert und schließlich mitsamt dem Tempel niedergebrannt. Wer von den Einwohnern das erste Morden überlebt hatte, mußte jetzt ebenfalls in die Gefangenschaft nach Babylonien (2. Chron. 36, 17–20).

Eine Darstellung der Belagerung und Einnahme einer israelitischen Stadt verdankt die Nachwelt jedoch nicht dem Babylonier Nebukadnezar, sondern dem assyrischen König Sanherib, der 115 Jahre zuvor (701 v. Z.) Jerusalem vergeblich belagert hatte. Statt des ihm versagten Triumphes vor Jerusalem stellte er die Eroberung der Stadt **Lachis** in den Mittelpunkt der Reliefs, die seinen Feldzug gegen Juda verherrlichen (vgl. S. 39 ff.).

Tel Lachis (Abb. 78), arabisch Tell ed-Duweir, liegt im Vorgebirge zwischen dem Judäischen Bergland im Osten und der Küstenebene im Westen. Zu allen Seiten hin ist der Tell von tiefen Tälern umgeben, nur an seiner südwestlichen Ecke verbindet ihn ein Sattel mit einer angrenzenden Höhe (Abb. 79). Seine quadratische Form und die abgesteilten Hänge hat der Siedlungshügel wohl in der zweiten Hälfte des 2. Jt.s v. Z. erhalten. Das Areal auf dem Gipfel des Tells mißt fast 73 000 m² (Abb. 80).

Petrie hielt im vergangenen Jahrhundert fälschlich den Tell el-Hesi für das alte Lachis, 1929 identifizierte W. F. Albright dann den Tell ed-Duweir mit der fraglichen Siedlung. Seine These wurde durch die späteren Untersuchungen bestätigt. Im Jahre 1932 leitete J. L. Starkey systematische Grabungen ein, doch kam seine Arbeit 1938 jäh zum Ende, als er auf dem Weg von Lachis nach Jerusalem von arabischen Straßenräubern ermordet wurde. 1966 und 1968 führte Yohanan Aharoni erneut Grabungen auf dem Tell durch, die 1973 vom Institut für Archäologie der Universität Tel Aviv unter David Ussishkin fortgesetzt wurden.

Starkey hatte sich bei seiner Arbeit im wesentlichen auf antike Friedhöfe und Siedlungen außerhalb der Stadtmauern konzentriert. Er untersuchte dabei planmäßig die Täler und Anhöhen der Umgebung. An der nordwestlichen Ecke des Tells entdeckte er den sogenannten »Grabentempel« aus der Jüngeren Bronzezeit (1500–1200 v. Z.). Yohanan Aharoni grub hauptsächlich im Bereich des ›Sonnenheiligtums‹ im östlichen Teil des Tells. Ussishkin wiederum widmete sich vor allem der judäischen Palastburg und dem monumentalen kanaanäischen Gebäude in der darunterliegenden Siedlungsschicht, dem judäischen Stadttor und seiner unmittelbaren Umgebung sowie dem westlichen Teil des Tells.

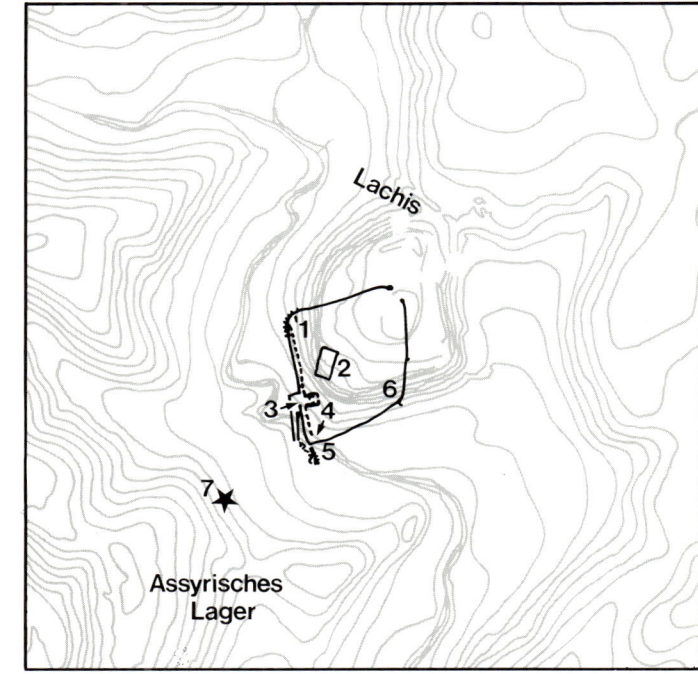

79 Tel Lachis. Lageplan
1 Nordwestliche Ecke der Erhebung
2 Judäischer befestigter Palast
3 Äußeres Stadttor
4 Südwestliche Ecke der Erhebung
5 Belagerungsrampe
6 Südöstliche Ecke der Erhebung
7 Möglicher Standort des Künstlers, der das Relief ausführte

SÜDREICH JUDA: EROBERUNG LACHIS' DURCH SANHERIB

80   Tel Lachis. Luftaufnahme

Starkey und Ussishkin fanden nicht nur in einer, sondern gleich in zwei Schichten Spuren einer Zerstörung der Stadt. Auch die Bibel berichtet ja von zwei großen Feldzügen gegen Juda, den eines assyrischen (701 v. Z.) und den eines babylonischen Herrschers (587/86 v. Z.): »Und es geschah im 14. Jahr des Königs Hiskia, daß Sanherib, der König von Assyrien, gegen die befestigten Städte Judas heraufzog und sie einnahm« (2. Kön. 18,13). Bevor Sanherib sich Jerusalem zuwandte, nahm er offenbar Lachis ein, denn schon im nächsten Vers der Bibel heißt es: »Da sandte Hiskia, der König von Juda, an den König von Assyrien, nach Lachis . . .« (2. Kön. 18,14).

Knapp 115 Jahre später stand der König von Babylonien, Nebukadnezar II., vor den Toren Jerusalems und Lachis': »Während das Heer von Babel Jerusalem belagerte samt allen noch übrigen Städten Judas, nämlich Lachis und Aseka; denn diese hielten sich allein als befestigte Städte unter denen in Juda« (Jer. 34,7).

Von der Eroberung Lachis' durch den assyrischen König sprechen die Reliefs, die einen Saal im Palast Sanheribs in seiner neuen Residenzstadt Ninive schmückten. Sie wurden 1849 von dem Engländer Austen Henry Layard während seiner zweiten Expedition nach Kujundschuk (dies der moderne Name des Ortes) freigelegt und zeigen uns die Israeliten dieser Zeit. Es ist die einzige frühe Darstellung dieser Art, denn im Gegensatz zu anderen Völkern fertigten die Israeliten eingedenk des strengen biblischen Verbots keine Bilder ihrer selbst oder gar ihres Gottes an. Auf den Reliefs von Ninive (heute im British Museum, London) sieht man die angreifenden assyrischen Soldaten mit ihren runden Schilden und Speeren sowie die gefürchteten Bogenschützen, weiter die Verteidigungsanlagen von Lachis und die assyrischen Rammböcke vor dem Stadttor (Abb. 81a); dann die Israeliten, die zum Teil getötet und zum Teil in Gefangenschaft geführt werden (Abb. 81b); schließlich Sanherib auf seinem Thron und das assyrische Lager.

Nach Ansicht Ussishkins errichteten die Assyrer ihr Lager auf der kleinen Anhöhe, die über einen Sattel mit dem Tell verbunden ist – dort, wo heute der moderne Moschaw Lachis liegt (Abb. 82). Vom Fuß des Tells führten die Assyrer eine Belagerungsrampe aus Geröll bis zum Stadttor hinauf; die Steine der obersten Schicht waren mit hartem Zement gebunden. Der Fuß der Rampe, die sich nach oben verengte, war ca. 55–60 m breit, ihre Höhe schätzt Ussishkin auf ungefähr 16 m, ihren Neigungswinkel auf 30°. Am Fuß fanden die Ausgräber Ascheschichten und verkohltes Holz. Auch die Bibel erwähnt die assyrischen Belagerungsrampen (2. Kön. 19,32 und Jes. 37,33), und sollte es sich bei der Anlage in Lachis tatsächlich um ein Werk Sanheribs handeln, wäre diese Rampe das älteste bisher bekannte Beispiel im Nahen Osten. Gesichert jedoch ist diese Annahme nicht; ebensogut kann die Rampe von den militärischen Aktivitäten des Babyloniers Nebukadnezar II. 115 Jahre später herrühren.

81a Ninive. Relieftafel aus Sanheribs Palast. Sturm der assyrischen Soldaten auf Lachis. 8. Jh. v. Z.

SÜDREICH JUDA: EROBERUNG LACHIS' DURCH SANHERIB

81b Ninive. Relieftafel aus Sanheribs Palast. Fortführung israelitischer Gefangener und ihre Folterung. 8. Jh. v. Z.

82 Tel Lachis. Die Stadt, vom Fuß des Tells aus gesehen

Das Stadttor der Siedlungsschicht III, das Sanherib mit allen ihm zur Verfügung stehenden Mitteln berannte, lag auf der westlichen Seite des Tells, wo auch schon die Kanaanäer ein Tor errichtet hatten. Eine breite Straße führte vom Tal zu dieser Stelle der Befestigung. Die Anlage bestand aus einem Außen- und einem Innentor, dazwischen erstreckte sich ein gepflasterter Hof. Auf die Freilegung des Außentors mußten die Archäologen verzichten, denn es wird von den Resten eines jüngeren – ebenfalls judäischen – Tors der Schicht II überlagert. Vom Innentor wurde dagegen die linke Hälfte ausgegraben (Abb. 83), ebenso die Häuser, die direkt an die Mauer gebaut waren.

Jenes Innentor ist fast quadratisch: 24,50 m breit und fast 25 m lang; es hat somit eine Grundfläche von ungefähr 612 m². Der Weg zum Tor führte an zwei Türmen vorbei. Der Tordurchgang lag unter einem Dach, das wahrscheinlich von Holzbalken getragen wurde, jedoch haben sich keine Reste davon erhalten. Für ein zweites Geschoß gibt es keine Anhaltspunkte. In den Durchgang ragten auf jeder Seite vier Mauervorsprünge von unterschiedlicher Länge. Diese Zangen bildeten jeweils drei Kammern, die allem Anschein nach als Wachräume dienten. Vor der linken äußersten Kammer fanden die Ausgräber zahlreiche Bronzeteile – die Verstärkungen der Holztore, wie sich nach ihrer Reinigung erwies. An einem Metallteil hafteten noch Reste von verkohltem Holz – eine beispiellose Entdeckung an einer biblischen Stätte.

Zum Befestigungsring gehörte eine äußere Futtermauer, die den Tell auf halber Höhe umgab und bis zum Außentor reichte. Sie war 3,5–4 m stark und ist fast auf ihrer gesamten Länge bis zu einer Höhe von mehreren Metern gut erhalten. Verstärkende Türme besaß sie nicht, doch finden sich gliedernde Vorsprünge und Nischen. Diese Mauer stützte lediglich das über ihr aufsteigende Glacis, über dem wiederum die eigentliche Stadtmauer, die Innenmauer, aufragte, die entlang der oberen Peripherie des Tells verlief und vom Innentor ausging. Sie war auf Stein-

SÜDREICH JUDA: EROBERUNG LACHIS' DURCH SANHERIB

fundamenten aus Ziegeln aufgemauert und 6 m breit. Wehrtürme lassen sich auch für diesen Ringwall nicht nachweisen. Die Innenmauer ist bis zu einer Höhe von 2 m erhalten, dürfte früher allerdings bedeutend höher gewesen sein.

Zu den bedeutenden Gebäuden der judäischen Periode auf dem Tel Lachis zählt auch die Palastburg – oder besser: die Reste dreier übereinander gelagerter befestigter Paläste. Der Palast A der ältesten judäischen Siedlungsschicht lag, seine Umgebung beherrschend, in der Mitte des Plateaus. Ussishkin schreibt ihn Rehabeam zu, König von Juda in den Jahren 926–910 v. Z. Schon dieser erste Residentialbau erhob sich auf den Ruinen einer älteren kanaanäischen Akropolis; seine Grundfläche war mit 31,34 × 32,10 m nahezu quadratisch. Vom Bau selbst sind keine sichtbaren Spuren erhalten, möglicherweise war er aus Ziegeln errichtet.

Palast B, von König Asa (908–872 v. Z.) oder König Josaphat (872–852 v. Z.) im Zuge der Befestigung judäischer Städte weiter ausgebaut und erneuert, stand genau wie sein Vorläuferbau auf einer künstlich geschaffenen Plattform. Auch von ihm hat sich über den Fundamenten kein aufgehendes Mauerwerk erhalten.

83 Tel Lachis. Die linke Stadttorhälfte. 8. Jh. v. Z.

84 Tel Lachis. Stadttor, dahinter die Palastburg. Im Vordergrund die angreifenden assyrischen Soldaten

Der Palast C – errichtet möglicherweise unter König Usia von Juda (785–747 v. Z., siehe Amos 1,1 und Sacharja 14,5) nach der Zerstörung des Vorgängerbaus durch ein Erdbeben – erhob sich auf einer stark erweiterten, nunmehr 76 × 36 m messenden Plattform und bedeckte eine Fläche von ungefähr 12 000 m². Der Haupteingang lag an der östlichen Seite des Komplexes, vor der sich ein Hof erstreckte. Eine Treppe an der Außenwand des Gebäudes führte vom Hof auf eine breite Terrasse vor dem Eingang. Ein Gebäudekomplex ähnlich dem Innentor, jedoch von kleineren Maßen, schützte den Zugang zum Palast. Nebenbauten schlossen sich im Norden und Südosten der Burg an (Abb. 84); sie dienten der königlich-judäischen Garnison, die hier zum Schutz der Südgrenze zweifellos ständig stationiert war, als Vorratsräume oder Ställe.

Den Brunnen, der die Stadt mit Wasser versorgte, hatte Starkey schon 1933 an der nordöstlichen Ecke des Tells ausgegraben. Er lag innerhalb der Befestigungen, die an dieser Stelle besonders stark waren. 44 m tief, enthielt er bei seiner Aufdeckung immer noch Wasser. Eine unterirdische Wasserversorgungsanlage wie in Megiddo, Hazor und Geser wurde in Lachis bisher noch nicht gefunden.

In der untersten judäischen Siedlungsschicht weist der Tell zwischen Palastburg und Tor viele offene Räume auf; wir dürften es hier mit einem Verwaltungskomplex zu tun haben. Erst die darüberliegende Schicht, die dritte von oben, gab viele kleine Häuser und Läden frei, vor allem Wohnhäuser, zum Teil auch Werkstätten. Hier fanden die Ausgräber kleine Schächte, Steinbänke und Backöfen. Die Tonware (Abb. 85) – kleine und große Vorratskrüge, Kochtöpfe, Schalen unterschiedlicher Form und Größe sowie Öllampen – war durchweg zerbrochen. Mahlsteine, Steinmörser und Stößel, Webstuhlgewichte aus Ton, Parfümfläschchen aus Stein

SÜDREICH JUDA: EROBERUNG LACHIS' DURCH NEBUKADNEZAR II.

85 Tel Lachis. Israelitische Tonware. 8. Jh. v. Z.

und Knochenspachtel kamen ebenfalls zutage, keine Spur jedoch von Schmuck oder irgendwelchen Kunstgegenständen. Offenbar sind die assyrischen Plünderer, die sich der Stadt im Jahr 701 v. Z. bemächtigten, obwohl sie nach Jerusalem der wohl am stärksten befestigte Ort in Juda war, besonders gründlich zu Werke gegangen. Spuren von Feuer und Zerstörung bestätigen, daß Sanherib in den Reliefs von Ninive wirklich historische Begebenheiten schildern ließ.

Aber auch in der nächsthöheren Siedlungsschicht waren die Spuren der Zerstörung unübersehbar: Das Werk des babylonischen Königs Nebukadnezar II., der die Stadt 587/86 v. Z. erneut eroberte. Hier fand Starkey die sogenannten **Lachis-Briefe**, 18 mit Tinte auf Tonscherben geschriebene althebräische Texte, die von einem heftigen Feuer – wie viele andere Scherben, die der Forscher in einem Wachraum des Stadttores fand – schwarz gebrannt worden waren. Als erster übersetzte H. Tur-Sinai von der Hebräischen Universität in Jerusalem diese Texte. Sie geben in knappen Worten dramatisch den Untergang der Stadt wieder: »Wir halten Ausschau nach den Feuersignalen von Lachis gemäß den Zeichen, die unser Herr uns gab, denn wir sehen Aseka nicht mehr …!«

Nach der ersten Übersetzung muß es sich um die verzweifelten Briefe eines kleinen Leutnants im Gelände an seinen Befehlshaber in Lachis handeln. Es wurden jedoch Zweifel an der Richtigkeit der Übertragung laut. Nach Aussage von Yigael Yadin, der den hebräischen Text mit ähnlichen Stellen der Bibel verglich, bedeutet er eher »Wir wachen über das Feuersignal von

Lachis ...«. Seiner Ansicht nach ist die unterwürfige Formulierung der Abschlußformel – »dein Knecht, der nicht mehr als ein Hund ist« – typisch (und in der Bibel nachweisbar), wenn das Wort an den Einen Gott oder an einen König, nicht jedoch wenn es an den Befehlshaber einer Garnison gerichtet wird. Es handelt sich nach Yadins Meinung deshalb nicht um Briefe, sondern um Briefentwürfe des Befehlshabers von Lachis, die, auf Papyrus übertragen, an höchste Stellen in Jerusalem geschickt wurden oder geschickt werden sollten.

Von den Kriegshandlungen in und um Lachis zeugen auch die im Gelände verstreuten israelitischen, assyrischen und babylonischen Schleudersteine von ca. 6 cm Durchmesser, die gleichermaßen von Angreifern und Verteidigern verwendet wurden, und Reste eines Schuppenpanzers, teils aus Bronze, teils aus Eisen gefertigt.

Einen ausgesprochen bewegenden Fund machte Starkey bei seinen Untersuchungen in der Umgebung des Tells. Nahe der nordwestlichen Ecke stieß der Archäologe auf vier Grabkammern, die menschliche Gebeine bargen. Die Ausgräber schätzten die Zahl der hier bestatteten Menschen auf 1500. Ein Teil der Knochen war verbrannt und verkalkt. Es ist möglich, daß sie nach der Feuersbrunst in der Stadt in diesem Massengrab beigesetzt wurden. An drei Schädeln war zu Lebzeiten eine Operation vorgenommen worden; zwei Patienten waren dabei gestorben, der dritte, ein junger Mann, hatte die Operation dagegen zumindest einige Zeit überlebt, so daß die Knochen verheilen konnten.

Die Hoffnung der Exilierten auf eine Rückkehr in die Heimat und Jeremias Fluch über Babylonien (Jer. 25,12; 50,14) erfüllten sich schneller als erwartet. Im Jahr 538 v. Z., knapp 50 Jahre nach ihrer Verschleppung, durften die Israeliten – ein Zugeständnis des persischen Königs Kyros – in ihre Heimat zurückkehren. Das Babylonische Reich, das den Israeliten so viel Drangsal bereitet hatte, war unter den militärischen Schlägen der neuen, der persischen Großmacht zusammengebrochen.

Kapitel 8
»Er ziehe nach Jerusalem hinauf ...«
Die Rückkehr aus dem Exil

Esra 1,3

Das Edikt, mit dem der persische König Kyros in seinem ersten Regierungsjahr (538 v. Z.) die Rückkehr der Juden in ihre Heimat verfügte, gab auch ausdrücklich Weisung, den Tempel in Jerusalem wieder aufzubauen (Esra 1,3). Damit begann ein neues Zeitalter in der Geschichte des jüdischen Volkes und seiner Hauptstadt Jerusalem.

Die ersten Exilierten erreichten ihre Heimat unter Führung Scheschbazzars – anscheinend ein Sohn des vorletzten judäischen Königs Jojachim, nicht zu verwechseln mit dem Träger des gleichen Namens, der einen Aufruhr gegen den persischen König Dareios anzettelte. Unter Jojachims Enkel Serubabbel, der um 521 v. Z. Statthalter von Juda war, wurde die **Rekonstruktion des Tempels** in Angriff genommen (Esra 3,8 und 6,14).

Vom zweiten (520 v. Z.) bis zum sechsten Regierungsjahr des Perserkönigs Dareios I., einem der Nachfolger des Kyros, dauerten die Arbeiten. Die biblischen Angaben über das Aussehen dieses zweiten Tempels sind spärlich. Es ist anzunehmen, daß er wie der erste, salomonische, aus großen unverputzten Quadern und Zedernholzbalken ausgeführt wurde; Grundriß und Gestalt ähnelten gleichfalls dem Vorgängerbau, allerdings wies das neue Heiligtum einige bedeutsame Veränderungen auf. So blieb zum Beispiel das *Debir*, das Allerheiligste, leer – die Bundeslade war anscheinend bei der Zerstörung des ersten Tempels durch die Babylonier abhanden gekommen und nicht durch eine neue ersetzt worden. Im *Hekal*, dem Heiligen, wurde ein Tisch für das »Schaubrot« aufgestellt, dazu die traditionelle *Menora*, der siebenarmige Leuchter, und der Räucheraltar. Gelasse in und unter den inneren und äußeren Höfen wurden von den Priestern als Aufbewahrungsort für Pilgergaben und das geheiligte Tempelgerät genutzt. Der große Brandopferaltar erhob sich über den Resten seines salomonischen Vorgängers. Dagegen gibt es keinerlei Hinweise auf das Vorhandensein der beiden Säulen Boas und Jachin.

Zwar stand der neue Tempel weit hinter der Pracht des ersten, zerstörten zurück, dennoch war er alles andere als ein ärmliches, baufälliges Gebäude, vielmehr sorgfältig und solide ausgeführt. Später wurde das Heiligtum weiter ausgebaut und verschönt, bis Herodes der Große es im 1. Jh. v. Z. in einen wahren Prachtbau verwandelte.

Im siebten Regierungsjahr des persischen Königs Artaxerxes I. (gegen 458 v. Z.) traf der Schreiber Esra in der persischen Provinz *Jehud* ein – dies nunmehr Name und Status des ehemaligen Königreiches Juda (Abb. 86). Er machte sich vor allem um die Erneuerung des geistigen und religiösen Volkslebens verdient.

Kurz darauf (um 445 v. Z.) folgte ihm Nehemia, ein hoher Beamter am persischen Hof, der Entscheidendes für den technischen und politischen Wiederaufbau tat. Nach seiner Ankunft in **Jerusalem** ließ er als erstes die **Stadtmauern** von Freiwilligen ausbessern. Diese Arbeit war in der Rekordzeit von nur 52 Tagen abgeschlossen (Neh. 3, 1–32 und 6,15). Das Buch Nehemia bringt nicht nur eine genaue Liste der Stadttore, sondern erwähnt im Zusammenhang mit der feierlichen Prozession, mit der die verstärkten Mauern eingeweiht wurden, auch die sogenannte »Breite Mauer« (Esra 12,38; vgl. S. 146, Abb. 73 b). Allem Anschein nach besserte Nehemia diese selbst aber nicht aus.

Darauf ergriff er Maßnahmen, die Einwohnerzahl Jerusalems anzuheben, denn: »Die Stadt war geräumig und groß. Aber das Volk in ihrer Mitte war gering, und es gab noch nicht viele Häuser« (Neh. 7,4). Zu diesem Zweck veranlaßte er die Fürsten des Landes, sich in Jerusalem niederzulassen. »Das übrige Volk aber warf das Los, um einen Mann von zehn zu veranlassen, in Jerusalem, der heiligen Stadt, zu wohnen« (Neh. 11,1). Schließlich zählte Jerusalem – so moderne Schätzungen – wieder 10 000 Einwohner.

Diese fanden bequem in der alten Davidstadt Platz, der Westhügel blieb vorläufig unbewohnt. Davon zeugen die negativen Resultate der Ausgrabungen, die an vielen verschiedenen Stellen im modernen Jüdischen Viertel durchgeführt wurden: Die israelischen Forscher haben hier weder Bauten noch Tonscherben oder andere Zeugniss aus persischer Zeit gefunden.

An der nordwestlichen Ecke des Tempelbergs lag die Zitadelle Bira, »die Burg, die zum Tempel gehörte« (Neh. 2,8) und ihn schützte. Herodes der Große wandelte sie später in eine wuchtige Festung um und nannte sie zu Ehren seines Gönners Marcus Antonius »Antonia«. Die Bira war zu Nehemias Zeit Sitz der Zivilregierung. Hier wohnte auch der »Burghauptmann Hananja« (Neh. 7,2), der zusammen mit seinem Bruder Hanani zum Vorsteher über Jerusalem eingesetzt worden war.

Schließlich ließ Nehemia noch ein Haus für den Statthalter erbauen, doch haben sich von dieser Residenz bisher keinerlei Spuren gefunden. Möglicherweise sind alle Bauten Nehemias im Rahmen der großzügigen herodianischen Stadterweiterung abgetragen oder später neugestaltet worden.

86 *Jehud-Münze. 5. Jh. v. Z. Rückseite mit Adler und Inschrift. Bronze, Durchmesser 5 mm. Jerusalem, Israel-Museum*

NACH DEM EXIL: MAKKABÄERAUFSTAND/ESSENER (QUMRAN)

In **frühhellenistischer Zeit** (4.-3. Jh. v. Z.) änderte sich das Stadtbild nicht. Dagegen waren die politischen Veränderungen während dieser Zeit einschneidend und für die Zukunft des Landes entscheidend. Im Jahr 331 v. z. versetzte der Makedonier Alexander der Große dem Persischen Reich den Todesstoß. Auch die persische Provinz Jehud wurde Bestandteil des neuen Großreichs, das jedoch schon bald in Teilreiche zerfiel, beherrscht unter anderen von den Ptolemäern in Ägypten und den Seleukiden in Syrien. Juda wurde Schauplatz heftiger Kämpfe beider Herrscherhäuser um die Hegemonie. Bis zum Jahr 198 v. z. gehörte Juda der ptolemäischen Einflußsphäre an, und die Provinz erfreute sich einer gewissen Verwaltungsautonomie, ähnlich wie unter den Persern.

Als der Seleukide Antiochos III. (223-187 v. Z.) Juda seinem Reich einverleibte, stiegen die Priester zur höchsten Klasse in der judäischen Gesellschaft auf, das bisher erbliche Amt des Hohenpriesters wurde käuflich. Unter Antiochos IV. Epiphanes (175-164 v. Z.) erwarb im Jahre 175 v. Z. ein gewisser Jason die Hohepriesterwürde. Er erhielt die Erlaubnis, in Jerusalem ein Gymnasium mit Ephebeion zu errichten, von dem das 1. Buch der Makkabäer (1,14) tadelnd sagt: »Sie erbauten nach heidnischem Brauch eine Ringschule zu Jerusalem«.

Um zu verstehen, warum sich gläubige Juden am Bau von Gymnasium und Ephebeion stießen, sollte daran erinnert werden, daß ein griechisches Gymnasium ursprünglich Stätte der körperlichen Ertüchtigung und vormilitärischen Ausbildung der männlichen Jugend war, wo die Wettkämpfe von nackten Teilnehmern ausgetragen wurden, das Ephebeion eine frühattische, vom Staat überwachte Institution, die ähnlichen Zwecken diente. Großen Veranstaltungen in beiden Einrichtungen gingen feierliche Tieropfer an die griechischen Götter voraus, was selbstverständlich allen religiösen und kulturellen Traditionen der Juden widersprach.

Das Gymnasium, das dem Tempelberg im Westen gegenüber lag, schloß offenbar einen weiten, von einem Portikus gesäumten Platz ein, der mit großen polierten Steinen gepflastert war. Ein Saal dieses Komplexes wurde bei Ausgrabungen im heute weitestgehend aufgefüllten Tyropoiontal zwischen dem modernen Jüdischen Viertel und der Westmauer des Tempels freigelegt.

Damit hatte die hellenistische Kultur auch in Juda Einzug gehalten. Ihre eifrigsten Befürworter waren Landbesitzer, reiche Händler sowie höhere Beamten und der Priesteradel. Diese kosmopolitischen Juden, darauf bedacht, mit der Zeit Schritt zu halten und persönlichen Nutzen aus den Entwicklungen zu ziehen, begannen auch, ihre hebräischen Namen zu hellenisieren. Die breite Masse der Bevölkerung dagegen stand diesen neuen kulturellen Tendenzen ablehnend gegenüber.

Als Reaktion auf die Hellenisierung riefen gesetzestreue Juden, die es als ihre Aufgabe betrachteten, einerseits selbst streng alle Glaubensvorschriften zu befolgen, andererseits aber auch das übrige Volk darin zu unterrichten, die Bewegung der *Chassidim* oder »Frommen« ins Leben. Aus traditionalistischer Position unterstützten sie den Unabhängigkeitskampf, den der Priester Mattathias und seine fünf Söhne gegen Antiochos IV. aufgenommen hatten (Makkabäeraufstand), nachdem dieser im Jahr 167 v. Z. in einem Dekret bestimmt hatte, »alle sollten ein Volk werden und jeder seine Gebräuche aufgeben« (1. Makk. 1,41). Fortan war es bei Todesstrafe verboten, die Vorschriften der *Thora* zu befolgen. Der Kampf wurde im Jahr 141 v. Z.

von Mattathias' letztem überlebendem Sohn Simon mit der Einnahme der Burg Akra abgeschlossen, die Antiochos IV. 168 v. Z. oberhalb des Tempelbergs erbaut und in die er eine Garnison von Makedoniern, Syrern und extrem hellenophilen Juden gelegt hatte.

Wo genau diese Burg gestanden hat, von der es im 1. Makk. (1,33) heißt: »Sie befestigten die Stadt Davids mit einer hohen und starken Mauer und mit mächtigen Türmen. Sie diente ihnen als Burg«, konnte bisher noch nicht geklärt werden. Flavius Josephus, (geb. 37 oder 38 n. Z.; erst jüdischer Feldherr, dann Geschichtsschreiber in Rom) teilt mit, daß der Makkabäer Simon sie nach der Einnahme bis auf die Fundamente schleifen oder sogar die Anhöhe, auf der sie stand, teilweise abtragen ließ, damit niemals wieder oberhalb des Tempelgeländes eine Zwingburg erstehen könne. Nach Ansicht einiger Gelehrter erhob sich die Burg Akra an einer erhöhten Stelle im modernen Jüdischen Viertel. Allerdings sind die zahlreichen Ausgrabungen dort seit 1969 ohne Ergebnis geblieben. Deshalb schlagen andere Wissenschaftler vor, die Festung südlich des Tempels in der sogenannten Unterstadt zu suchen, wo sie nach den Berichten der Bibel (siehe oben, »die Stadt Davids«) und des Josephus (in der »Unterstadt«) gelegen haben soll.

Als Mattathias' Sohn Jonatan im Jahr 152 v. Z. die Hohenpriesterwürde annahm, die unter seinem Bruder Simon fester Bestandteil des Erbes der neuen Hasmonäerdynastie wurde, wandten sich die Chassidim enttäuscht ab. Sie gaben jede aktive Teilnahme am politischen Leben auf. Ein Teil zog sich in die Judäische Wüste zurück, um dort eine Gemeinschaft zu schaffen, die der Kern eines neuen Israel sein sollte, die Erwählten Gottes, denen das Königreich prophezeit war.

Die meisten, aber nicht alle Gelehrten identifizieren diese Gruppe heute mit der Sekte der **Essener,** deren Gemeindezentrum in **Qumran** am Toten Meer lag. Offenbar entstand es auf den Ruinen einer alten judäischen Festung, die im 7. Jh. v. Z. von König Josia gebaut und im 6. Jh. v. Z nach der Eroberung Judas durch die Babylonier aufgegeben worden war. Möglicherweise kann dieser Ort mit der »Salzstadt« gleichgesetzt werden, die schon im Buch Josua (15,62) als zum Besitz des Stammes Juda gehörig genannt wird.

Wie so oft in vergleichbaren Fällen schweigt sich die Bibel über die Essener völlig aus. Die Sekte wäre für immer vergessen geblieben, hätte nicht ein Beduinenschafhirte 1947 ganz zufällig von ihr hinterlassene schriftliche Dokumente entdeckt. Von einem Antiquitätenhändler in Bethlehem erwarb der Archäologe E. L. Sukenik 1947 die ersten drei Schriftrollen; vier weitere konnte sein Sohn Yigael Yadin 1954 hinzuerwerben (heute alle im Besitz der Hebräischen Universität in Jerusalem).

Die **Schriftrollen** aus dem 1. Jh. v. Z. (Abb. 87) waren aus Tierhäuten gefertigt, die, nachdem man sie einer besonderen Behandlung unterzogen hatte, auf der haarigen Seite beschrieben wurden. Die Texte umfassen unter anderem zwei Abschriften des Buches Jesaja, die sich, obwohl sie noch vor der endgültigen Kodifizierung des Alten Testaments entstanden sind, nur geringfügig von der Bibelfassung unterscheiden. Der wichtigste Kommentar ist derjenige zu Habakuk. Von den Kommentaren zu Nahum, Hosea und Micha sowie den Psalmen wurden dagegen nur Fragmente gefunden. Die Schriftrolle mit Dankhymnen, im Stil den Psalmen ähnlich, aber inhaltlich sehr viel persönlicher, könnte vom Begründer der Sekte, dem »Lehrer der Gerechtigkeit«, verfaßt worden sein. Das Handbuch der Unterweisung schließlich gibt Aufschluß über das

NACH DEM EXIL: ESSENER (QUMRAN)

87 Qumran. Seite aus der Schriftrolle. 2.–1. Jh. v. Z.

Leben der Sekte. Die Regeln bezeugen, daß jeder, der sich der Gemeinschaft anschloß, seine persönliche Habe einbringen mußte – zusätzlich sein Wissen und seine Kraft. Alle Mitglieder wurden einer langen Probezeit unterworfen und zu strenger, aber gerechter Disziplin verpflichtet. Wer gegen die Regeln der Sekte verstieß, wurde gemäß den Gesetzen bestraft.

Ein weiterer Text handelt vom Krieg der Söhne des Lichts gegen die Söhne der Finsternis. Er belegt – wie schon das Handbuch der Unterweisung – die strenge Einteilung der Menschen in

Gottgefällige und Nicht-Gottgefällige, Söhne des Lichts und solche der Finsternis, Sektenmitglieder und ihre Feinde. Selbstverständlich gehen am Ende die Söhne des Lichts siegreich aus dem Krieg hervor. Daneben gibt der Text ausführlich Auskunft über die Vorschriften für den Aufbau eines jüdischen Heeres zur Zeit des zweiten Tempels.

Ein Apokryphon zum 1. Mose schließlich ist als einziger Text nicht auf hebräisch, sondern auf aramäisch geschrieben. Die zwei 1952 gefundenen Kupferrollen (heute im Nationalmuseum in Amman) enthalten eine lange Liste von versteckten Schätzen. Namentlich erwähnt werden 60 Orte im ganzen Land, angefangen von Hebron im Süden bis zum Berg Gerisim im Norden. Viele Verstecke liegen rund um Jerusalem, vor allem in der Nachbarschaft des Tempels sowie im Kidrontal. Nach Ansicht einiger Gelehrter hat die Liste nur fiktiven Charakter; andere glauben, die Kupferrollen nennen die Verstecke des Tempelschatzes, der während der Belagerung an verschiedenen Orten verborgen worden sei. Es könnte sich aber auch um den Schatz der Sekte handeln, den ein Mitglied vor der Aufgabe Qumrans versteckt hat.

Die Höhlen bei Qumran bargen zudem vollständige Texte oder Fragmente von allen Büchern der Bibel der Juden, d. h. des Alten Testaments der Christen, außer vom Buch Ester (Farbtafel 8). Es sind somit die ältesten erhaltenen jüdischen Bibelhandschriften, fast 1000 Jahre älter als die bis zu ihrer Entdeckung bekannten, nämlich die Handschrift der Propheten von Ben Ascher in der karaitischen Synagoge in Kairo aus dem Jahre 895 n. Z. und die vollständige Bibelhandschrift in der Synagoge der sephardischen Juden in Aleppo/Syrien von ca. 929.

Der wichtigste Bau im **Gemeindezentrum von Qumran** ist ein 30 × 37 m messender rechteckiger Komplex, der allem Anschein nach wiederholt bewohnt gewesen ist. In der ersten Besiedlungsphase (Abb. 88) erhob sich im nordwestlichen Teil ein ca. 10 × 10 m großer Turm; die untereinander verbundenen Räume im Erdgeschoß waren fensterlos und dürften nach Ansicht der Ausgräber als Lagerräume gedient haben. Das Obergeschoß war in drei Säle unterteilt, von denen einer besonders lang war, 4 × 13 m. Die beiden kleineren maßen 8 × 7 m. Sie wurden anscheinend als Gemeindesäle benutzt. Im Norden des Turms befand sich der Haupteingang. Östlich lag ein großer Hof, an dessen Nordseite sich ein 4 × 10 m großer Raum erstreckte, der, wie Funde beweisen, als Gemeindeküche diente. Nordöstlich schloß sich an die Küche eine weitere Zimmerflucht an. An der Südseite des Hofes lagen kleine Räume, und in einem davon fanden die Ausgräber mehrere kleine Becken. An der südöstlichen Ecke des Hauptbaus schloß sich ein separater Komplex mit Werkstätten, zwei gepflasterten Teichen und zwei Höfen, 2 × 2 und 3 × 8 m groß, an. In den größeren führten 14 Stufen.

Nach einem anscheinend heftigen Erdbeben, dessen Spuren noch heute an den Turmmauern, Teichen und Treppen deutlich zu erkennen sind, wurde der gesamte Komplex aufgegeben. Nach Ansicht von de Vaux handelte es sich um das Erdbeben im 7. Jahr der Herrschaft Herodes' (31 v. Z.), das Flavius Josephus in seinen ›Altertümern‹ erwähnt.

In einem Raum westlich des Hauptgebäudes wurden zwischen zwei Fußböden 550 Silbermünzen entdeckt, von denen die letzten zwischen den Jahren 9 und 8 v. Z. geprägt worden waren. Sie wurden dort offenbar von späteren Bewohnern versteckt. Da herodianische Münzen völlig fehlen, ist anzunehmen, daß der Ort für längere Zeit aufgegeben war.

NACH DEM EXIL: ESSENER (QUMRAN)

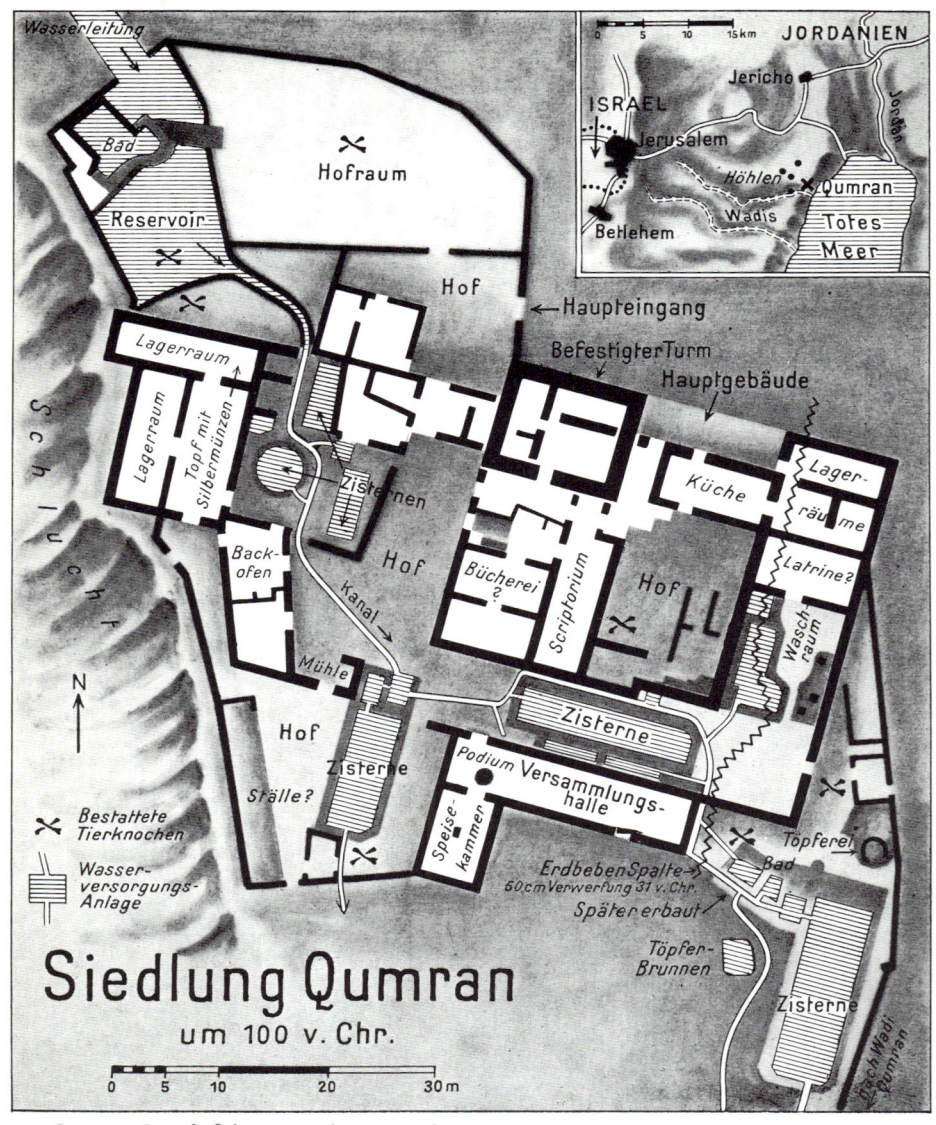

88 Qumran. Grundriß des Gemeindezentrums der ersten Besiedlungsphase. 1. Jh. v. Z.

Reparaturen und Neubauten leiteten die zweite Nutzungsphase der Anlage ein. Die Außenmauern wurden durch 4 m hohe Futtermauern gestützt. Einer der beiden großen Räume in der südwestlichen Ecke wurde mit einer Mauer unterteilt und in einem anderen Raum entlang den Wänden Bänke eingebaut. Der zentrale Hof wurde durch einen Neubau verkleinert, und ein großer Teich sicherte statt der beiden vorher benutzten kleineren die Wasserversorgung.

Zu den bemerkenswerten Funden in Qumran zählt ein Tisch von 5 m Länge und 0,50 m Höhe sowie die Reste von zwei kleineren. De Vaux fand im selben Raum auch zwei Tintenfässer, eines aus Bronze und eines aus Ton, wie sie in römischer Zeit gebräuchlich waren. Er folgerte daraus, daß der Raum nicht als Speisesaal, sondern als Scriptorium gedient habe.

Aschespuren lassen darauf schließen, daß der Ort im Jüdischen Krieg 66–70 n. Z. zerstört wurde. Damit hörte Qumran auf, ein Gemeindezentrum zu sein, denn seine Bewohner waren entweder geflohen oder von den siegreichen Römern getötet worden.

Zahlreiche eiserne Pfeilspitzen und Münzen mit dem Emblem der X. römischen Legion legen den Schluß nahe, daß die Römer den Ort ungefähr bis zum Ende des 1. Jh.s v. Z. besetzt hielten. Die neuen Herren benutzten weiterhin den Turm, alle Säle wurden dagegen in kleinere Kammern unterteilt. Die Mauer im Norden wurde verstärkt, den südöstlichen Flügel der Anlage hingegen nahm man nicht wieder in Gebrauch.

Rund zwei Jahrhunderte lang diente der Gebäudekomplex demnach den Sektenmitgliedern, die nach Ansicht israelischer Gelehrter in Hütten oder Zelten in unmittelbarer Nähe wohnten, als Gemeindezentrum. Darauf weisen die großen Säle, das Scriptorium, die Werkstätten und die große Gemeindeküche hin. Ob die Sekte die Zerstörung ihres Hauptortes überdauerte, ist unbekannt, allerdings wird gegenwärtig vermutet, daß sie auch später noch an anderen Orten – sogar außerhalb des Landes – bestand. Die kostbaren Schriftrollen aus den Höhlen oberhalb des Gemeindezentrums bezeugen jedoch, daß die Menschen, die hier lebten, ein für ihre Zeit ungewöhnliches Leben führten, indem sie den Herrlichkeiten der Welt entsagten, um sich auf das von Gott versprochene Königreich und den Sieg über die Söhne der Finsternis vorzubereiten. Daß die Schriftrollen tatsächlich in dem Gebäude am Fuß der Höhlen geschrieben wurden, beweisen nach Ansicht der israelischen Archäologen vor allem die zahlreichen erhaltenen und zerbrochenen Tonkrüge in den Höhlen wie im Gemeindezentrum, die identischen Ursprungs sind und in denen die Manuskripte verwahrt wurden.

Über 1000 in ordentlichen Reihen angelegte Gräber legen außerdem Zeugnis dafür ab, daß in Qumran tatsächlich Menschen lebten und starben und nicht nur anläßlich besonderer Ereignisse hierher kamen: Der Franzose Clermont-Ganneau führte auf diesem Gemeindefriedhof schon im 19. Jh. kurze Ausgrabungen durch und beschrieb seine Funde.

Im Gegensatz zu den Essenern blieb eine andere Gruppe der Chassidim aktiv und schloß sich im Laufe der Zeit zur mächtigen Partei der **Pharisäer** zusammen, die sich vor allem der Sympathie des einfachen Volkes erfreute.

Treu der Hasmonäerdynastie dienten dagegen die **Sadduzäer,** ebenfalls fromme, konservative Juden, die wie die Chassidim streng die mosaischen Gesetze einhielten. Sie befürworteten im Gegensatz zu den Pharisäern das System des neuen Staates, dessen Herrscherdynastie, die

NACH DEM EXIL: HASMONÄER (GESER/BETH ZUR/HYRKANIA/JERICHO)

Hasmonäer, von Juda Makkabi, einem der fünf Söhne des Priester Mattathias aus Modiin, nach dem Unabhängigkeitskampf der Makkabäer gegründet worden war und die nun das Amt von König und Hohepriester in einer Person vereinigte. Pharisäer und Sadduzäer werden wiederholt im Neuen Testament erwähnt, das allerdings ein völlig falsches Bild – vor allem von den Pharisäern – zeichnet und ihnen äußerliche Gesetzestreue und Heuchelei vorwirft (siehe Bergpredigt, Mt. 23). In Wirklichkeit bemühten sie sich nur um Gehorsam gegen Gott. Die Sadduzäer dagegen waren in ihrer Thoraauslegung strenger und buchstabengetreuer, und sie beherrschten Tempel und Tempelkult. Als der Tempel von Jerusalem im Jahr 70 n. Z. von den Römern zerstört wurde, hörte die Gruppe der Sadduzäer auf zu bestehen, während den Pharisäern das Überleben des Judentums in seiner heutigen Form zu verdanken ist.

Im Jahr 141 v. Z. zeigten sich jedoch erst leichte Anzeichen für die spätere scharfe Spaltung. Simon belagerte die Stadt **Geser:** »In jenen Tagen schlug er sein Lager vor Geser auf und schloß es mit seinen Truppen ein« (1. Makk. 13,43). »Er entfernte aus ihr alles Unreine und siedelte dort Männer an, die das Gesetz befolgten ... und errichtete auch sich selbst dort ein Haus« (1. Makk. 13,48).

Bei Ausgrabungen in Geser (vgl. S. 100, 135) zwischen 1902 und 1905 fand Macalister im Schutt einen Werkstein mit einer eingeritzten Verwünschung, die auch die Worte »der Palast des Simon« enthielt. Der israelische Archäologe Ronny Reich von der Abteilung Altertümer des israelischen Erziehungsministeriums interpretierte Macalisters Funde neu. Seiner Ansicht nach zeugt ein gut erhaltenes Privathaus nordöstlich des Stadttors von Geser beredt von der Vertreibung der ursprünglichen Einwohner der Stadt und ihrer Neubesiedlung durch »Männer, ... die das Gesetz befolgten«. Dieses Haus (Abb. 89) setzt sich aus zwei Flügeln zusammen. Der größere, nördliche, besteht aus mehreren Räumen um einen Hof mit den für ein Privathaus typischen Einrichtungen. Aus dem südlichen Trakt führt eine Tür zu einem Raum im Osten, von dem aus man über Stufen ein tiefer gelegenes Niveau erreicht, dessen Boden verputzt war. Dieser von Macalister als Wasserreservoir bezeichnete Raum dürfte nach Ansicht Reichs eine

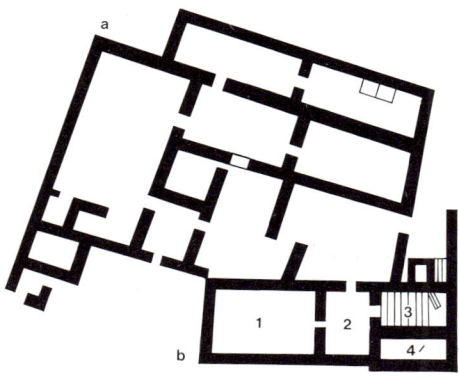

89 *Geser. Grundriß des unter Simon erweiterten Hauses mit Ritualbad. 2. Jh. v. Z. (nach Macalister)*
a) Älterer Nordflügel b) Zur hasmonäischen Zeit angebauter Südflügel
1 Großes Zimmer 2 Vorzimmer 3 Ritualbad 4 Wasserreservoir für das Ritualbad (?)

Mikwe, ein jüdische Ritualbad, aus der Zeit des zweiten Tempels gewesen sein. Bei seinen Ausgrabungen in Geser hatte Macalister insgesamt acht Räume mit Stufen ganz oder teilweise freigelegt, auch sie nach Ansicht israelischer Archäologen später angebaute jüdische Ritualbäder aus der Zeit nach der Eroberung durch den Makkabäer Simon.

Über die Vorbereitungen Simons für die Auseinandersetzung mit dem seleukidischen Usurpator Tryphon, der den rechtmäßigen Thronfolger Antiochos VI. ermordet hatte, sagt 1. Makkabäer (13,33): »Simon aber baute die Festungen Judäas aus«.

Eine solche Festung war **Beth Zur,** das auch unter seinem griechischen Namen Betsura bekannt ist, 4 km nördlich von Hebron. Versuchsgrabungen haben gezeigt, daß der Ort am Ende des 3. Jt.s v. Z. erstmals besiedelt wurde. Die Hyksos befestigten ihn im 18./17. Jh. v. Z. Anschließend gehörte er zum Land des Stammes Juda (Jos. 15,58). Juda Makkabi brachte dem griechischen Feldherrn Lysias bei Beth Zur eine demütigende Niederlage bei, Simon eroberte und befestigte den Ort im Jahr 140 v. Z. Aus dieser Periode ist eine große Festung erhalten geblieben. Unter den zahlreichen Münzfunden befand sich auch eine der seltenen Jehud-Münzen aus persischer Zeit.

Simons Enkel Alexander Jannai (103–76 v. Z.) erbaute eine andere Hasmonäerfestung, das nach ihm benannte **Alexanderion** auf einem fast 340 m hohen Berg 30 km nördlich von Jericho. Es wird mit Sartaba identifiziert. Nach Alexander Jannais Tod bewahrte seine Witwe und Nachfolgerin Salome-Alexandra (76–67 v. Z.) dort den Staatsschatz auf und floh im Jahr 63 v. Z. mit ihrem Sohn Aristobulos (II.) vor dem Römer Pompejus dorthin. Im Jahr 57 v. Z. leitete ihr Enkel Johannes Alexander von hier aus den Widerstand gegen die Römer, die die Festung nach der Einnahme zerstörten. Auf dem Berggipfel sind die Ruinen noch immer klar zu erkennen, außerdem stieß man auf Reste der Stadt Alexanderion und eines Aquäduktes am Fuß des Berges.

19 km nördlich von Bethlehem erbaute Alexander Jannai auf einer Anhöhe eine Festung, die er zu Ehren seines Großvaters **Hyrkania** nannte. Sie wurde die letzte Zuflucht der Hasmonäer und erlag 37 v. Z. schließlich dem römischen Statthalter von Syrien, Gabinius. Ein Survey des Ortes hat einen Doppelwall um die abgetragene Bergspitze erkennen lassen, zudem einen Aquädukt und Ruinen aus römischer und bzyantinischer Zeit. Ausgrabungen sind bisher nicht erfolgt.

Es ist allgemein bekannt, daß Herodes in **Jericho** einen prachtvollen Winterpalast baute, in dem er im Jahr 4 v. Z. schließlich starb. Weitaus weniger geläufig ist dagegen die Tatsache, daß schon die Hasmonäer in Jericho einen weitläufigen Palastkomplex errichtet sowie komplizierte Bewässerungsanlagen geschaffen hatten, mit denen sie das Tal bei der Mündung des Wadi Kelt in einen blühenden Garten verwandelten. Die Dattelplantagen und der Balsam, aus dem Parfüm gewonnen wurde, waren in der ganzen römischen Welt berühmt.

Seit Beginn der siebziger Jahre gräbt der israelische Archäologe und Architekt Ehud Netzer vom Archäologischen Institut der Hebräischen Universität in Jerusalem diesen einzigen bisher bekannten hasmonäischen Palast aus. 1980 machte er einen überraschenden Fund: zwei spiegelgleich angelegte Anbauten an den ersten hasmonäischen Palast, der heute unter der von Herodes

90   Jericho. Blick auf den hasmonäischen Doppelpalast. 1. Jh. v. Z.

erweiterten Anlage liegt. Jeder Anbau schließt einen Hof ein, von dem ein offener Portikus, d. h. Säulengang, zu einem großen Empfangssaal führt, beide sind mit Badezimmern und Ritualbädern ausgestattet (Abb. 90) und gleichen sich zudem bis in die Baudetails. Nach Ansicht Netzers sind diese spiegelgleichen Paläste ein Geschenk der Hasmonäerkönigin Salome-Alexandra an ihre beiden verfeindeten Söhne, Aristobulos II. (67–63 v. Z.) und Hyrkanus II. (63–43 v. Z.), die durch ihre Zwistigkeiten das Ende der Hasmonäerdynastie und schließlich auch des unabhängigen jüdischen Staates herbeiführten.

Den ersten Winterpalast in Jericho baute demselben Forscher zufolge schon der Vater der beiden Hasmonäerprinzen, Alexander Jannai, ebenso wie auch den Kern des Westpalastes und dreier weiterer kleiner Paläste auf dem Felsplateau Masada am Ufer des Toten Meeres. Sie sind im Stil deutlich hellenistisch und nicht römisch wie die herodianischen Bauten, denen die hasmonäischen Strukturen eingegliedert wurden.

Das 16. Kapitel vom 1. Makkabäer (11–17) beklagt den feigen Mord an Simon, dem letzten der fünf Söhne des Priesters Mattathias aus Modiin, durch seinen Schwiegersohn Ptolemäus in der Festung **Dok.** Die noch nicht freigelegten Reste dieser kleinen Burg sind bis heute auf einem 350 m hohen Berg, dem Ras Qarantal, 4 km nordwestlich von Jericho zu sehen.

Daß die makkabäischen Brüder ihrem Land nicht nur die Unabhängigkeit gewannen, sondern ihm für knapp zwei Generationen Frieden brachten, davon zeugt das Loblied auf Simon (1. Makk. 14,8). Hier heißt es unter anderem: »In Frieden konnten sie ihr Land bebauen. Der

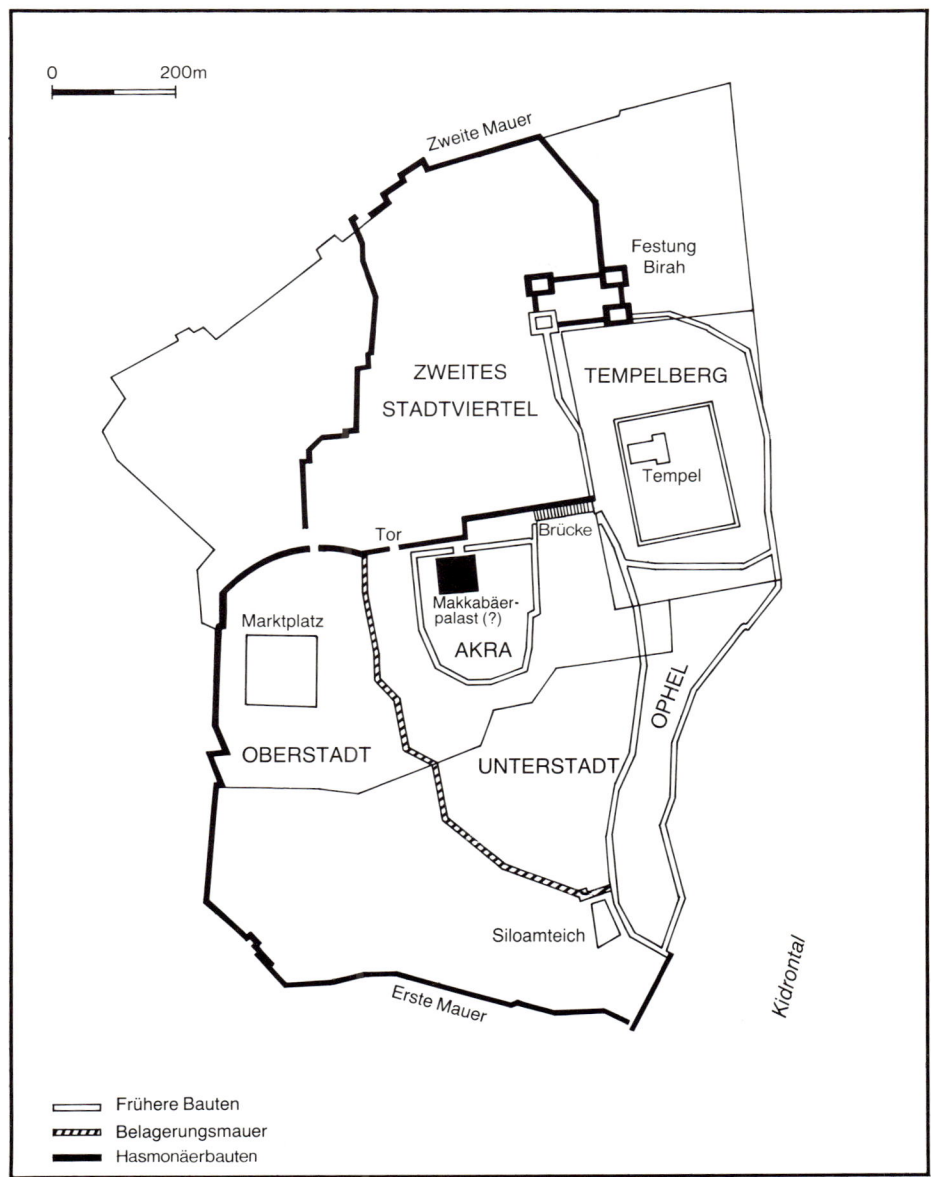

91 Jerusalem. Stadtplan zur Zeit der Hasmonäer. 2.–1. Jh. v. Z.

NACH DEM EXIL: HASMONÄER (JERUSALEM)

Boden schenkte sein Erzeugnis, die Bäume auf dem Felde ihre Frucht«, und (ebd., 10): »Den Städten gab er Nahrungsmittel und baute sie zu starken Festungswerken aus.«
 Von der erneuten Blüte der Landwirtschaft unter den Hasmonäern zeugen die zahlreichen Weinkeltern und Ölmühlen, die im ganzen Land von den Ausgräbern gefunden wurden. Ein Beispiel dafür ist der erst 1984 von der Gesellschaft für Bibelforschung von Philadelphia, USA, freigelegte Ort **Chirbet Nisia** bei Ramallah (15 km nördlich von Jerusalem). Hier wurden auch Anlagen für die Weiterverarbeitung des aus den Oliven gewonnenen Öls aufgedeckt sowie die für die Juden typischen Ritualbäder, was darauf schließen läßt, daß sich die Wein- und Ölhersteller vor Produktionsbeginn sorgfältig gemäß den Vorschriften reinigten, um sicherzustellen, daß ihre Erzeugnisse *koscher*, d. h. rituell rein, waren.

Am deutlichsten läßt sich die Blüte Judäas unter den Hasmonäern jedoch an ihrer Hauptstadt **Jerusalem** ablesen, wenn auch die aufgedeckten Spuren immer noch verhältnismäßig gering sind.
 400 Jahre nach der Zerstörung der Oberstadt durch die Babylonier erwachte sie um die Mitte des 2. Jh.s v. Z. wieder zu neuem Leben (Abb. 91) und wurde auch erneut stark befestigt. Wann genau diese Neubesiedlung einsetzte und mit dem Bau der **Stadtmauern** der Oberstadt begonnen wurde, kann bisher noch nicht sicher bestimmt werden. Die Bibel macht nur unklare Angaben: »Dann nahm Jonatan in Jerusalem Wohnung und begann, die Stadt aufzubauen und wiederherzustellen. Er gab den Arbeitern Anweisung, die Mauern und den Berg Zion ringsum mit Quadersteinen zu befestigen« (1. Makk. 10,10 + 11). Nachdem Jonatan heimtückisch von Tryphon, dem Usurpator auf dem syrischen Thron, ermordet worden war, trat Simon an seine Stelle und »... ließ schleunigst die Mauern Jerusalems vollenden und befestigte es ringsum« (1. Makk. 13,10). Als nächstes erwähnt der Bibeltext (1. Makk. 16,23) Simons Sohn Johannes Hyrkanus I. (134–104 v. Z.): »Die weitere Geschichte des Johannes ... Der Wiederaufbau der Mauern ... ist in den Tagebüchern seines Hohenpriestertums aufgeschrieben von der Zeit an, da er nach seinem Vater Hoherpriester wurde.« Als vierter Kandidat für den Wiederaufbau und die Verstärkung der Mauern von Jerusalem kommt der dritte Sohn von Johannes Hyrkanus I., Alexander Jannai, in Betracht. Unter diesem wegen seiner zahlreichen Eroberungen und anderer Leistungen – die von seinen jüdischen Untertanen allerdings nicht immer mit ungeteilter Begeisterung aufgenommen wurden – wohl bedeutendsten hasmonäischen Herrscher wuchs Jerusalem zweifellos beträchtlich, selbst wenn 1. und 2. Makkabäer über den Werdegang der Hasmonäerdynastie nach Johannes Hyrkanus I. keine Auskunft mehr geben.
 Der von Flavius Josephus erwähnte **Palast der Hasmonäer** wurde bisher noch nicht gefunden. Er soll oberhalb der Brücke gestanden haben, die von der Oberstadt zum Tempelberg führte. Von den Empfangssälen aus konnten seine Bewohner direkt in den Tempelinnenhof schauen, weshalb die Priester dort eine Mauer gegen diesen unerwünschten Einblick errichteten. Die Gelehrten nehmen deshalb an, daß der Bau sich an einem erhöhten Punkt irgendwo westlich des Tempelbergs, d. h. im nordöstlichen Winkel des modernen Jüdischen Viertels, erhob. In diesem Bereich wurden bisher nur wenige Ausgrabungen durchgeführt. Deshalb ist es durchaus möglich, daß moderne Häuser Reste des Palastes bedecken.

Mehr Glück hatten die Ausgräber mit der hasmonäischen Stadtmauer, von der sie im Westen der Stadt Reste entdeckt haben, und zwar im Hof der Zitadelle (Johns, Amiran und Eitan), entlang der osmanischen Stadtmauer (Broshi) und südlich des Gipfels des Zionsberges (Bliss und Dickie um die Jahrhundertwende). Die Angaben des Flavius Josephus führten den Archäologen Nahman Avigad auch auf die Spur der nördlichen Stadtbefestigung, die der Quelle zufolge entlang des Transversalen Tals verlief. 35 m südlich der Kettenstraße trieb der Forscher einen 10 × 12 m weiten Schacht in eine Tiefe von 12–15 m vor und stieß schließlich auf die Reste eines Turms. Zwischen 1975 und 1978 legte er 50 m westlich davon am Nordende der Straße Jewish Quarter und südlich der Davidsstraße weitere Abschnitte des zugehörigen Befestigungswerks frei. Damit folgte die Mauer tatsächlich dem von den Ausgräbern vermuteten Verlauf. Einen weiteren Abschnitt entdeckte Avigad unter dem byzantinischen *Cardo maximus*. An dieser Stelle weist die Mauer eine Lücke auf. Möglicherweise stand hier ein Stadttor, das der Forscher vorläufig als das Gennath-Tor identifizierte, das sich laut Flavius Josephus im Norden befunden haben soll.

Der **hasmonäische Turm** (Abb. 92) war an der Ostseite des in Kapitel 7 beschriebenen israelitischen Turms errichtet worden (vgl. S. 147). Er springt fast 6 m aus der Stadtmauer vor und erhebt sich mit einer offenen Seite über einer quadratischen Grundfläche von 9 × 9 m. Seine Mauern sind 2,50–3 m stark, seine Fundamente reichen tief in die israelitische Schicht hinein. Die israelitischen Befestigungsanlagen wurden also, nachdem sie 400 Jahre lang ungenutzt geblieben waren, von den Hasmonäern geschickt in ihr neues Verteidigungssystem integriert.

92 *Jerusalem. Der hasmonäische Turm, in dem Reste des älteren israelitischen Turms (rechts) eingebaut wurden. 1. Jh. v. Z.*

Im Gegensatz zu den sorgfältig bearbeiteten, bossierten Quadern, die Herodes später verwendete, sind die hasmonäischen Quader nur grob behauen, was den Schluß nahelegt, daß die Mauern hastig aufgebaut und verstärkt wurden.

In der wiedererstandenen Oberstadt lagen außer dem bisher noch nicht gefundenen Palast die Häuser der Reichen, des Adels, der Priester und der ranghohen Offiziere. Zerbrochene Säulen und korinthische oder ionische Kapitelle, die sie bekrönten, sind stumme Zeugen einer vergangenen Pracht.

Am Nordende der Esplanade vor dem Tempelberg fanden die Ausgräber eine **Doppelzisterne,** von deren Bau schon Jesus Sirach (= Ecclesiasticus 50, 1+3) berichtet: »Der Hohepriester Simon, ... besserte das Gotteshaus aus, ... In seiner Zeit ward der Teich gegraben, ein Becken, groß wie das Meer.« Nach dem neuen Stadtviertel im Norden erhielt dieser Doppelteich den Namen Beth Hesda, d.h. Haus der Barmherzigkeit. Seinem Wasser wurden Heilkräfte zugeschrieben (Joh. 5,2–7). Zumindest ein Teil der Anlage stammt aus hasmonäischer Zeit, darauf deuten fünf in den Fels gehauene Kammern im hasmonäischen Stil hin, die in unmittelbarer Nähe freigelegt wurden. Weitere unterirdische Teiche, Gänge und Korridore, die unter der oberen Esplanade des Tempelbergs (auf dem heute zwei muslimische Heiligtümer stehen, der Felsendom und die al-Akza-Moschee) nach Süden hin verlaufen, ergänzten das unterirdische Wasserversorgungsnetz des Tempels.

Die unter den Hasmonäern stark gewachsene Stadt hatte nach Berichten griechischer Historiker, die sie besuchten, über 120 000 Einwohner. Nach Ansicht israelischer Archäologen dürfte sich diese Zahl jedoch erst auf die Zeit Herodes' beziehen, der im Jahr 37 v. Z. mit römischer Unterstützung den letzten Hasmonäerherrscher Mattathias Antigonos ausschaltete und sich selbst die Krone aufs Haupt setzte.

Mit Herodes hörte der unabhängige jüdische Staat auf zu bestehen, doch wurde das Land mit Festungen, Palästen und neuen Städten solcher Pracht überzogen, wie sie seine Einwohner seit den Tagen König Salomos nicht gesehen hatten.

Kapitel 9

»In den Tagen des Herodes, des Königs von Judäa« Das herodianische Zeitalter

Lk. 1,5

Wenn die Auskünfte der Bibel der Juden, des Alten Testaments, über die Bautätigkeit der israelitischen Könige bisher schon spärlich waren, so schweigt sich das Neue Testament über Herodes' Leistungen in diesem Bereich völlig aus – was allerdings nur die Erfahrung bestätigt, daß gerade Schweigen von großartigen Taten zeugt.

Im Jahr 37 v. Z. zog Herodes (Abb. 93) als Sieger in Jerusalem ein. Er nahm Besitz von dem Königreich, das ihm drei Jahre zuvor der Senat von Rom zugesprochen hatte. Den rechtmäßigen Herrscher, den Hasmonäer Mattathias Antigonos II. (40–37 v. Z.) schaltete er geschickt aus, indem er die Römer durch Bestechung veranlaßte, ihn hinzurichten, ein Dienst, den sie ihm bereitwillig erwiesen. Um anschließend seine übrigen hasmonäischen Konkurrenten – die Söhne, die ihm die Hasmonäerprinzessin Mariamne geschenkt hatte, mit eingeschlossen – im Kampf um Königsthron und Macht zu schlagen, brauchte er weitere zehn Jahre.

Als erstes führte Herodes eine Verwaltungsreform nach griechischem Vorbild durch. Ebenso ordnete er sein Heer neu, das vorwiegend aus Söldnern, hauptsächlich Thrakern und Galliern, und nur wenigen Juden bestand. Als Vasall Roms war er bei der Gestaltung der Innenpolitik zwar völlig frei, in der Außenpolitik dagegen waren ihm die Hände gebunden. Das ging so weit, daß er sich ohne Roms Erlaubnis nicht einmal gegen ein einfallendes Heer zur Wehr setzen durfte.

Dank der strafferen Verwaltung flossen der Staatskasse ansehnliche Einnahmen aus Zöllen zu, und auch die Steuereintreiber leisteten gründliche Arbeit. Darüber hinaus war Herodes bei seiner gewaltsamen Machtergreifung das nicht unbeträchtliche Vermögen der Hasmonäer zugefallen, hinzu kam der beschlagnahmte Besitz seiner politischen Gegner. All dies ermöglichte ihm die Finanzierung seiner gewaltigen Bauvorhaben, denen er – eher als seinem Ansehen im Volk – seinen Beinamen ›der Große‹ verdankt.

Sofort nach seiner Machtübernahme begann Herodes die aus der Hasmonäerzeit datierenden Festungen aus- oder wieder aufzubauen, so im Jahr 37 v. Z. das hasmonäische **Alexanderion** (vgl. S. 173), das von den Römern mehr als 20 Jahre zuvor zerstört worden war. In dieser Festung hortete er sein Privatvermögen und hierher ließ er seine beiden im Jahre 7 v. Z. in Samaria auf sein Geheiß ermordeten Söhne Alexandros und Aristobulos überführen. Sechs Jahre darauf (31 v. Z.) nahm er die Festung **Hyrkania** (vgl. S. 173) ein, die er architektonisch seinen Bedürfnissen anpaßte.

HERODES (HERODION)

93 Porträt Herodes' des
Großen (?). In Ägypten
gefundener Kopf

Weitere Festungen in den Grenzgebieten, zum Teil auf dem Ostufer des Jordan, waren das **zweite Herodion, Machaerus** und **Esbon.** Letztere schützte eine starke Militärkolonie.

Eine Gründung des Herodes ist dagegen das bekanntere **Herodion,** das knapp eine Tagesreise von Jerusalem entfernt lag. Festung und Luxuspalast auf dem teilweise künstlich geschaffenen Kegel wurden schon häufig beschrieben. Erst 1984 wurde hingegen der Palast am Fuß des Kegels (Abb. 94), eine getreue Nachbildung der Anlage auf dem Berg – allerdings mit einer Grundfläche von ca. 7000 m² mehr als doppelt so groß – der Öffentlichkeit vorgestellt.

Neben dem unteren Palast erstreckte sich ein riesiger Park mit einem 69,20 × 45,50 m großen Teich (Abb. 95), in dessen Mitte sich ein runder, zweigeschossiger Pavillon aus weißem Marmor mit einem Durchmesser von 13,20 m erhob. Der Teich diente nach Ansicht des Archäologen Ehud Netzer von der Hebräischen Universität in Jerusalem als Wasserreservoir, Schwimmbecken, zur Unterhaltung – kleine Segelboote zogen auf dem Wasser ihre Runden –, aber auch als landschaftsgestaltendes Element, das die Umgebung der Festung verschönern sollte.

Im Norden der unteren Palastanlage fand Netzer die Überreste der königlichen Ställe sowie eine fast 400 m lange Straße, die auf ein großes Gebäude zuführte. Für ein Hippodrom zu

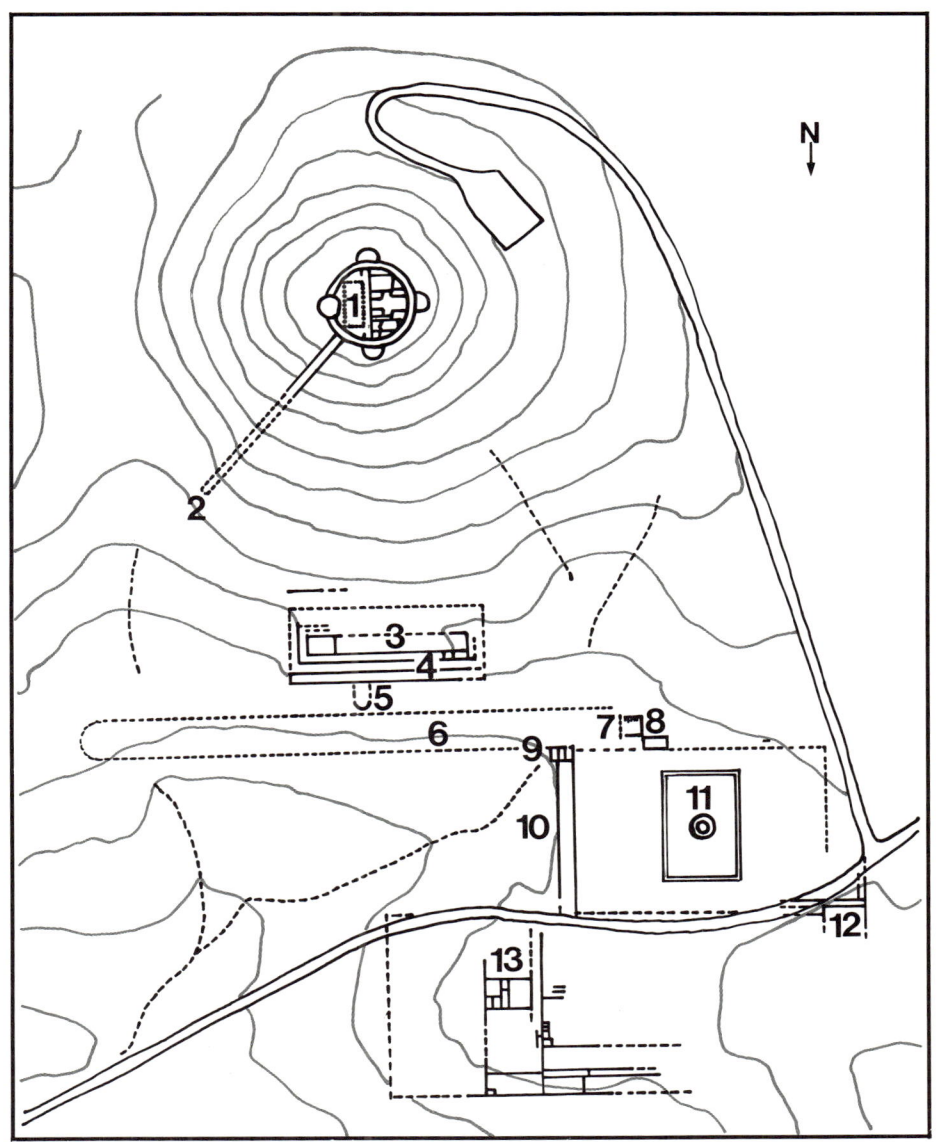

94 Herodion. Plan der Palastburg auf dem Berg und der Anlage zu seinen Füßen. 2. Hälfte 1. Jh. v. Z.
1 Festung mit Palast 2 Treppenaufgang zur Festung 3 Großer Palast 4 Unterirdische Säle 5 Vermuteter Balkon 6 Bahn 7 Monumentales Gebäude 8 Gebäude B 14 9 Rechteckige Struktur 10 Dammähnliche Mauer 11 Teichanlage 12 Nebengebäude 13 Nordflügel

HERODES (HERODION/TELL EL-AKABA/MASADA/JERUSALEM)

95 Herodion. Querschnitt durch den Teichkomplex im Unteren Herodion mit Tholos in der Teichmitte. 2. Hälfte 1. Jh. v. Z.

schmal, mag sie bei athletischen Wettkämpfen als Laufbahn gedient haben. Es könnte sich nach Ansicht Netzers aber auch um die Straße zur letzten Ruhestätte Herodes' handeln. Diese Vermutung legen die Ausmaße der an ihrem einen Ende freigelegten Struktur (14,90 × 14 m) nahe. Außen war das Gebäude nur einfach verputzt; das Innere dagegen war viel aufwendiger gestaltet: Zumindest an dreien der vier Wände eines 12,80 × 8,80 m messenden Saales, der in byzantinischer Zeit durch Zwischenwände unterteilt wurde, waren 90 cm über dem Boden Nischen eingelassen, 1,45 m breit, 56 cm tief und wahrscheinlich 3,60 m hoch (Abb. 96). Die freibleibenden Wandfelder waren durch vorgelegte Halbsäulen auf gekurvten Basen, möglicherweise auch mit Fresken geschmückt; von diesen haben sich jedoch nur rote Farbspuren erhalten. Der Saal selbst war vermutlich 10 m hoch. Seine starken Mauern haben nach Ansicht von Netzer ein Tonnengewölbe und ein zweites Geschoß oder aber ein monumentales Dach

96 Herodion. Der monumentale Bau in der Unterstadt. 2. Hälfte 1. Jh. v. Z.

getragen, das möglicherweise die Grabkammer mit Herodes' sterblichen Überresten enthielt. Diese dürften dann Grabräubern zum Opfer gefallen sein – vermutlich in byzantinischer Zeit, als der Bau als Wohngebäude benutzt wurde.

Nach Ansicht anderer Wissenschaftler hatte Herodes potentielle Grabräuber und Feinde jedoch in die Irre führen wollen, als er Herodion offiziell zu seiner letzten Ruhestätte bestimmte. Als alternativer Begräbnisplatz käme **Tell el-Akaba** in Frage, das 1–2 km vom Winterpalast des Königs in Jericho entfernt liegt. Dieser Tell blickt direkt nach Arabien und entspricht somit eher der Lagebeschreibung des Herodesgrabes bei Flavius Josephus. Zumeist wird heute im Tell el-Akaba jedoch die ebenfalls von Herodes erbaute und nach seiner Mutter benannte Festung **Kypros** gesehen. Die Gelehrten, die Tell el-Akaba für die letzte Ruhestätte Herodes' halten, setzen Kypros jedoch mit der Feste Dok auf dem Ras Qarantal gleich.

Auf Herodion ließ Herodes um das Jahr 30 v. Z. den prachtvollen Neubau von **Masada** folgen, wo schon die Hasmonäer eine starke Festung errichtet hatten. Mit dem Bau dieser großzügigen Anlage – komplett mit dreigeschossigem Luxuspalast, Thronsaal, Verwaltungsgebäuden, Lagerhäusern und Badehaus – hatte Herodes sein Reich gegen innere und äußere Feinde abgesichert. Allerdings wurde er jetzt beinahe ein Opfer des Machtkampfes, der in Rom zwischen seinem Gönner Marcus Antonius und Oktavian ausgefochten wurde. Doch gelang es dem König, auch die Gunst des siegreichen Oktavian zu gewinnen. Als Dank für die treuen Dienste, die er ihm auf seinem letzten Feldzug gegen Kleopatra und Marcus Antonius in Ägypten geleistet hatte, erhielt Herodes Jericho und die Stadt Gaza sowie die Küstenstädte Stratonsturm, Joppe, d. h. Jaffa, und Anthedon, die ihm endlich auch Zugang zum Meer verschafften, sowie im Osten ganz Samaria und die beim See Genezareth gelegenen Städte Hippos und Gadara zum Geschenk.

In **Jerusalem** (Abb. 97) baute Herodes an die Stelle der alten hasmonäischen Festung Bira die **Burg Antonia** (Abb. 98), benannt nach seinem ersten römischen Gönner Marcus Antonius. Sie erhob sich direkt neben dem Tempel, dort, wo die beiden Kolonnaden des ersten Tempelhofes zusammenliefen. Nach dem Bericht des Flavius Josephus erhob sich die Burg auf einem 25 m hohen Felsplateau, das nach allen Seiten hin steil abfiel und dessen Hänge zudem mit glatten Steinplatten verkleidet wurden, um jeden Gedanken, sie zu erklettern, bereits im Keim zu ersticken. Die Anlage soll eine Fläche von 100 × 67 m eingenommen haben; an jeder Ecke erhob sich ein Turm, der höchste 36 m, die drei anderen 26 m hoch. Der Komplex enthielt prunkvolle Repräsentations- und Wohnräume, Bäder und Säulenhallen, daneben weitläufige Höfe, in denen zur Not auch Truppen ihr Lager aufschlagen konnten. Burg und Tempel waren durch Kolonnaden verbunden. Diesen Weg nahmen später die römischen Soldaten, die nach Herodes' Tod ständig hier stationiert waren, um die Volksmassen zu zerstreuen, sobald sich Anzeichen von Unzufriedenheit oder eines Aufruhrs bemerkbar machten.

Nach mittelalterlicher Überlieferung soll die Burg Antonia an der Stelle der modernen arabischen Schule Omarija gestanden haben. Hierhin hat die christliche Tradition auch die erste Station der Via dolorosa, des Leidensweges Jesu, gelegt, obwohl ihr Anfang nach Ansicht vieler Gelehrter bei Herodes' **Palast** in der Unterstadt gesucht werden sollte.

HERODES (JERUSALEM)

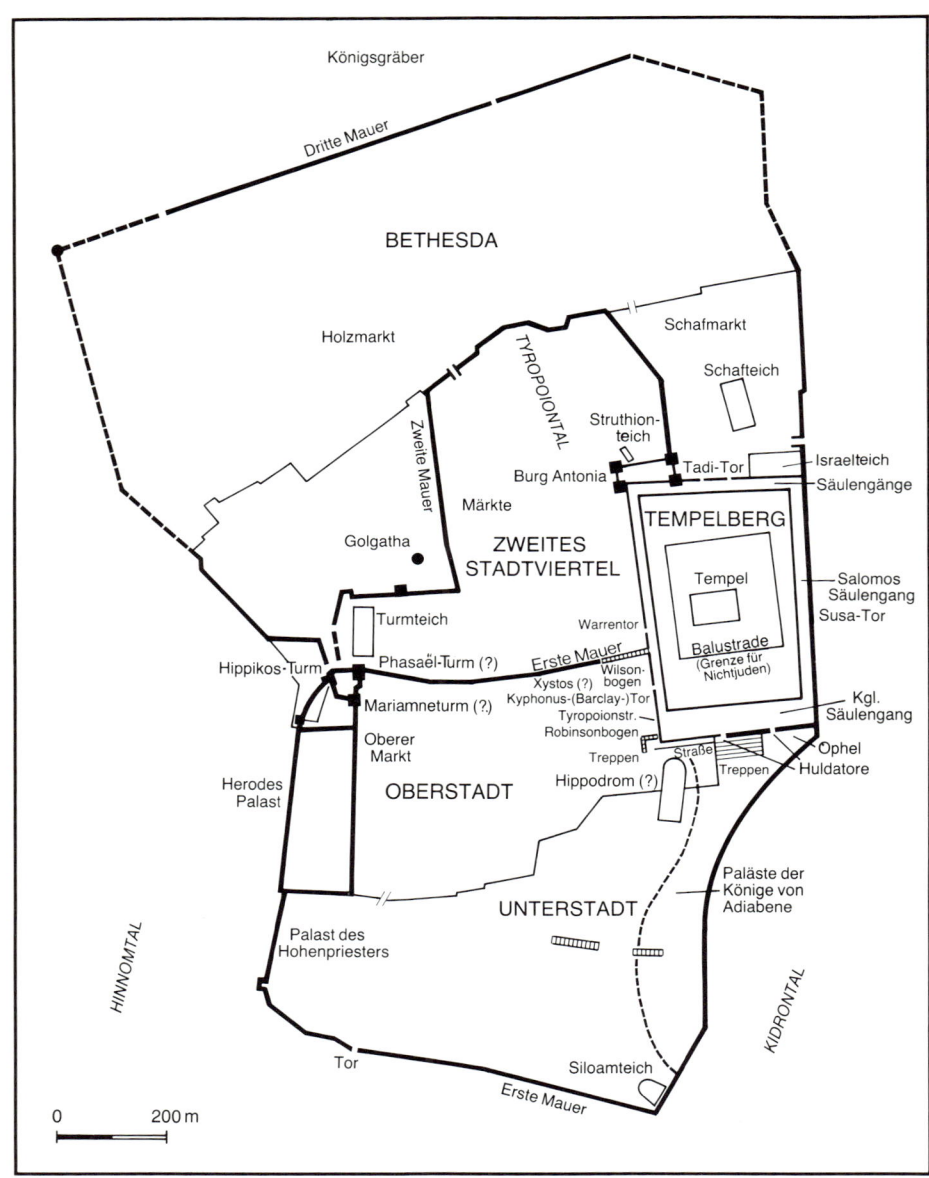

97 Jerusalem. Stadtplan zur Zeit Herodes'. 2. Hälfte 1. Jh. v. Z.

98 Jerusalem. Die Burg Antonia. Nachbildung. Jerusalem, Holyland Hotel

Dieser erhob sich an der Westseite des Zionsberges (Abb. 99) und – wie der gleichzeitig prunkvoll restaurierte zweite Tempel – auf einer mächtigen Plattform inmitten von Gärten und weitläufigen Höfen, deren unvorstellbare Pracht nach dem Bericht des Flavius Josephus kaum in Worte gefaßt werden konnte. Immerhin teilt der antike Autor mit, daß die Anlage auf allen Seiten von einer fast 14 m hohen Mauer umgeben gewesen sei, in die in regelmäßigen Abständen Ziertürme eingefügt waren. Josephus' Worten zufolge umfaßte der Palast riesige Festsäle und Gästezimmer mit insgesamt 100 Betten. Für seinen Bau seien aus dem ganzen Land Steine herangeschafft worden, und die Decken seien von unglaublich langen Balken getragen worden, die herrlich verziert waren. Kein Zimmer habe dem zweiten geglichen.

Die von dem israelischen Archäologen Magen Broshi durchgeführten Ausgrabungen haben immerhin ergeben, daß der Palast eine Grundfläche von 330 × 130 m einnahm. Der Forscher legte insgesamt fünf bis zu einer Höhe von 3,50 m erhaltene Mauern frei, die möglicherweise als Teile des Fundaments und der Plattform anzusehen sind. Von dem eigentlichen Gebäude hat Broshi dagegen nicht einmal Mauerreste gefunden. Sie sind wohl 1300 Jahre später dem Bau des Königspalastes der Kreuzfahrer an dieser Stelle zum Opfer gefallen.

Den glanzvollen Hofkomplex schützten im Norden drei mächtige Türme, die Herodes nach seinem Freund Hippikos, seinem Bruder Phasaël und seiner aus Eifersucht hingerichteten Frau Mirjam – dies war ihr hebräischer Name, besser bekannt ist sie als Mariamne – benannt hatte (Abb. 100).

HERODES (JERUSALEM)

99 Jerusalem. Herodes' Palast. Nachbildung. Jerusalem, Holyland Hotel

Der **Hippikos-Turm** soll sich nach Flavius Josephus' Angaben auf einem quadratischen Unterbau von fast 12 m Seitenlänge und 15 m Höhe erhoben haben. Auf diesem sei eine 9 m hohe Zisterne erbaut worden und darüber habe ein 12 m hohes, zweigeschossiges Gebäude mit einer Reihe von Zimmern gelegen. Dieses wiederum sei von einem Kranz von 90 cm hohen Türmchen über einer 1 m hohen Brustwehr bekrönt gewesen.

Neben dem **Phasaël-Turm** habe er sich allerdings bescheiden ausgenommen. Der nämlich war – demselben Autor zufolge – 45 m hoch mit entsprechend größerer Grundfläche. Über einem festen Unterbau von 18 m Höhe habe sich ein 4,50 m hoher Säulengang erhoben, den Brustwehr und Bollwerke schützten. Aus der Mitte des Säulengangs habe ein zweites Turmgeschoß herausgeragt, mit prachtvollen Zimmern und sogar einem Bad, auch dieses wieder bekrönt von Brustwehr und kleinen Türmchen. Er soll dem Leuchtturm der Stadt Alexandria geglichen haben, war allerdings sehr viel wuchtiger.

Auch der **Mariamne-Turm** erhob sich über einem festen kubischen Unterbau von 9 m Kantenlänge. Sein Aufbau war noch prachtvoller und aufwendiger als der der beiden anderen Türme.

Der Palast in der Unterstadt, nicht die Burg Antonia am entgegengesetzten Ende der Stadt, war der Verwaltungssitz des Herodes und später der römischen Prokuratoren des 1. Jh.s n. Z.

100 Jerusalem. Die Türme Hippikos, Phasaël und Mariamne, die Herodes' Palast schützen sollten

und sicher auch die offizielle Residenz des Landpflegers Pontius Pilatus (26–36 n. Z.), wenn er in Jerusalem weilte und nicht in Caesarea am Meer.

Herodes' Palast ging in Flammen auf, als die Römer im Jahr 70 n. Z. Jerusalem und seinen Tempel eroberten. Die Römer schleiften auch die Türme Hippikos und Mariamne, nur den Phasaël-Turm ließen sie stehen, um der Nachwelt zu demonstrieren, welch mächtige Verteidigungsanlagen sie hatten erstürmen müssen. In den Jahrhunderten nach der Zerstörung Jerusalems und damit auch des herodianischen Palastes benannte der Volksmund den Phasaël-Turm in **Davidsturm** um, heute wird er Zitadelle genannt (Abb. 101).

Die ersten Ausgrabungen auf der **Zitadelle** und in ihrer Umgebung führte C. N. Johns in den Jahren 1934 bis 1947 durch. Er fand einen langen Abschnitt der Stadtmauer aus der Zeit des zweiten Tempels, und zwar den nordwestlichen Winkel der »Ersten Mauer« von Jerusalem, die zu hasmonäischer und herodianischer Zeit die Anhöhe im Südwesten umschloß. 1968 bis 1969 legten Ruth Amiran und A. Eitan innerhalb der Stadtmauern Häuserreste aus der gleichen Zeit frei.

In die »Erste Mauer« integrierte Herodes die erwähnten drei Türme seines Palastes. Von einem haben sich eindrucksvolle Reste erhalten. Robinson war der Meinung, es handele sich um den Hippikos-Turm. Andere Gelehrte, darunter auch der Deutsche Schick und der israelische

Archäologe Avi-Yonah, neigen dagegen der Auffassung zu, es sei der Rest des mächtigen Phasaël-Turmes, wobei die von Flavius Josephus angegebenen Maße (40 × 40 × 40 Ellen) entscheidendes Indiz für die Identifizierung waren. Allerdings darf diese Bestimmung nicht als endgültig betrachtet werden, weil unklar ist, wie groß die von dem antiken Historiker zitierte Elle tatsächlich war (die israelische Elle maß 52,50 cm). Die Lage der Zitadelle zumindest stimmt eher mit der des Hippikos-Turms überein.

Wie auch immer: Erhalten haben sich 16 Lagen am Rand behauener und in der Mitte bossierter Quader von durchschnittlich 2,50 m Länge, 1,25 m Tiefe und 1,25 m Höhe. Die unteren acht Reihen bilden das Fundament – es ist, wie Josephus richtig vermerkt, mit Steinen angefüllt –, die acht Reihen darüber sind um jeweils 3 cm nach innen versetzt. Die Gesamthöhe des erhaltenen Stumpfes beträgt eindrucksvolle 18,95 m. Darauf erhebt sich ein mameluckisch-türkischer Saal, für dessen Mauern kleinere Steine verwendet wurden. Bei Ausgrabungen stellten die Archäologen fest, daß der Turm unmittelbar über der älteren hasmonäischen Mauer errichtet worden ist. Herodes verstärkte dieses ältere Befestigungswerk, das von dieser – seiner nordwestlichen – Ecke aus in östlicher Richtung zur Westmauer des Tempelbergs verlief.

Eine weitere **herodianische Mauer** faßte laut Flavius Josephus auch das nördliche Wohnviertel auf den oberen Hängen des Tyropoiontales mit seinen Marktplätzen ein. Sie verlief von den

101 Jerusalem. Die ›Zitadelle‹. Rechts: Davidsturm; links: Hippikosturm

Türmen nördlich des Palastes bis ungefähr zum heutigen Damaskustor. Dort haben die Ausgräber die Reste eines herodianischen Torturms gefunden. Die Mauer umgab das Stadtviertel in weitem Bogen bis zu einem der Türme der Burg Antonia und war – wieder laut Flavius Josephus – mit 14 Türmen bewehrt. Sie ist bis heute jedoch noch nirgends ergraben worden.

Die **Wasserversorgung** der blühenden, wachsenden Stadt stellte Herodes vor nicht geringe Probleme, denn das Wasser aus der Gichonquelle, aus den Zisternen des Tempelberges und denen der verschiedenen Stadtviertel reichte längst nicht mehr aus. Antike Ingenieure konstruierten deshalb einen Aquädukt, um das Wasser der En-Etam-Quelle nach Jerusalem zu leiten. Bei Bauarbeiten in einem östlichen Vorort der Stadt wurden 1980 rund 300 m des unteren Abschnitts dieser herodianischen Wasserleitung freigelegt. Sie besteht größtenteils aus einem unterirdischen Tunnel, der fast durchgängig mehr als mannshoch ist. Die aus dem Fels gemeißelten Wände sind verputzt, und die 116 n. Z. im Tunnel zusätzlich verlegten Tonröhren sehen fast wie neu aus. In die Wände sind in regelmäßigen Abständen Luftschächte geschlagen, die es den Arbeitern vor fast 2000 Jahren ermöglichten, unter der Erde zu arbeiten. Der Aquädukt war seit Herodes bis in die Zeit des Osmanischen Reiches ununterbrochen in Gebrauch. Erst als die britischen Mandatsbehörden elektrisch betriebene Pumpen und Stahlrohre einführten, wurde er überflüssig.

In der Unterstadt des herodianischen Jerusalem lagen vor allem die großartigen öffentlichen Bauten: das Theater, das Amphitheater und das Hippodrom sowie gepflasterte Plätze und Treppen. Allem Anschein nach baute Herodes am östlichen Abhang der Oberstadt ein Theater und am unteren Ende des Tyropoiontals ein Amphitheater. Auf diese Standorte lassen die bisherigen Grabungsergebnisse schließen, obwohl noch keines der beiden Gebäude gefunden wurde. Auf den Standort des Hippodroms weist Flavius Josephus in seiner Beschreibung der drei Lager hin, die der Römer Titus während der Belagerung Jerusalems aufschlug (70 n. Z.); sie läßt den Schluß zu, daß es sich im Süden außerhalb der »Ersten Mauer«, möglicherweise im Hinnomtal, befand.

Um das Jahr 20 v. Z. nahm Herodes sein ehrgeizigstes Projekt in Angriff: den umfassenden **Um- und Neubau des zweiten Tempels,** der fast 500 Jahre nach seiner Wiedererrichtung dringend der Restaurierung bedurfte. Schon 18 v. Z. wurde er geweiht. Weitere acht Jahre dauerte es, bis Hallen, Höfe und Umfassungsmauern fertiggestellt waren, aber erst 64 n. Z. waren die Bauarbeiten im riesigen Tempelbezirk tatsächlich beendet: sechs Jahre vor der Zerstörung durch Titus. Das Ergebnis rechtfertigte alle Mühen, und selbst der Talmud preist das Bauwerk uneingeschränkt: »Wer den Tempel nicht gesehen hat, hat kein wahrhaft schönes Bauwerk gesehen!«

Von dieser Pracht geben zahlreiche Bruchstücke von Pilastern und Kapitellen, Teile zweier steinerner Sonnenuhren und Fragmente anderer Architekturelemente wie Friese, Paneele und Gesimse aus der Mauerkrone und dem königlichen Säulengang nur eine schwache Vorstellung. Sie alle wurden im Schutt entlang der Südmauer und in der Nähe der Westmauer des Tempelbergs gefunden und weisen das für diese Zeit typische künstlerische Repertorium von geometrischen und floralen Ornamenten auf.

HERODES (JERUSALEM)

Abgesehen davon hat sich außer der einen oder anderen von Römern, Byzantinern und Muslimen wiederverwendeten Säule aus den herodianischen Säulengängen von dem Tempelbau selbst nichts erhalten. Die Jahrhunderte überlebt haben dagegen die gewaltigen Substruktionen, mit deren Hilfe Herodes das Terrain des Tempelberges nahezu verdoppelte, indem er angrenzende Senken auffüllen und die so erweiterte Plattform durch riesige Stützmauern aus den für seinen Baustil typischen rundum beschlagenen und in der Mitte bossierten Quadern einfassen ließ. Der bekannteste bis heute erhalten gebliebene Teil dieses Unterbaus ist die Westmauer, die **Klagemauer**. Darüber hinaus haben die Archäologen die Lage der zum Tempelberg hinaufführenden Tore bestimmen können.

Am erfolgreichsten waren sie dabei mit den Toren in der Westmauer, von denen es nach dem Bericht des Flavius Josephus vier gab. Vom südlichsten aus führte eine monumentale Treppe, getragen vom heute so genannten **Robinsonbogen** (Abb. 102), über die Hauptstraße des herodianischen Jerusalem hinweg hinauf zu den *Chanujot*, dem königlichen (auch: südlichen) Säulengang. Der ursprünglich ca. 15,75 m weite Bogen, von dem sich vier Lagen großer Blöcke erhalten haben, ging von einem Riesenpfeiler aus, der in 13 m Entfernung parallel zur Westmauer stand. Auf dem Niveau der gepflasterten herodianischen Straße sind in dem Pfeiler Kammern zu erkennen, allem Anschein nach Läden für die zum Tempel strömenden Pilger. Von diesem Pfeiler aus führte eine Freitreppe, die an ihrem Anfang ebenfalls von Bögen getragen wurde, in die dem Tempelberg gegenüberliegende Oberstadt. Über den **Wilsonbogen** am anderen Ende der Westmauer verband ein Viadukt die Oberstadt mit dem westlichen Säulengang des Tempelbergs.

102 Jerusalem. Der Robinsonbogen mit Treppe zum Tempelberg und Straße darunter

103 Jerusalem. Das Doppelte Huldator mit der breiten Treppe davor. Rekonstruktion

Der nach seinem Entdecker (1855–1857) Thomas Barclay benannte Zugang (**Barclay-Tor**) – nach dem römischen Prokurator (6–9 n. Z.), der es erneuerte und verschönerte, auch Kiphonus-Tor genannt – liegt im südlichen Teil des Frauenplatzes vor der Westmauer. Sein gewaltiger, aus einem einzigen Block bestehender Türsturz (7,50 m lang und über 2 m hoch) befindet sich auf dem Schwellenniveau der übrigen herodianischen Tore der Westmauer. Der Durchgang hat eine lichte Höhe von 8,75 m, allerdings konnte bisher noch keine Schwelle ausfindig gemacht werden. Nach innen schließt sich heute eine verfallene Moschee an. Ehemals befand sich an dieser Stelle eine Vorhalle, von der aus ein unterirdischer Gang – beide wurden in islamischer Zeit in ein Wasserreservoir umgewandelt – und eine Rampe in südlicher Richtung hinauf zum Tempelberg führten.

Am nördlichen Ende der Westmauer identifizierte Charles Warren 1874 bei der Untersuchung einer Zisterne an der Innenseite der Westmauer auf dem Niveau der in herodianischer Zeit durch das Tyropoiontal führenden Straße den seither nach ihm benannten Zugang (**Warren-Tor**). Wie das Kiphonus-Tor wird es über einen unterirdischen Aufgang zu einem der Tempelhöfe geführt haben. 1975 hatte das israelische Religionsministerium an dieser Stelle einen Steinbau freigelegt, den ein langer unterirdischer Korridor mit der öffentlichen Gebetshalle unter dem Wilsonbogen verband. Auch dieser Bau erhob sich auf dem Schwellennivau der herodianischen Tore. Der Bau bestand aus dem oberen Teil eines zugemauerten Bogenabschnittes in der riesigen herodianischen Stützmauer.

Klar erkennbar, wenngleich vermauert, sind bis heute die beiden Tore in der Südmauer: das **Dreifache** (auch: **Östliche**) und das **Doppelte** (auch: **Westliche**) **Huldator**. Ehemals betraten

104 Das Dreifache Huldator

die Pilger den Tempelbezirk durch das Dreifache Huldator und verließen ihn durch das Doppelte Huldator. Das westliche der beiden (Abb. 103) ist ca. 12,80 m breit und führt in eine quadratische Vorhalle aus wuchtigen herodianischen Blöcken. Eine monolithische Säule von 1,40 m Durchmesser in der Mitte des Raumes trägt vier flache Kuppelgewölbe auf Pendentifs, an denen noch Spuren der ursprünglichen Akanthus-Dekoration zu erkennen sind. Vermauert wurde dieser doppelte Zugang vermutlich zur Kreuzfahrerzeit (12.–14. Jh.). Von außen ist er zum Teil durch jüngere Bauten verdeckt. Das benachbarte Dreifache Huldator (Abb. 104) war ursprünglich ungefähr 15 m breit, anscheinend mit einem großen Durchgang in der Mitte und zwei kleineren zu jeder Seite.

Problematisch ist die Lagebestimmung der Tore in der östlichen und nördlichen Mauer. Das **Susa-Tor** in der Ostmauer, auch *Schuschan-ha-Bira* genannt, sollte dabei auf keinen Fall mit dem heutigen Goldenen Tor identifiziert werden, das erst in byzantinischer oder omajjadischer Zeit entstanden ist.

Weiter südlich auf derselben Seite, ungefähr auf der Höhe des Robinsonbogens an der Westmauer, befinden sich Reste einer Bogenkonstruktion, die offenbar einen Treppenaufgang trug, der in einen der Tempelhöfe führte. Vom obersten Treppenabsatz gab ein kleines namenloses Tor den Weg in die gewaltigen Hallen der Substruktionen der Tempelplattform frei, ›Ställe Salomos‹ genannt.

Die genaue Lage des **Tadi-Tores** in der nördlichen Stützmauer ist ebenfalls noch unbekannt. Berichten der *Mischna*, des jüdischen Rechtskodex, zufolge verlief ein gewundener unterirdischer Gang, von Öllampen in Nischen an beiden Seiten beleuchtet, von diesem Tor aus bis jenseits der Stadtmauer. Untersuchungen haben ergeben, daß direkt unter dem Felsendom ein solcher Korridor, der heute als Zisterne dient, tatsächlich existiert. Er führt zum alten Tor in der Nordmauer der Stadt; allerdings haben die muslimischen religiösen Behörden weitere Untersuchungen auf dem Tempelberg nachdrücklich untersagt.

Der herodianische Stadtausbau veränderte die Topographie um den Tempelberg entscheidend. Um Raum zu schaffen für die Verwirklichung seiner kühnen Pläne, ließ der König den Großteil der dort stehenden Häuser und öffentlichen Bauten bis auf die Fundamente abtragen. Teiche, Zisternen, Kanäle und sogar alte Gräber fielen dem Unternehmen gleichfalls zum Opfer.

Bei Grabungen in unmittelbarer Nähe des Robinsonbogens legten die Archäologen auch die Straße frei, die entlang der Westmauer des Tempels verlief. Sie gabelte sich direkt nördlich des Robinsonbogens. Nach Nordwesten verlief von hier aus die Hauptstraße Jerusalems durch das Obere Tal bis zum heutigen Damaskustor. Der kleinere Abzweig folgte dem Verlauf der Westmauer des Tempelbergs geradewegs nach Norden zur Burg Antonia, in entgegengesetzter Richtung zum südlichen Stadttor, das zum Hinnomtal hinausführte. Von dort aus konnte man über eine Abzweigung nach Osten zum Siloamteich (Abb. 105) gelangen. Um die nach der Vollendung des Tempels beschäftigungslos gewordene Bevölkerung mit Arbeit zu versorgen, wurde nach dem Bericht des Flavius Josephus unter Agrippa II. (50–92/93 n. Z.) die gesamte ›Tyropoionstraße‹ mit über 90 cm langen Platten gepflastert.

Ungefähr 8 m unter dieser Pflasterung verläuft ein **Entwässerungskanal** bis zum Misttor, dem heutigen Südtor von Jerusalem. Von einem flachen Gewölbe gedeckt, fällt er nach Süden hin leicht ab und nimmt die Abwässer kleinerer, aus westlicher und östlicher Richtung kommender Kanäle auf, die das Regenwasser von Dächern und Straßen aufgefangen hatten. Möglicherweise wurden damit die Gärten und Gemüsefelder vor den Stadttoren bewässert. Charles Warren entdeckte den Kanal bereits im 19. Jh., doch erst der israelische Archäologe Benjamin Mazar konnte in Grabungen seit 1968 seinen Verlauf exakt bestimmen. Offenbar verband die Tyropoionstraße die beiden Hauptmärkte der Stadt: den Oberen Markt im Nordwesten und den Unteren Markt weiter im Süden. Sie war wohl von Geschäften gesäumt. An ihrer Kreuzung mit der vom Damaskustor kommenden Straße, d. h. an der südwestlichen Ecke des Tempelberges, lag in herodianischer Zeit das Herz der Stadt. Hier zweigte auch eine ebenfalls gepflasterte, schmalere Verkehrsader ab, die entlang der Südmauer in östlicher Richtung vorbei an den beiden Huldatoren bis zur südöstlichen Ecke des Tempelbergs führte.

Nahe der Abzweigung entdeckte Mazar einen großen Quader, der eine Vertiefung in der Mitte und eine hebräische Inschrift am Rand aufwies, die bis auf ein an der linken Kante herausgebrochenes Stück deutlich zu lesen ist. Sie lautet: »*Le-Beth ha-Teqia le-hach(ris)*...«, d. h. »Zum Haus (auch: Platz) des Trompetens, um zu verkünden...«. Mit Hilfe der Angaben des Flavius Josephus konnte man den Block als Bauelement des Turms an der südwestlichen Ecke des Tempelbezirks identifizieren. Von hier aus verkündete ein Priester am Vorabend des Sabbat

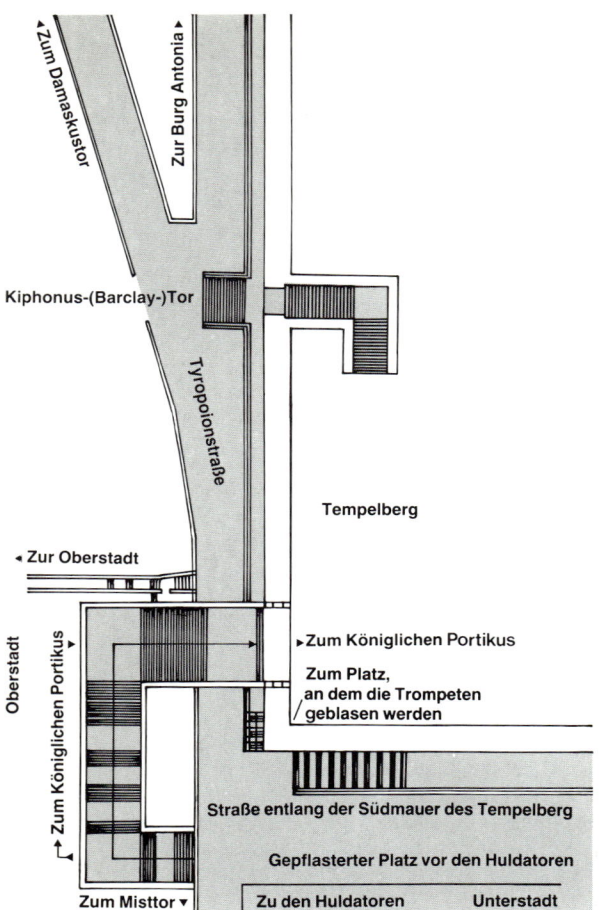

105 Jerusalem. Der Tempelberg und seine unmittelbare Umgebung zur Zeit des Herodes. 2. Hälfte 1. Jh. v. Z.

mit einem Trompetenstoß den Beginn des heiligen Ruhetages; am nächsten Abend wurde mit einem weiteren Trompetenstoß sein Ende bekanntgegeben.

Im Süden der Straße entlang der Südmauer des Tempelbergs lag ein breiter gepflasterter Platz, den auf der Höhe des Doppelten Huldators eine Treppe von 65,50 m Breite in 30 Stufen mit der Tempelmauer verband. Mit Ausnahme der obersten vier folgte auf jeweils zwei Stufen ein breiterer Absatz. Ausgrabungen im Bereich der monumentalen Treppe legten vor dem Doppelten Huldator ein bis auf die Fundamente zerstörtes Gebäude frei, das Zisternen und Teiche umfaßte. Möglicherweise handelt es sich um den schon aus der *Mischna* bekannten **Ritualbadkomplex,** in dem sich die Pilger reinigten, bevor sie die heilige Stätte betraten. Ein unterirdischer Tunnel mit Wandnischen für Öllampen führte von hier aus auf das Tor zu.

106 Jerusalem. Das ›herodianische Haus‹. Wandnische mit Geschirr. 1. Jh. v. Z.

Einen weiteren aus herodianischen Quadern erbauten 21 m langen Tunnel fand man in der Nähe des Dreifachen Huldators, ca. 34 m westlich der Südostecke des Tempelbezirks. Durch eine Kammer in der Südmauer betretbar, führte er vielleicht früher einmal zu den unterirdischen Schatzkammern des Tempels.

Ungefähr 90 m südlich desselben Tors wurden die Reste eines großen zweistöckigen Gebäudes aus herodianischer Zeit freigelegt, das sich über Resten eines Vorgängerbaus aus der Königszeit – möglicherweise dem *Millo* (2. Kön. 12, 22; vgl. S. 88) – erhob. Es ist vorläufig als derjenige der **Paläste des Königshauses von Adiabene** (Mesopotamien) identifiziert worden, der den Ausführungen des jüdischen Geschichtsschreibers Flavius Josephus zufolge in der Unterstadt gestanden haben soll. Diese Fürstenfamilie war zum Judentum übergetreten und hatte sich in Jerusalem niedergelassen.

195

Daß zu Herodes' Zeit nicht nur öffentliche Gebäude mit verschwenderischer Pracht ausgestattet wurden, beweisen die zahlreichen, vom israelischen Archäologen Nahman Avigad in der Oberstadt Jerusalems – damals das vornehmste Wohnviertel – freigelegten Häuserreste und Gegenstände des täglichen Lebens. Ein Beispiel dafür ist das sogenannte »**herodianische Haus**« (Abb. 106) an der heutigen Tiferet Straße mit einer Grundfläche von fast 200 m². Die Zimmer wurden von einem Hof in der Mitte erschlossen. In den Boden des Hofes waren vier Feuerstellen eingelassen. Eine Zisterne und ein teilweise von einem Gewölbe überdachtes Ritualbad vervollständigten die Ausstattung. Drei Nischen in der Westwand, ca. 1,50 m über dem Boden, dienten offenbar als Aufbewahrungsort für die wertvolleren Gebrauchsgegenstände. Daß hier eine begüterte Familie gelebt haben muß, beweist das kostbare Geschirr aus rotem Ton, das zum edelsten gehört, das in späthellenistischer Zeit im östlichen Mittelmeerraum an Keramik hergestellt wurde. Das Gebäude wurde nicht bei der Einnahme Jerusalems durch die Römer 70 n. Z. zerstört, sondern mußte wohl zu Beginn des 1. Jh.s n. Z. einer Straße weichen.

Als »**palastartiges Herrenhaus**« bezeichnet Avigad ein noch beeindruckenderes Privatgebäude, das er nahe beim Tempelberg an der Straße Misgav Ladach entdeckte. Das zweigeschossige Gebäude, dessen Räume sich wiederum um einen Hof gruppierten (Abb. 107a), bedeckte eine Fläche von mehr als 600 m². Im Obergeschoß lebte die Familie; das in den Hang gebaute Untergeschoß enthielt Einrichtungen wie Bäder und Zisternen (Abb. 107b).

Durch eine Tür gelangte man vom Patio in eine Vorhalle, deren Boden ein Mosaik schmückte, das jedoch durch spätere Bauten an dieser Stelle größtenteils zerstört ist. Die Decke der Halle war bei der Zerstörung des Hauses eingestürzt – auf dem Boden fand Avigad noch verkohlte Balkenreste. Auch die Mosaikwürfel waren angekohlt, und alles war von einer dicken Ascheschicht bedeckt.

Die Wände des im Süden angrenzenden Zimmers standen noch bis zu einer Höhe von 2,50 m und zeigten Reste von Darstellungen imaginärer Fenster und anderer dekorativer Architekturelemente in Freskotechnik. Auch sie waren rußgeschwärzt. Der Saal im Norden der Vorhalle diente offensichtlich als Empfangshalle. Er war 6,50 m breit und 11 m lang. Seine Nord- und Westwand waren reich mit Stuckornamenten in Form breiter Paneele und bossierter Quader verziert, dem sogenannten ersten pompejanischen Stil sehr ähnlich. Unter dem Stuck entdeckte man Reste von Freskomalerei, derjenigen ähnlich, die das Südzimmer schmückte und die deutliche Anklänge an den zweiten pompejanischen Stil zeigt: Ein interessantes Beispiel für den willkürlichen Einsatz älterer Stilstufen in der Kunst der Provinzen. Von der zerstörten Decke fanden sich auf dem Boden Stuckfragmente in Form von Drei-, Vier-, Fünf- und Achtecken.

An der Ostseite des Hofes lag ein kleines Bad, möglicherweise war es ursprünglich mit einem Schlafzimmer verbunden. Seinen Boden bedeckte ein einfaches farbiges Mosaik mit Rosettenmuster. Auch die niedrige Bank in einer Ecke des Raumes war mit Mosaiksteinchen verziert. Davor war ein vertieftes Sitzbad in den Boden eingelassen.

Bisher wurde nur dieser Teil des »Herrenhauses« freigelegt. Die wenigen Funde, die Zerstörung und Plünderung überdauerten, weisen eindeutig darauf hin, daß die Bewohner zur obersten Gesellschaftsschicht des herodianischen Jerusalem gehörten.

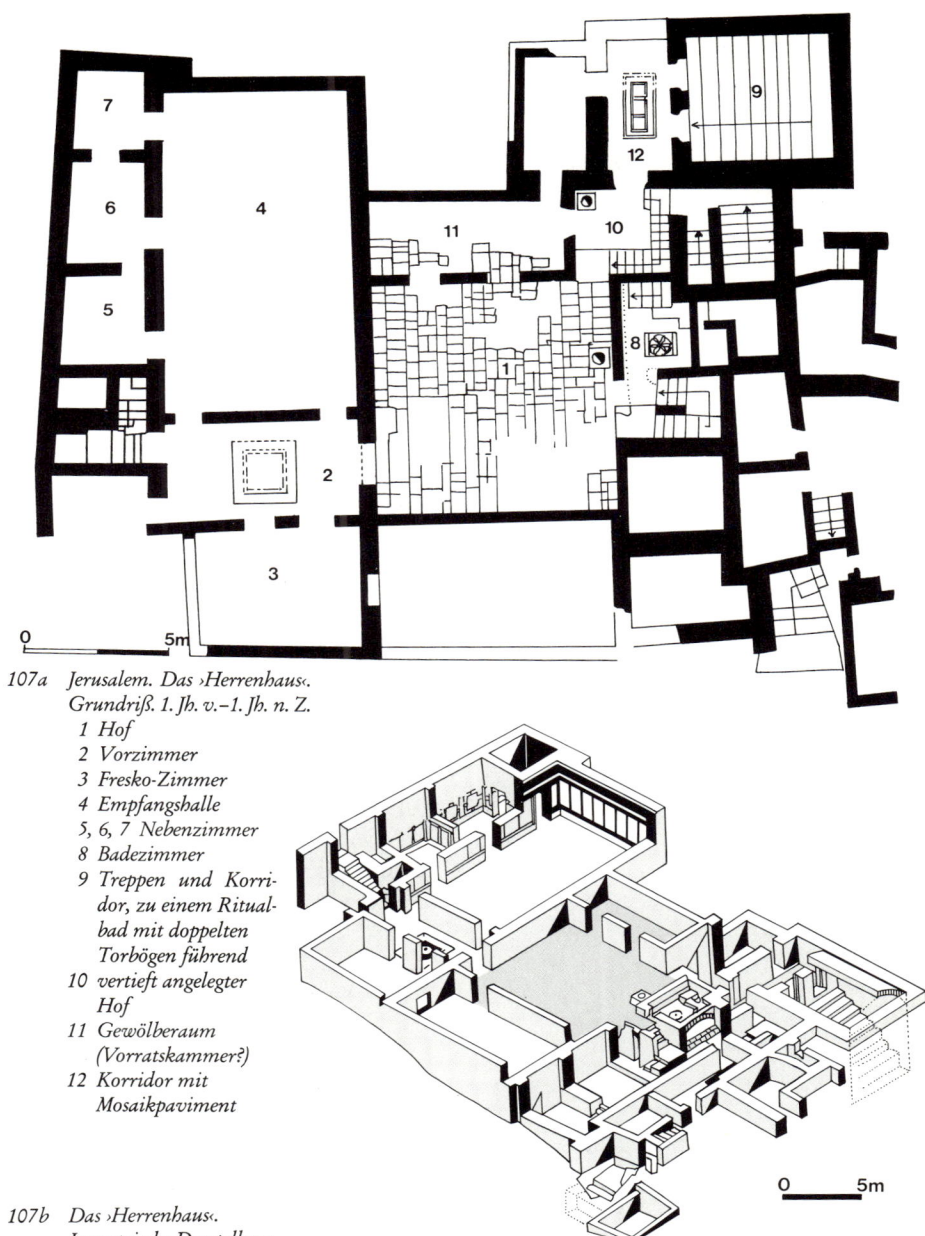

*107a Jerusalem. Das ›Herrenhaus‹.
Grundriß. 1. Jh. v.–1. Jh. n. Z.*
  1 *Hof*
  2 *Vorzimmer*
  3 *Fresko-Zimmer*
  4 *Empfangshalle*
  5, 6, 7 *Nebenzimmer*
  8 *Badezimmer*
  9 *Treppen und Korridor, zu einem Ritualbad mit doppelten Torbögen führend*
  10 *vertieft angelegter Hof*
  11 *Gewölberaum (Vorratskammer?)*
  12 *Korridor mit Mosaikpaviment*

*107b Das ›Herrenhaus‹.
Isometrische Darstellung.*

Völlig neuartig und überraschend war 1969 der Fund von Steintischen, deren Gebrauch in der Stadt bisher nicht bekannt war. Kleinere und größere Fragmente tauchten auf, gelegentlich auch einmal eine fast vollständige Tischplatte mit Bein. Rechteckige Tische wiesen in der Regel ein säulenförmiges Bein auf. Sie waren ähnlich wie moderne Tische 70 bis 80 cm hoch, die Tischplatte maß ungefähr 45 × 85 cm. Ihr Rand war zumeist an drei Seiten mit stilisierten Kranzmustern, gewundenen Flechtmustern oder Blattmustern verziert, ein Hinweis darauf, daß wahrscheinlich eine der beiden Längsseiten an einer Wand stand. Ein seltener Schmuck sind zwei gekreuzte Füllhörner mit einem Granatapfel dazwischen oder ein Fisch – die einzige bisher gefundene Tierdarstellung.

Kleinere, runde Tische standen auf drei, wohl hölzernen Beinen und haben einen Durchmesser von ungefähr 50 cm. Die Tischplatte besteht im allgemeinen aus weichem Kalkstein, aber es gibt Fragmente von solchen aus dem harten, rötlichen Jerusalemer Stein, einem schwärzlichen bituminösen Stein und importiertem schwarzem Granit. In den drei Vertiefungen auf der Unterseite waren wohl ehemals die Holzbeine befestigt.

Ein Henkelkrug aus grünem Glas mit erhabenem Muster, dessen Henkel die griechische Inschrift »Von Ennion hergestellt« trägt, ist ein weiteres Indiz für den Reichtum der Bewohner des Hauses. Ennion war ein Glasmacher, der im 1. Jh. n. Z. allem Anschein nach in Sidon (im heutigen Libanon) seine Werkstatt betrieb. Fragmente von zwei oder drei weiteren Glasgefäßen weisen auf den gleichen Künstler hin.

Neben den Resten gewöhnlicher Gebrauchskeramik, auf die Avigad und sein Team in einer der Zisternen des Herrenhauses stießen – Scherben zerbrochener Tonware wurden oft in nicht mehr genutzten Zisternen gelagert – entdeckte man auch eine hauchdünne Schale mit rotem Blumenmuster, ein interessanter Fund neben der eher langweiligen einheimischen Keramik des 1. Jh.s n. Z., aber durchaus kein Einzelfall in der Oberstadt Jerusalems.

Ein letzter ungewöhnlicher Fund an diesem Grabungsort war schließlich eine tragbare Sonnenuhr (Abb. 108) aus weichem Kalkstein, 12 cm lang, 10 cm breit und 11,5 cm hoch (gebräuchlicher und verbreiteter waren fest an einer Mauer installierte). Das sich zur Mitte hin nach innen wölbende Zifferblatt ist durch eingeritzte Striche an der unteren Kante in zwölf Abschnitte eingeteilt. Der wandernde Schatten einer oben eingelassenen Stange, von der noch Reste zu sehen sind, zeigte in diesem Bereich die Zeit nach dem Sonnenstand an. Rosettenreliefs zieren die Seiten.

An der Kreuzung der Straßen Misgav Ladach und Tiferet legten die Archäologen unter Leitung von Nahman Avigad von der Hebräischen Universität in Jerusalem schon 1970 das sogenannte **»Verbrannte Haus«** frei. Wie die meisten später gefundenen Gebäude war auch dieses Haus während der Eroberung Jerusalems durch die Römer im Jahr 70 n. Z. abgebrannt. So stießen die Ausgräber auch hier zuerst auf herabgefallene Mauersteine, deren Farbe sich durch die Feuereinwirkung verändert hatte. Die Schicht darunter bestand aus einer Mischung von Erde, Asche, Ruß und verkohltem Holz, darunter wiederum hatten sich Tonscherben und Bruchstücke von angesengten Steingefäßen erhalten. Auch die mit Gips verputzten Wände waren rußgeschwärzt. Auf dem Boden verstreute Münzen erlaubten eine fast auf das Jahr genaue Datierung. Neben Geldstücken, die unter verschiedenen römischen Prokuratoren

108 Jerusalem. Tragbare Sonnenuhr aus dem ›Herrenhaus‹. 1. Jh. v.–1. Jh. n. Z.

geprägt worden waren, lagen auch solche aus der Zeit des ersten Jüdischen Krieges. Die jüngste trägt die Inschrift »Jahr vier/Für die Erlösung Zions«, d. h. sie ist im Jahr 69 n. z. geschlagen worden – ein schlüssiges Indiz für die Zerstörung des Hauses im Jahr 70 n. Z. Gleichzeitig stellte dieser Fund den ersten und bisher einzigen eindeutigen archäologischen Beweis für den Brand dar, dem die Stadt in jenem Jahr zum Opfer gefallen ist.

Von dem »Verbrannten Haus« wurde lediglich ein Flügel des Untergeschosses freigelegt, bestehend aus einem kleinen, mit Steinen gepflasterten Hof, drei mittelgroßen Zimmern, einer kleinen Küche und einem Ritualbad mit Stufen, dessen Wände bis zu einer Höhe von 1 m erhalten geblieben sind.

Ausgegraben wurden mehrere Steintische (Farbtafel 9) und eine Serie von größeren und kleineren Gefäßen aus weichem Stein, die aus der freien Hand gemeißelt oder auf der Drehbank hergestellt worden waren. Zum zweiten Typ gehören unter anderem 60–70 cm hohe Krüge, die überdimensionalen Bechern gleichen (Abb. 109), sowie Schalen, Teller und Tassen. Gemeißelt waren tiefe Schalen und schalenförmige quadratische Gefäße sowie rechteckige Tabletts, ebenso Steingefäße mit Unterteilungen im Innern und die sogenannten ›Meßbecher‹ verschiedener Größen.

Offenbar hing der in dieser Zeit verbreitete Gebrauch von Steingefäßen mit den jüdischen Ritualvorschriften zusammen. Während nämlich ein mit einem unreinen Gegenstand in Berührung gekommenes Tongefäß zerbrochen und auf den Abfall geworfen werden mußte, behielt ein Steingefäß in diesem Fall seine rituelle Reinheit. Der Bericht des Johannesevangeliums über die Hochzeit zu Kana (Joh. 2,6) bestätigt diese Vermutung: »Es waren aber dort sechs steinerne

109 Jerusalem. Steingefäße aus dem ›Verbrannten Haus‹. 1. Jh. v.–1. Jh. n. Z.

Wasserkrüge aufgestellt für die bei den Juden übliche Reinigung.« Mit der Zerstörung Jerusalems ging auch das Wissen über die Herstellung und Existenz von Steintischen und -gefäßen verloren und wurde erst durch die Ausgrabungen in der Oberstadt wieder in Erinnerung gebracht.

Weitere Funde aus dem »Verbrannten Haus« waren zwei tönerne Tintenfässer, ähnlich den in Qumran gefundenen, und zahlreiche Mörser aus Basalt auf drei kräftigen Füßen. Ihre große Anzahl erregte – ebenso wie die vielen Steingewichte – Erstaunen. Öfen und Kochtöpfe bestärkten die Vermutung, auf eine Werkstatt aus der Zeitwende gestoßen zu sein. Eine Inschrift auf einem Steingewicht wies schließlich den Eigentümer des Hauses aus: »*Bar Kathros*«, d. h. »der Sohn des Kathros«. Kathros ist tatsächlich als Name einer – im Volk allerdings nicht sehr beliebten – Familie nachgewiesen, deren Mitglieder zur Zeit der römischen Prokuratoren das Amt des Hohenpriesters ausübten. Offenbar stellten sie auch Erzeugnisse für den Tempelgebrauch her, vielleicht Gewürze und Weihrauch.

In der Küche desselben Gebäudes fanden die Archäologen schließlich die ersten – und einzigen – sterblichen Überreste eines Menschen aus der Katastrophe im Jahr 70 n. Z.: Bei der Tür im Osten, gegen die Wand gelehnt, waren die Knochen von Unterarm, Hand und Fingern einer Frau Anfang zwanzig erhalten geblieben.

Bei den Ausgrabungen, die der israelische Archäologe Magen Broshi 1971/1972 auf dem **Zionsberg,** d. h. auf dem Gipfel der Oberstadt, durchführte, fand er eine Reihe von privaten Wohnhäusern sowie weniger gut erhaltene öffentliche Gebäude. Die Privathäuser hatte ein Erdbeben zerstört – möglicherweise das von Flavius Josephus für das Jahr 31 v. Z. überlieferte. Danach wurden die Gebäude auf neuen Fundamenten wieder aufgebaut, weil die älteren zu brüchig geworden waren. Zahlreiche Zisternen in diesem Stadtbezirk waren entweder ganz aus dem Fels gehauen oder teilweise aufgemauert worden; alle besaßen Tonnengewölbe.

Die Bauweise der freigelegten Häuser war zwar wenig qualitätvoll, aber die aufwendigen Wandmalereien – neben jenen aus dem »Herrenhaus« an der Straße Misgav Ladach die einzigen, die bisher in Privathäusern gefunden wurden – lassen keinen Zweifel am hohen gesellschaftlichen Status ihrer Bewohner. Sie waren in *secco*-Technik ausgeführt, die weniger dauerhaft ist als Freskomalerei. Ihr Erhaltungszustand war deshalb auch nicht besonders gut, in Konzept und Qualität aber entsprachen sie wieder dem zweiten pompejanischen Stil. Die in situ vorgefundenen Teile zeigten vorwiegend Bänder in Rot, Schwarz und Gelb. Abgefallene Stücke – das größte rekonstruierte Fragment ist 190 × 55 cm groß – lassen dagegen Vögel, Bäume, stilisierte Ranken, Girlanden und Architekturelemente erkennen, alle in illusionistischer Weise dargestellt. Auf einem sind sogar Vögel, die aus dem Ei schlüpfen, zu sehen. Die Bewohner des Hauses, das in nächster Nähe zum Königspalast lag, hielten sich ganz offensichtlich nicht an das Gebot in 2. Mose 20,4, das die Wiedergabe von Lebewesen untersagt.

Die wohlhabenden Einwohner, die um die Zeitwende auf Jerusalems Westhügel lebten, schmückten nicht nur die Wände ihrer Häuser mit Wandmalereien, sondern zierten die Böden ihrer Zimmer auch mit Mosaiken, von denen die Ausgräber in diesem Bereich der Stadt neben zahlreichen einfacheren Ausführungen bisher zehn aufwendig gestaltete Arbeiten ans Licht gebracht haben. Man fand sie besonders häufig in Bädern (Abb. 110) und den dazugehörigen Vorräumen – Ritualbad und Vorraum bildeten innerhalb des Hauses eine geschlossene Einheit. Oft waren diese Räume die einzigen, die sich erhalten hatten, und anhand ihrer Größe und

110 Jerusalem. Mosaikpaviment im Badezimmer des ›Herrenhauses‹. 1. Jh. v.–1. Jh. n. Z.

Anlage konnten die Ausgräber Schlüsse auf Größe und Beschaffenheit des untergegangenen Hauses ziehen.

Zu den Motiven dieser Mosaiken zählen die Rosette – häufig mit zweifarbigen Blättern in Schwarz und Rot – schwarz-weiße Schachbrettmuster in einem roten Rahmen, das sogenannte »Wellenkammuster«, Palmetten und ein Spindelmuster. In einem Haus legten die Ausgräber einen ursprünglich mit Fliesen in der Art des römischen *opus-sectile* ausgelegten Boden frei.

An Gegenständen des täglichen Gebrauchs fanden die Archäologen neben Steintischen und Steingefäßen sowie der für die Epoche typischen Keramik in einem der Ritualbäder des oben beschriebenen »herodianischen Hauses« (vgl. S. 196) Abfälle einer Glaswerkstätte, die auf zwei unterschiedliche Herstellungstechniken schließen ließen: In Formen gegossen waren dickwandige Schalen und geschlossene Gefäße; kleine sogenannte »Parfümflaschen« waren geblasen worden.

Aufgrund des Fundes von rund 100 Münzen aus der Zeit von Alexander Jannai (103–76 v. Z.), die auch nach seinem Tod im Umlauf blieben, datierte man diese Glasarbeiten ungefähr auf die Mitte des 1. Jh.s v. Z. Sie stammten allem Anschein nach aus einer Werkstatt, die ganz in der Nähe des »herodianischen Hauses« gelegen haben muß. Man hatte damit zum ersten Mal Beweise für den Übergang von der alten Methode des Gießens zur moderneren Glasbläserei im Jerusalem dieser Zeit gefunden. Bis dahin (1971) hatten die Gelehrten noch allgemein angenommen, daß das Glas mit einer Metallröhre geblasen worden sei. Nun aber stellte sich heraus, daß anfangs Glasrohre verwendet wurden, von denen das fertige Produkt einfach abgebrochen wurde. Neben unfertigen Gefäßen sowie Fragmenten von fertiggestellten Flaschen zählten auch Spindeln, Scheiben, gewundene Glasstäbe – möglicherweise für kosmetische Zwecke – und unzählige andere, weniger leicht zu identifizierende Gegenstände zu den Überresten. Sie bestätigten die Annahme, daß Juden im Altertum in der Glasindustrie eine hervorragende Rolle gespielt haben.

Herodes beschränkte sich allerdings nicht darauf, seine Hauptstadt Jerusalem zu verschönern. Er brauchte dringend einen Hafen. Als Augustus ihm den Ort Stratonsturm an der Mittelmeerküste überließ, verlor er deshalb keine Zeit, an dieser Stelle einen Hafen und eine große Stadt zu bauen, die mit dem ägyptischen Alexandria konkurrieren sollten. Der Bau der Stadt, die er zu Ehren des Augustus **Caesarea** nannte, erfolgte in den Jahren 22–10 v. Z. Zu ihren hervorragenden Bauwerken, die der Besucher heute – nach ihrer Freilegung – besichtigen kann, gehören das Theater, der Augustus-Tempel und der Hafen sowie das außerhalb der Stadt gelegene Hippodrom und der Aquädukt.

Da es in der Gegend von Caesarea weder natürliche Quellen noch Flüsse gibt und das in den Zisternen aufgefangene Regenwasser den Bedarf der Stadt nicht gedeckt hätte, leitete ein Steinaquädukt (Farbtafel 10) das dringend benötigte Element aus dem 9 km nördlich gelegenen Krokodilfluß heran. Die Entstehungszeit einer zweiten Wasserleitung vom Südhang des Karmelbergs in die Stadt ist bisher noch nicht geklärt.

Das **Theater** von Caesarea (Abb. 111), am Südende der Stadt am Strand gelegen, war ein völlig neues Element in der Architektur des Nahen Ostens. Über einem festen Unterbau erhoben sich

111 Cäsarea. Das rekonstruierte Theater

die Sitzreihen und gewölbten Eingänge. Der Boden, der bis zum heutigen Tag erhalten ist, wurde insgesamt vierzehnmal erneuert, das gesamte Theater im 4. Jh. n. Z. völlig umgebaut, um auch die Aufführung von Wasserspielen zu ermöglichen.

Der **Augustus-Tempel** erhob sich auf einer über 15 m hohen künstlichen Plattform. Ihre gewaltigen Substruktionen waren auf der dem Hafen zugekehrten Seite mit Bruchsteinen angefüllt. Die Kammern des südlichen Teils waren fast 19 m lang, fast 6,50 m breit und ca. 14 m hoch.

Der herodianische **Hafen** (Abb. 112) der Stadt war eine geniale Ingenieurleistung. Zwei gewaltige Molen, die nördliche fast 240 m und die südliche ca. 550 m lang, faßten ein ca. 16,2 ha großes Hafenbecken ein. An der 70 m breiten Südmole wurden die Schiffe be- und entladen. Hier standen auch Lagerhäuser, die von einer Außenmauer vor der Wucht der anbrandenden Wellen geschützt wurden. Die großartige Leistung der antiken Ingenieure wird noch daran deutlich, daß man ihre Anlage fast 2000 Jahre später zum Vorbild nahm, um den israelischen Hafen Aschdod vor dem Versanden zu bewahren.

Vor dem Bau der Molen wurde der Meeresboden mit Steinen und Kieseln befestigt, um die Standfestigkeit der Mauern gegen Erosion zu gewährleisten. Für die Molen selbst verwendeten die Erbauer erstmalig in Judäa den von den Römern erfundenen Zement, den sie zusammen mit gewaltigen Steinblöcken in Holzverschalungen füllten. Von diesen Verschalungen haben die

HERODES (SAMARIA/EN BOKEK)

112 Cäsarea. Der alte Hafen

Archäologen, die den Hafen von Caesarea seit 1960 unter der Schirmherrschaft der Universität Haifa ausgraben, gut erhaltene Überreste gefunden. Zur Herstellung des Zements wurde Löschkalk mit einer als *pozzuolana* bezeichneten vulkanischen Asche vermischt, so daß eine Masse entstand, die unter Wasser hart wurde. Diese Technik ging mit dem Untergang des Römischen Reiches im 5. Jh. n. Z. verloren und wurde erst 1756 von einem englischen Ingenieur namens John Smeaton neu entdeckt.

Nach Herodes' Tod (4 v. Z.) diente Caesarea den Römern fast 600 Jahre lang als Hauptstadt der römischen Provinz Judäa. Die Mauer, die die Ruinen der Stadt heute umgibt, datiert dagegen erst aus der Kreuzfahrerzeit (12.–14. Jh.).

Herodes' Hafenstadt wurde häufig auch als Caesarea maritima bezeichnet, um es von dem anderen Caesarea – mit dem Zusatz Philippi – bei der Quelle des Hermon- oder Banjasflusses – einer der drei Quellflüsse des Jordan – zu unterscheiden. Dies ist der Ort, den Jesus auf seiner Wanderung durch Galiläa besuchte (Mt. 16,13; Mk. 8,27).

Der zweite Name von **Caesarea Philippi** lautet Paneas und rührt anscheinend von dem noch heute erkennbaren Panheiligtum an der Hermonquelle her. Da in der Stadt bisher noch keine größeren Grabungskampagnen stattgefunden haben, ist nichts weiter über ihre Anlage und ihr Aussehen bekannt.

Sehr viel mehr hat sich dagegen von Ahabs **Samaria** (vgl. S. 128 ff.) erhalten, das Herodes zu einer der prachtvollsten Städte seines Reiches ausbaute und nach seinem Gönner Augustus in Sebaste (= griechisch für »Augustus«) umbenannte.

Gegraben wurde in Samaria/Sebaste zuerst in den Jahren 1908–1910 von der Harvard University unter Leitung von G. A. Reisner und C. S. Fisher, ein zweites Mal zwischen 1931 und 1935

113 Samaria/Sebaste. Treppe zum dem Augustus geweihten Tempel. 2. Hälfte 1. Jh. v. Z.

gemeinsam von der Hebräischen Universität in Jerusalem, der Harvard University und einer Reihe von britischen Forschungseinrichtungen.

An der höchsten Stelle der Akropolis errichtete Herodes um 25 v. Z. einen herrlichen, dem Augustus geweihten Tempel, der 35 × 24 m groß war. Auch er erhob sich auf einer künstlichen, ca. 86 × 67 m großen Plattform, deren Unterbauten mit Tonnengewölben versehen waren. An der Nordseite ragte die Stützmauer fast 5 m hoch auf. Von einem Vorhof führte eine breite Treppe zu dem 4 m höher gelegenen Tempel (Abb. 113). Ebenfalls Herodes zugeschrieben wird eine Basilika, deren Säulen von den Ausgräbern wieder in ihrer ursprünglichen Stellung aufgerichtet wurden.

Im Süden seines Reiches, am Ufer des Toten Meeres, etablierten sich unter Herodes blühende Badeorte. Nach Angaben verschiedener historischer Überlieferungen suchte Herodes häufig die Heilquellen dieser Gegend auf, weil er unter einer schweren Hautkrankheit litt – nach Ansicht einiger Gelehrter an einer Geschlechtskrankheit. Außerdem betrieb er Parfümfabriken, von denen die in **En Bokek** nach Aussagen moderner Parfümhersteller mühelos wieder in Betrieb genommen werden könnte.

Der Archäologe Mordechai Gichon und sein Assistent Moshe Fisher von der Universität Tel Aviv haben in mehreren Kampagnen diese Produktionsstätte freigelegt und die Ergebnisse ihrer Ausgrabungen 1980 veröffentlicht. Sie bestand aus insgesamt neun Räumen und einem kleinen, mit Kalkestrich verputzten Teich (Abb. 114). Jeder Raum diente einem anderen Arbeitsvorgang bei der Parfümherstellung, wie Trocknen, Mahlen, Zerdrücken oder Auspressen des Rohmaterials. Im Hof in der Mitte der Anlage befand sich ein geschlossener Ofen, in dem Balsame, Datteln und Wasser gekocht bzw. destilliert wurden. Diese Parfümfabrik ist die einzige bisher gefundene der Antike.

Allerdings halfen Herodes weder seine Prachtbauten noch die heilenden Quellen am Toten Meer. Im Jahr 4 v. Z. starb er eines elenden Todes an einer Krankheit, die seinen Geist zweifellos schon vorher schwer belastet und den Großteil seiner Handlungen zumindest in den Jahren vor seinem Tod beeinflußt hatte.

Auch wenn seine Bauwerke außerhalb des Judentums für lange Jahrhunderte in Vergessenheit gerieten, wurde sein Name doch stets mit einem Menschen in Verbindung gebracht, der keine Städte und Paläste wie er erbaute, sondern sich ausschließlich auf die geistige Erneuerung seiner Umwelt konzentrierte. Erst nach seinem Tode wurden unzählige Bauten, prächtige wie bescheidene, zu seinen Ehren errichtet: Jesus von Nazareth.

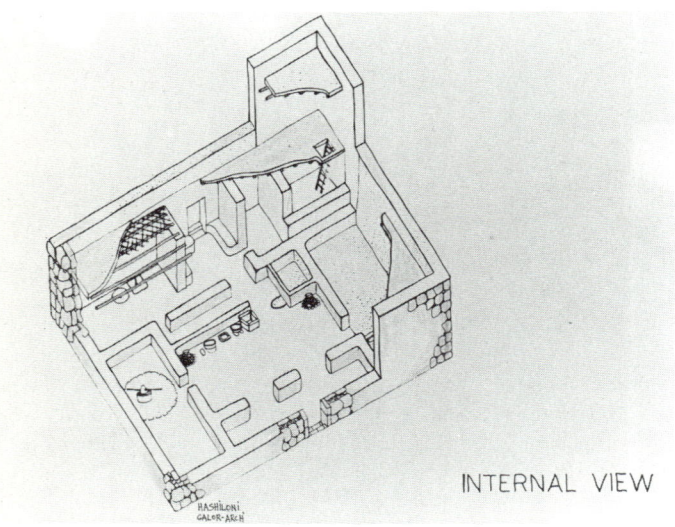

114 En Bokek. Herodes' Parfümfabrik. 2. Hälfte 1. Jh. v. Z. Oben: Rekonstruktion der Anlage; unten: Produktionshalle mit Trog für Rohmaterial, Tablett und Mörser

Kapitel 10
»Ich will euch zu Menschenfischern machen«
Spuren aus der Zeit Jesu

Mt. 4,19

Schon die Patriarchengeschichte (Kapitel 2) hatte das Problem aufgeworfen, biblische Zeugnisse und archäologischen Befund aufeinander zu beziehen. Auch bei der Betrachtung des Lebens und Wirkens Jesu liegt die Schwierigkeit darin, daß er keine materiellen, sondern nur geistige Werke hinterlassen hat. So bleibt nur, die Überreste aus seiner Zeit, die die Archäologie zutage fördert, im Licht des neutestamentlichen Berichtes über Jesu Leben zu interpretieren – ein Unterfangen, das naturgemäß immer wieder spekulative Züge trägt.

Irgendwann vor 4. v. Z., während der von Kaiser Augustus angeordneten Volkszählung (Lukas 2,1), kam Jesus von Nazareth in **Bethlehem** zur Welt (Farbtafel 11). Die Grotte, die als sein Geburtsort verehrt wird, ist für die Gläubigen ein Symbol des Übergangs der Seele aus der Dunkelheit ins Licht geworden.

In den ersten Jahrhunderten nach der Zeitwende wurde diese Grotte mit einer Höhle im östlichen Teil von Bethlehem gleichgesetzt. Bis zum 4. Jh. n. Z. trafen hier die Gläubigen zusammen. Allerdings erfuhr der fromme Brauch zeitweise eine Unterbrechung, als Bethlehem unter Kaiser Hadrian (reg. 117–138 n. Z.) dem Gebiet des von ihm in Aelia Capitolina umbenannten Jerusalem eingegliedert wurde, dessen Betreten allen Beschnittenen – d. h. Juden sowie Christen jüdischer Abstammung, die diesen Brauch anfangs beibehielten – bei Todesstrafe untersagt war. Gleichzeitig ließ Hadrian über der Grotte einen dem Gott Adonis geweihten Hain pflanzen. Beide Akte, die Verbannung aller Beschnittenen aus Jerusalem und Umgebung und die Entweihung der Geburtsgrotte, hatten zur Folge, daß die frühen Christen den Ort nicht mehr aufsuchen konnten; andererseits blieb er, der traditionell als Geburtsort Jesu angesehen wurde, auch während der Zeit, in der er unzugänglich war, deutlich gekennzeichnet. Sehr viel später, im 4. Jh. n. Z., ließ der oströmische Kaiser Konstantin (reg. 306–337 n. Z.), der das Christentum zur Staatsreligion erhob, drei prachtvolle Kirchen im Heiligen Land erbauen, darunter die Geburtskirche in Bethlehem. Diese Kirche erhob sich über der Grotte.

In **Nazareth** wuchs Jesus auf: »Das Kind aber ... erstarkte in der Fülle der Weisheit, und Gottes Gnade war auf ihm« (Lk. 2,40). Über der Stelle, an der die Tradition das Elternhaus Jesu lokalisierte, baute ein zum Christentum bekehrter Jude aus Tiberias im frühen 4. Jh. n. Z. eine erste Kirche, die **St. Josephskirche.** Eine Höhle und ein Speicherraum unter diesem (seither mehrfach erneuerten) Sakralbau sollen zum Keller des ursprünglichen Wohnhauses gehört haben. In der Nähe der Hauptstraße von Nazareth befindet sich der sogenannte **Marienbrunnen,** an dem

AUF DEN SPUREN JESU (KAPERNAUM)

der Erzengel Gabriel gemäß der Legende Maria zum ersten Mal erschien. Nazareth ist denn auch die Stadt Mariä; ihr Kult in der Stadt ist schon sehr früh belegt.

Später verließ Jesus Nazareth (Abb. 115 a). Von Galiläa kam er »zu Johannes an den Jordan, um sich taufen zu lassen« (Mt. 3,13) – ein Erlebnis, das sein Leben einschneidend veränderte –,

115 a   Das Heilige Land zur Zeit Jesu. Ausschnitt mit seinen Wanderungen

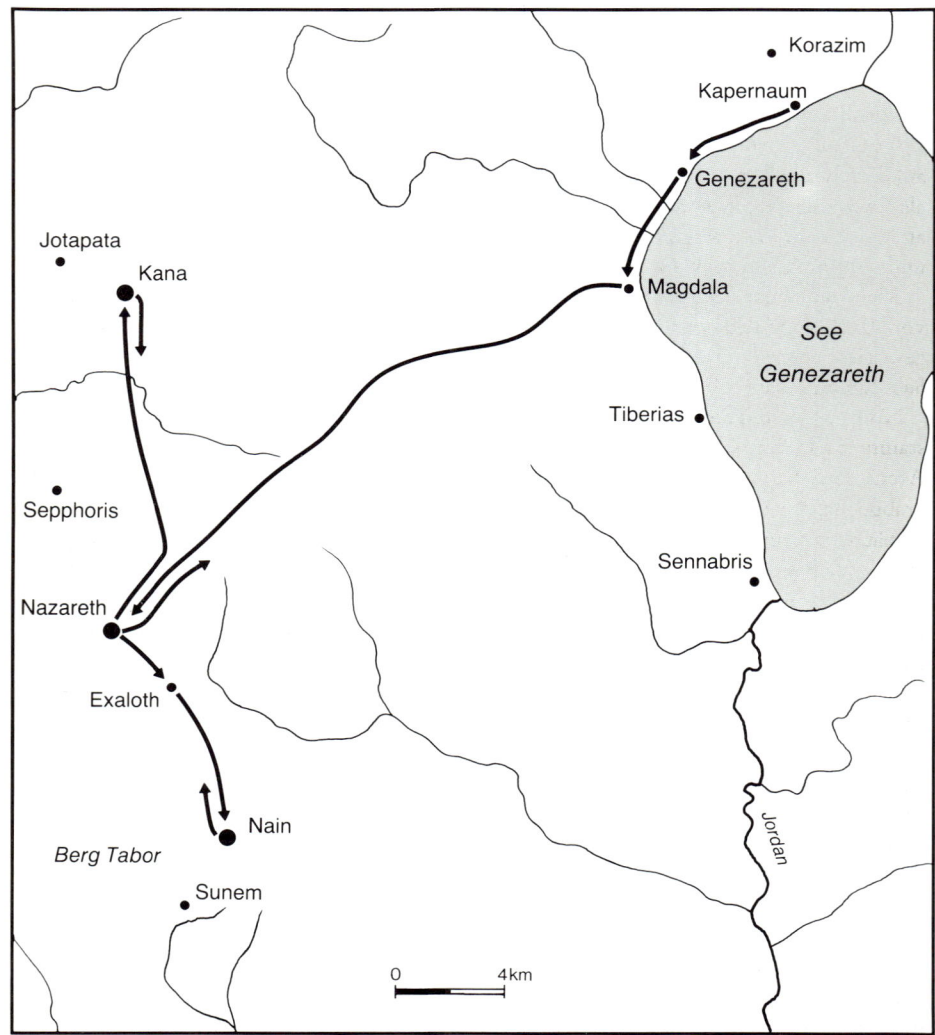

»danach wurde Jesus vom Geiste in die Wüste geführt« (Mt. 4,1). Anscheinend lernte er während dieses Aufenthaltes in der Einöde die asketischen Essener kennen, die am Ufer des Toten Meeres lebten. Zumindest ist das die Ansicht des israelischen Historikers David Flusser von der Hebräischen Universität in Jerusalem. Jesu erster Kontakt mit der Sekte mag durch Johannes den Täufer vermittelt worden sein, einen ehemaligen Essener, der Jesus in die Denkweise der Religionsgemeinschaft einführte. Wie später die Christen, so glaubten auch die Essener an eine Vorbestimmung: Im Gegensatz zum zeitgenössischen Judentum, das den Lebensweg eines jeden Menschen als sein eigenes, eigenverantwortliches Werk ansieht, ist der einzelne nach dem Glauben der Essener von vornherein als Kind des Lichtes oder der Finsternis geboren. Wie die Essener hielten auch die frühen Christen täglich eine Messe ab, und beide Gemeinschaften hatten unter ihren Anhängern das Kollektiveigentum eingeführt.

Im Gleichnis vom klugen Verwalter (Lk. 16,1–8) nimmt Jesus vielleicht sogar ausdrücklich auf die Essener Bezug: »Denn die Kinder dieser Welt sind im Umgang mit ihresgleichen klüger als die Kinder des Lichtes« – die Essener bezeichneten sich im Sinne ihrer Prädestinationslehre als die Kinder des Lichtes. Darüber hinaus lesen sich einige Abschnitte in den Briefen des Paulus und des Johannes fast wie wörtliche Zitate aus den Schriftrollen vom Toten Meer.

Als Jesus erfuhr, daß Johannes der Täufer von den Häschern des Herodes Antipas, Tetrarch von Galiläa und der Peräa (4 v.–39 n. Z.; Abb. 115b), gefangengenommen und ins Gefängnis geworfen worden war, verließ er Nazareth und »kam nach Kapharnaum am See, im Gebiet von Sebulun und Naphtali, und nahm dort Wohnung« (Mt. 4,13).

Noch heute sind die eindruckvollen Überreste einer Synagoge in **Kapernaum** zu sehen. Sie stammen allerdings aus dem 4./5. Jh.n.Z., nicht aus der Zeit Jesu. Jedoch fanden der italienische Archäologe Virgilio Corbo und sein franziskanischer Kollege Stanislao Loffreda bei Suchgrabungen in den Ruinen dieses spätantiken jüdischen Versammlungshauses ein öffentliches Gebäude mit Innenmaßen von 22 × 16,5 m, das ihrer Ansicht nach dem 1. Jh. n. Z. angehört; sollte es sich hier tatsächlich – wie die Ausgräber vermuten – um eine ältere Synagoge handeln, dann könnte es dieselbe sein, in der auch Jesus anfangs gebetet und gelehrt hat. Dem Bericht in Lukas 7,4 zufolge wurde sie von einem römischen Offizier erbaut, dessen Knecht Jesus heilte (Lk. 7,1–10): »Denn er liebt unser Volk, und die Synagoge hat er uns erbaut«. In derselben Synagoge heilte Jesus auch einen Besessenen (Mk. 1,21–28). Noch haben die Ausgräber indessen nicht die in Synagogen jener Zeit sonst üblichen Bänke gefunden, die sich an den Wänden des Gebetssaales entlangzogen. Corbo teilt in einer Veröffentlichung mit, daß sie möglicherweise genau unter den Wandbänken der Synagoge des 4./5. Jh.s n. Z. liegen. Um diese Hypothese zu erhärten, müßte man weitere Grabungen unternehmen, die jedoch den späteren Bau gefährden würden. Für das Gebäude des 1. Jh.s n. Z. hat man übrigens im Gegensatz zur späteren Synagoge, die aus weißem Kalkstein aufgeführt worden war, unbehauene schwarze Basaltsteine benutzt, ein in der Umgebung häufig verwendetes Baumaterial.

Unweit der Synagoge aus dem 4./5. Jh. liegt heute unter den Resten einer oktogonalen Kirche aus dem 5. Jh., das Haus des Simon Petrus (Farbtafel 12), dessen Schwiegermutter Jesus vom Fieber heilte (Mk. 1,29–31). Wiederum nach Ansicht des italienischen Archäologen Corbo gibt es wichtige Hinweise darauf, daß die Reste des 6,50 × 7 m großen Gebäudes mit mehreren klei-

AUF DEN SPUREN JESU (BETHANIEN/JERUSALEM)

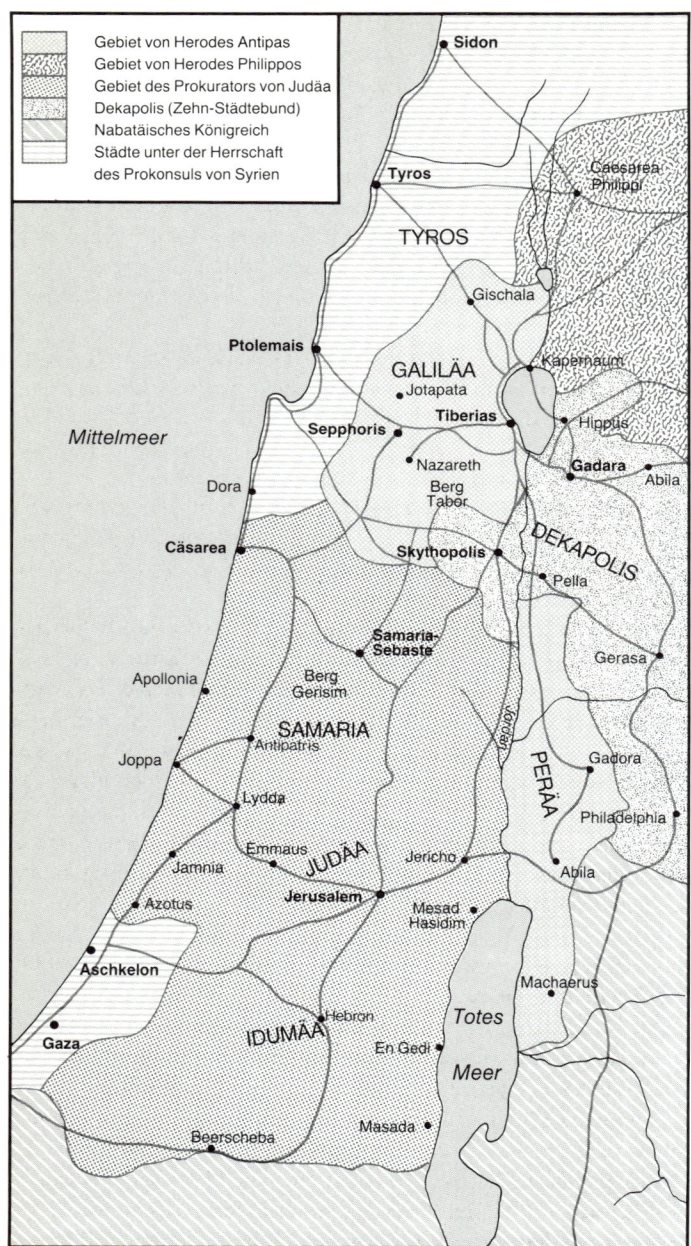

115 b Das Heilige Land und Coelesyrien zur Zeit Jesu. 1. Hälfte 1. Jh. n. Z.

nen Nebenräumen tatsächlich zum Haus des neutestamentlichen Petrus gehören. Er stützt seine Identifikation vor allem auf Inschriften in vier Sprachen, die im römischen Siedlungshorizont entdeckt wurden und von denen zwei einen Petrus namentlich erwähnen. Zu den Bodenfunden zählen auch Fragmente herodianischer Lampen. Wände und Boden des Hauses aus dem 1. Jh. n. Z. wurden wiederholt sorgfältig getüncht, was nach Ansicht von Corbo die Folgerung erlaubt, daß es schon zu dieser Zeit eine hoch in Ehren gehaltene Hauskapelle beherbergte. Im 5. Jh. wurde über und um das mutmaßliche Petrushaus die erwähnte oktogonale Kirche erbaut, deren innere achtseitige Arkade vermutlich von einer Kuppel bekrönt wurde. Ein zweites Achteck mit einer Achsenlänge von 15 m und einem Portikus, d. h. Säulengang, umgab den Zentralbau an fünf Seiten. Ein Bodenmosaik im inneren Achteck zeigt einen Pfau, christliches Symbol des ewigen Lebens.

In den folgenden Jahren zog Jesus die meiste Zeit predigend durch Galiläa. Bei dieser Gelegenheit warnte er die Städte **Korazim, Betsaida** und **Kapernaum** vor dem bevorstehenden Gericht, weil sie trotz seiner Wundertaten weiterhin ungläubig blieben (Mt. 11,21–23; Lk. 10,13–15). Kapernaum wurde zu Beginn des 7. Jh.s von den Persern verheert und anschließend vergessen, die Synagoge von Korazim – und mit ihr anscheinend die ganze Stadt – im 4. oder 5. Jh. von einem Erdbeben zerstört. (Übrigens wird in Korazim seit 1962 unter Leitung des israelischen Archäologen Zeev Yeivin im Auftrag der Abteilung Altertümer mit Unterbrechungen gegraben und teilweise auch restauriert.) Betsaida, der dritte Ort, an den Jesu Warnung erging, ist als Heimatstadt der Jünger Philippus, Andreas und Petrus bekannt.

In der Nähe von Jerusalem, »etwa 15 Stadien« (Jh. 11,18) entfernt, liegt der kleine Ort **Bethanien**. Hier erweckte Jesus Lazarus, der schon vier Tage im Grabe gelegen hatte, zu neuem Leben (Jh. 11,1–44). 1950 wurde in Bethanien beim franziskanischen Olivenhain eine Grotte entdeckt, deren Wände mit Graffiti bedeckt waren. Die verwendeten Symbole – die Himmelsleiter, das Dreieck sowie diverse eschatologische Zeichen – lassen darauf schließen, daß sie frühen Christen heilig gewesen ist. Ungefähr im 5. Jh. n. Z., als auch die frühchristliche Gemeinde den Ort verließ, wurde die Grotte aufgegeben. Noch im 4. Jh. jedoch hat man in Bethanien den Gläubigen, darunter abendländischen Pilgern, das Grab des Lazarus gezeigt, bestehend aus einem Vorraum und einer Grabkammer, die in byzantinischer Zeit mit Stein, vielleicht mit Marmor, ausgekleidet worden war.

Nach seinem triumphalen Einzug in **Jerusalem** suchte Jesus auch den Tempel auf: »... und trieb alle, die im Tempel kauften und verkauften, hinaus, stieß die Tische der Wechsler und die Stände der Taubenverkäufer um« (Mt. 21,12). Der Ort, an dem dies geschah, dürfte der königliche Säulengang, hebräisch: *Chanujot* (Abb. 116), gewesen sein, in dem der Sanhedrin, der Hohe Rat der Juden, zur Zeit des Rabbi Gamaliel (1. Jh. n. Z.; vor allem als Lehrer des Paulus bekannt; Apg. 22,3) zusammentrat. In anderen Sälen der *Chanujot* saßen die Wechsler, bei denen die Pilger, vor allem die aus dem Ausland, solche Münzen eintauschen konnten, die – zuwider jüdischem Bilderverbot – eine Menschendarstellung aufwiesen, des weiteren Händler, die Ritualgegenstände sowie Kleinvieh für das rituelle Opfer verkauften. Neuerdings vermuten einige israelische Gelehrte die *Chanujot* indessen in den Gewölben unterhalb der Straße entlang der

AUF DEN SPUREN JESU (JERUSALEM)

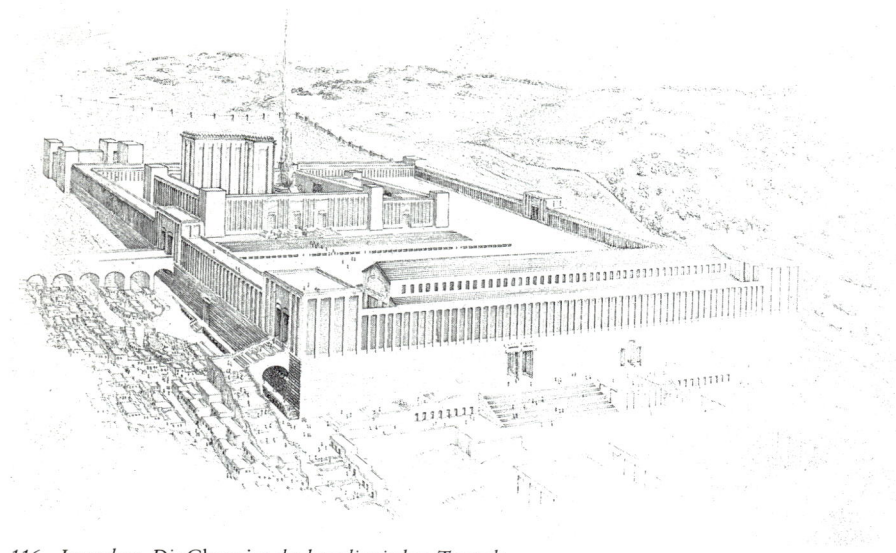

116 Jerusalem. Die Chanujot *des herodianischen Tempels*

Südmauer des Tempelbergs und in der Tyropoionstraße vor seiner Westmauer. Sollte diese Hypothese zutreffen, hätte Jesus allerdings nicht die Händler und Wechsler »aus dem Tempel« vertreiben können.

Wie Flavius Josephus in den »Jüdischen Altertümern« berichtet (15. Buch, Kap. 11) trugen 162 monolithische Säulen das Dach dieser Säle. Jede maß im Durchmesser fast 1,50 m und war bekrönt von einem korinthischen Kapitell. Eine Reihe von Säulen- und Architekturfragmenten, die während der Ausgrabungen am Fuß des früheren Tempelbergs im Schutt gefunden wurden, lassen die frühere Pracht der königlichen Säulengänge erahnen.

Als Jesus nach einem seiner Tempelbesuche das Gelände verließ, sprach er zu seinen Jüngern: »Wahrlich, ich sage euch: Kein Stein wird hier auf dem anderen bleiben, ein jeder wird weggerissen werden« (Mt. 24,2). Diese prophetischen Worte sollten sich nur allzubald erfüllen. Knapp 40 Jahre nach Jesu Kreuzestod steckte ein römischer Soldat den Prachtbau des Herodes in Brand, und was danach noch erhalten war, zerstörte spätestens Hadrian.

Bekanntlich erregte Jesus mit seiner Predigt Aufsehen und Ärger unter den Juden. »Damals versammelten sich die Hohenpriester und Ältesten des Volkes im Palast des Hohenpriesters, der Kajaphas hieß, und beschlossen, Jesus mit List zu ergreifen und zu töten« (Mt. 26,3 + 4). Dieses **Haus des Joseph Kaiphas** (18–36 n. Z.) wurde erst kürzlich von dem israelischen Archäologen Magen Broshi im Jerusalemer Stadtviertel auf dem Zionsberg ausgegraben, auf dem zur Zeit des Herodes und danach die vornehme Gesellschaft der Stadt wohnte. Eine Reihe von Räumen des Priesterhauses war mit Gewölben versehen.

Der Kreuzestod, zu dem Jesus verurteilt wurde, war eine römische – nicht jüdische! – Hinrichtungsart (die die Römer, nebenbei bemerkt, von den Phöniker übernommen hatten) und zu jener Zeit üblich, wenn ein Todesurteil wegen antistaatlicher Umtriebe erging. In den unruhigen Zeiten nach Herodes' Tod, als das Land vorwiegend von römischen Prokuratoren verwaltet wurde, die häufig keine Rücksicht auf die religiösen Gefühle ihrer jüdischen Untertanen nahmen, fanden Tausende von Juden und Nichtjuden auf diese Weise den Tod. Nur römische Staatsbürger durften nicht gekreuzigt werden.

Daß Jesus kein vereinzeltes Opfer solch grausamer Rechtsprechung war, bezeugt ein Fund, den israelische Archäologen 1968 in Giv'at ha-Mivtar, einem Vorort im Osten Jerusalems, machten. Dort gaben drei Grabkammern die Überreste von 35 menschlichen Skeletten frei, darunter auch die Gebeine eines 24 bis 28 Jahre alten Mannes, der offenbar gekreuzigt worden war (Abb. 117). Beide Fersenknochen waren von einem langen Eisennagel durchbohrt. Die pathologische Untersuchung der übrigen Knochen ergab, daß die Nägel dem Delinquenten nicht durch die Hände, sondern durch die Unterarme geschlagen worden waren – andernfalls hätte das Körpergewicht die Hände von den Armen gerissen. Nach der Kreuzabnahme waren dem Toten die Füße abgehackt worden, anscheinend weil sich der Nagel in der Ferse nicht entfernen ließ! Der Archäologe Yigael Yadin ist im übrigen der Auffassung, daß der Mann mit geöffneten Knien ans Kreuz geschlagen wurde, auch Inschriftfragmente an der Breitseite seines Ossuariums, d. h. seiner Knochenkiste, lassen sich seiner Meinung nach so deuten.

Es sollte kurz erwähnt werden, daß ein Gekreuzigter den Erstickungstod erleidet, und zwar wegen des Gewichts des Kopfes, der ihm auf die Brust fällt und die Kehle abschnürt. Um den Todeskampf zu verkürzen, wurden dem Delinquenten die Schienbeine gebrochen, so daß er sich nicht mehr aufrichten konnte, um frei zu atmen.

Begraben wurde Jesus durch Joseph von Arimathäa, einen seiner Jünger, und zwar in Josephs Familiengruft, in der zuvor noch niemand bestattet worden war (Jh. 19,38–42). Seit frühester Zeit identifiziert die christliche Tradition die Stelle, an der die **Grabeskirche** in Jerusalem erbaut wurde, als den Ort der Grablegung Jesu (Abb. 118). Die Römer entweihten die Stätte durch den Bau eines Venus-Tempels. Unter dem oströmischen Kaiser Konstantin (306–337 n. Z.) wurde über dem nackten Fels von Golgatha eine Basilika errichtet. Seit Ende des 4. Jh.s umgab diesen Bau eine Rotunda, eine runde Kirche; in einem Gesamtbau wurden beide Elemente sechs Jahrhunderte später vereint.

117 Jerusalem. Der Gekreuzigte aus den Grabkammern in Giv'at ha-Mivtar

AUF DEN SPUREN JESU (JERUSALEM)

118 Das Grab Jesu in der heiligen Grabeskirche

Da Jesus außerhalb der Stadtmauern gekreuzigt und begraben worden sein muß, sind mit der Entdeckung der Dritten Mauer (von Herodes Agrippa während seiner kurzen Herrschaft in den Jahren 41–44 n. Z. errichtet) Zweifel an der Lagebestimmung des Heiligen Grabes, die erst im 4. Jh. n. Z. erfolgt war, laut geworden. Auch der bisher angenommene Verlauf der **Via dolorosa,** des Weges zur Kreuzigungsstätte, wird inzwischen von vielen Gelehrten in Frage gestellt. Ihrer Ansicht nach residierte der römische Prokurator bei seinen Aufenthalten in Jerusalem im prachtvollen Palast des Herodes bei der heutigen Zitadelle und nicht auf der Burg Antonia, die am entgegengesetzten Ende der Altstadt im Hof der modernen arabischen Schule Omarija gelegen haben dürfte (vgl. S. 183f.).

Das katholische Golgatha besitzt darüber hinaus einen Konkurrenten im sogenannten **Gartengrab,** das in der Nähe des modernen Damaskustores liegt – allerdings befand sich auch dieses Grab innerhalb des Bogens der Dritten Mauer, seine Authentizität ist also ebensowenig gesichert. Möglicherweise handelt es sich beim Gartengrab um eine Familiengruft aus der Zeit des zweiten Tempels, unter Umständen datiert es aber sogar bis in die Zeit des ersten Tempels zurück.

Wie dem auch sei, die christliche Tradition hat die Lage von Leidensweg, Kreuzigungsstätte und Christusgrab schon vor so langer Zeit bestimmt, daß diese von Abertausenden von Pilgern aus der ganzen Welt besuchten heiligen Stätten aufgrund abweichender Meinungen und Belege heutiger Wissenschaftler kaum etwas von ihrer Ehrwürdigkeit verlieren dürften. Noch immer gilt, daß der Glaube Berge versetzen kann, besonders im Heiligen Land.

Kleiner Führer zu den beschriebenen Stätten

Dieses Kapitel führt in alphabetischer Folge diejenigen der im Haupttext erwähnten historischen Stätten aus der Zeit des Alten und Neuen Testaments auf, von denen sich auch der Uneingeweihte anhand der Beschreibung eine Vorstellung von der Anlage und dem ungefähren Aussehen des Gebäudes oder Ortes machen kann. Stätten, die nur für den Fachmann von Interesse sind, bleiben unberücksichtigt.

Bethlehem

In dem 10 km südlich von Jerusalem gelegenen Bethlehem (vgl. S. 207) sucht der Reisende heute vergeblich nach sichtbaren Überresten aus der Zeit Jesu, und auch vom Adonis-Hain, den Kaiser Hadrian nach seinem Sieg im Bar-Kochba-Krieg (132–135 n. Z.) über der Geburtsgrotte hatte pflanzen lassen, wird er keinerlei Spur mehr finden.

Den Platz von Hain und Grotte nimmt heute die um das Jahr 330 n. Z. von Kaiser Konstantin (306–337 n. Z.) gestiftete und unter Justinian (527–565 n. Z.) völlig neu aufgebaute Geburtskirche ein, die seit dem 6. Jh. wiederholt renoviert und restauriert worden ist.

Vier Säulenreihen teilen den Basilikabau (Länge: 54 m, Weite: 46 m) in fünf Schiffe. Im südlichen Querschiff steht der Beschneidungsaltar, im nördlichen der Altar der Heiligen Drei Könige – an dieser Stelle stiegen der Überlieferung zufolge die drei Weisen von ihren Pferden. Zu beiden Seiten des Hochaltars führen Treppen in die Geburtsgrotte hinunter. Dort ist unter dem Geburtsaltar ein silberner Stern in den weißen Marmor eingebettet; er bezeichnet die genaue Stelle der Geburt Jesu. Südwestlich der Geburtsgrotte liegt drei Stufen tiefer die 12,30 × 3,15 m messende Krippengrotte mit dem Altar der drei Weisen an der Ostwand und der in den Fels gehauenen Krippe an der gegenüberliegenden Seite.

Rachels Grab – Rachel war die Lieblingsfrau des Patriarchen Jakob (1. Mose 29,30) und starb nach der Geburt ihres zweiten Sohnes Benjamin (1. Mose 35,19) – liegt, kommt man von Jerusalem, am Ortseingang rechts. Das heute sichtbare würfelförmige überkuppelte Gebäude entstand erst in der Kreuzfahrerzeit (12.–14. Jh.). Bereits im 4. Jh. erwähnt ein Pilger die Stätte. Spätere Besucher beschreiben sie einheitlich als Pyramide aus zwölf Steinen, die vielleicht die zwölf Stämme Israels symbolisieren sollten. 1841 versah der jüdische Philanthrop Sir Moses Montefiore das Grabmal mit Anbauten, durch die man heute in den überkuppelten Raum mit dem Kenotaph der Rachel gelangt.

Caesarea

Caesarea (vgl. S. 202 ff.) liegt auf halbem Weg zwischen Tel Aviv und Haifa an der Mittelmeerküste. Der Ausgrabungsbereich erschließt nur einen Bruchteil der antiken Stadt, die zu Herodes' Zeit eine Fläche von mehr als 650 000 m² bedeckte. Die Stadtmauern, die den Ort umgeben, datieren aus der Kreuzfahrerzeit (12.–14. Jh.).

Von der Pracht des herodianischen Caesarea hat sich unter anderem das römische Theater, das restauriert wurde, erhalten. Im Sommer, während des »Israel Festivals«, finden dort Opern- und Ballettaufführungen sowie Konzerte statt. Im Hippodrom des Herodes befindet sich heute Israels einziger Golfplatz. Nahe dem von Herodes' Ingenieuren künstlich geschaffenen Hafenbecken erheben sich die Ruinen des Augustustempels. Auch ein eindrucksvoller Rest des herodianischen Aquädukts, der die Stadt mit Wasser versorgte, ist inzwischen wieder vom Sand der Dünen befreit worden.

En Bokek

Vom modernen Erholungszentrum En Bokek aus, das 32 km südöstlich von Arad am Toten Meer liegt (vgl. S. 205), sind die Ruinen einer antiken israelitischen Parfümfabrik sowie die Überreste einer viel jüngeren Grenzfestung bequem zu erreichen.

Von der Parfümfabrik sind gegenwärtig nur noch die Außenmauern zu sehen, die inneren Trennwände und Überreste ihrer technischen Einrichtungen sind der Zerstörungswut »moderner Wandalen«, d. h. Besuchern am Toten Meer, zum Opfer gefallen. Der verantwortliche Archäologe, Mordechai Gichon, bemüht sich gegenwärtig um finanzielle Mittel, mit denen er die Fabrik so weit rekonstruieren will, daß auch der Laie ihre Anlage mühelos überschauen kann. Die jüngere Grenzfestung ist dagegen dank ihrer massiven Bauweise sehr viel besser erhalten geblieben. Sie entstand Ende des 4. Jh.s, in byzantinischer Zeit also, und erlebte vom ausgehenden 5. Jh. bis Mitte des 6. Jh.s ihre Blütezeit.

En Gedi

Nördlich von En Bokek (oder 55 km südlich von Jericho) lassen sich auf einem Tell in unmittelbarer Nähe jener Süßwasserquelle, der die Oase seit dem Altertum ihre Blüte verdankt, die Überreste von insgesamt fünf Besiedlungsperioden unterscheiden. In der ältesten Schicht, die in die Zeit des Königs Josia (7. Jh. v. Z.) datiert, fand man mehrere Häuser, die nach Ansicht der Ausgräber genau wie die Anlage in En Bokek mit der Parfümindustrie zusammenhingen (vgl. S. 151).

Über diesem 582 v. Z. zerstörten Siedlungshorizont entstand zu Beginn der persischen Zeit (6.–4. Jh. v. Z.) eine neue Ortschaft; zu ihr gehören die Reste eines noch nicht vollständig ausgegrabenen Gebäudes. Der letzte von Juden hier erbaute Ort umfaßte auch eine später von den Hasmonäern – Johannes Hyrkanus I. (135–104 v. Z.) und Alexander Jannai (104–76 v. Z.) – genutzte und weiter ausgebaute Festung. Römer und Byzantiner, die En Gedi zusammen mit dem restlichen Juda ihrem Reich einverleibten, haben eine weitere Festung und ein römisches Badehaus hinterlassen; ebenfalls aus byzantinischer Zeit stammt eine Synagoge mit Mosaikboden.

Geser

Tel Geser, 7 km östlich von Ramla gelegen und bereits 3000 Jahre vor der Zeitwende besiedelt, beherbergte schon in seiner Frühzeit eine der sechs wichtigsten Städte Kanaans im Altertum (vgl. S. 100 ff., 135, 172).

Für den Besucher sind heute auf dem Tell das inzwischen völlig freigelegte salomonische Stadttor aus dem 10. Jh. v. Z. und ein Teil der dazugehörigen Kasemattenmauer erkennbar sowie Teile des Wasserversorgungssystems, das den Anlagen von Hazor und Megiddo ähnelt. Auch hier führt ein Tunnel zu einer Quelle tief im Erdinneren. Er wurde bisher allerdings noch nicht restauriert. An der höchsten Stelle der Stadt liegt ein Totenschrein mit zehn noch aufrecht stehenden *Massebot* (Mittlere Bronzezeit, 2200–1500, bis Jüngere Bronzezeit, ca. 1500 v. Z.). Eine »Höhe« fehlt ebensowenig wie Wohnhäuser (oder besser gesagt: ihre Überreste) aus den verschiedenen Besiedlungsepochen.

Haifa/Schikmona

Im Altertum bewachte die Siedlung Schikmona (vgl. S. 102 f.) den schmalen Durchgang zwischen dem Karmelberg und dem Meer. Heute erhebt sich auf dem Tell das Institut für Ozeanographische Forschung. Weiter südlich haben die Archäologen eine Stadt aus der Zeit Salomos freigelegt, über deren Ruinen in der persischen und hellenistischen Epoche weitere Siedlungen entstanden sind. Da es an finanziellen Mitteln fehlt, wurde Schikmona noch nicht restauriert: Dem Blick des Betrachters bietet sich gegenwärtig eine verwirrende Fülle von Häuser- und Mauerresten dar.

Die Kleinfunde – wie Teile der Mosaikböden, Münzen und Tonware – können im Stadtmuseum von Haifa besichtigt werden.

Hazor

Als erstes sieht der Besucher von Hazor (vgl. S. 59f., 97f., 131ff.), das 23 km nordöstlich von Tiberias liegt, den gewaltigen, im 18. Jh. v. Z. aufgeschütteten Erdwall, der den Tell an drei Seiten umgibt. Die vierte Seite schützt eine mächtige Mauer aus gestampfter Erde, die früher 14 m über das Plateau der Unterstadt von Hazor hinausragte und an ihrem Fuß 90 m breit war. In der Unterstadt selbst können die Reste der von Josua im 13. Jh. v. Z. zerstörten kanaanäischen Stadt mit Häusern, Wasserversorgungsanlagen, Tempeln und anderen Heiligtümern besichtigt werden. Nach Josuas Brandschatzung hat man die Unterstadt nicht wieder aufgebaut.

Immer wieder überbaut wurde dagegen die Oberstadt von Hazor. Hier kann der Besucher durch das Stadttor schreiten, das Salomo im 10. Jh. v. Z. entsprechend den Toren in Geser und Megiddo hat errichten lassen. Salomos Hazor umfaßte lediglich den Westteil der Oberstadt, erst seine Nachfolger bebauten die gesamte Anhöhe.

Aus Ahabs Zeit (871–852 v. Z.) hat sich ein großes Lagerhaus erhalten, dessen Inneres durch zwei Reihen wuchtiger Säulen unterteilt ist. Die Häuser der nächsten Schicht aus der Zeit Jerobeams II. (787–747 v. Z.) sind, wie klar zu erkennen ist, vom israelitischen Vierzimmertyp. Unübersehbar sind auch die Spuren des Erdbebens, das die Stadt des 8. Jh.s v. Z. zerstörte.

Im westlichen Areal der Oberstadt fällt die Zitadelle ins Auge, die in der ersten Hälfte des 9. Jh.s v Z. erbaut wurde. (Das Tor der Zitadelle mit den beiden protoäolischen Kapitellen ist heute im Israel-Museum von Jerusalem zu besichtigen.) Zugleich kann der Besucher von Hazor auch einen Blick in »Yaels Haus« und in das der »Familie Machbiram« werfen, die beide in der Nähe der Zitadelle wohnten.

Restauriert und seither zu besichtigen ist die eindrucksvolle Wasserversorgungsanlage, die aus einem 30 m in die Tiefe führenden Schacht und einem knapp 25 m langen Tunnel besteht, der weitere 10 m in die Tiefe führt, so daß an seinem Ende das 40 m unter der Berghöhe stehende Grundwasser in der Talsohle erreicht ist. Am Ostrand der Oberstadt sind noch die Reste eines kleinen Tores zu sehen, das allem Anschein nach hastig zugemauert und von außen mit einer Schicht Kiesel getarnt wurde, als das assyrische Heer im 8. Jh. v. Z. die Stadt und das ganze Königreich Israel bedrohte. Daß dieses Tor hauptsächlich den Bauern diente, die hier bequemer ihre Ernte von den umliegenden Feldern einfahren konnten, bestätigt ein in der Nähe freigelegter, fast 3 m tiefer rechteckiger Getreidespeicher.

Herodion

Das 11 km südöstlich von Bethlehem gelegene Herodion (vgl. S. 180ff.) verbirgt sich in einem 758 m hohen Bergkegel mit gekappter Spitze. In diese Spitze sind die – heute teilweise restaurierten – Überreste von Herodes' prachtvoller Palastburg eingesenkt. Die ca. 200 weißen Marmorstufen, die – Flavius Josephus zufolge – im Altertum den Berg hinaufführten, sind längst verschwunden. Zu sehen sind innerhalb der Doppelmauern dagegen die Stümpfe der vier Türme, von denen einer voll rund und drei halbrund waren; weiter erkennt man den großen rechteckigen Säulenhof vor dem runden Turm und den um 70 n. Z. in eine Synagoge umgewandelten Empfangssaal südlich davon sowie das Bad westlich der Säulenhalle. An den Wänden der einzelnen Säle sind noch Reste der zu Herodes' Zeit beliebten Wandverzierung in Form von Marmor- und Quaderimitationen im sogenannten »Ersten pompejanischen Stil« zu erkennen.

In der Unterstadt kann der Besucher mit einiger Phantasie die Teichanlage und das monumentale Gebäude daneben in Gedanken rekonstruieren. Am westlichen Ende einer Straße oder Bahn – möglicherweise Reste einer Prozessionsstraße – sieht man die Ruinen einer weiteren Struktur, vielleicht das Grabmal des Herodes.

KLEINER FÜHRER ZU DEN BESCHRIEBENEN STÄDTEN

Jericho

Den roten Faden, den Rahab in ihr Fenster hängte, damit die israelitischen Angreifer ihre Familie verschonten, hat noch kein Ausgräber gefunden; gleichwohl war ihre Ausbeute in Jericho (vgl. S. 58, 173 f.), das 35 km nordöstlich von Jerusalem inmitten einer blühenden Oase liegt, im Laufe von über 100 Jahren Forschung besonders reich.

Die materiellen Überreste der ersten Menschen, die hier in der Altsteinzeit, ca. 250 000 bis 10 000 v. Z., lebten, sind heute im Rockefeller-Museum (Jerusalem) zu besichtigen. In der Jungsteinzeit, 7500 bis 4000 v. Z., entstand auf dem Tell es-Sultan, 2,5 km nordwestlich vom Marktplatz der modernen Stadt Jericho, ein erstes Dorf, geschützt durch eine 2 m breite Mauer. Sie wurde verstärkt von einem heute noch 9 m hohen Steinturm, der oben einen Durchmesser von 8,50 m hat. In seinem Inneren führen erst ein geneigter Schacht, dann eine Treppe zur Turmspitze.

Südlich davon, an der Mündung des Wadi Kelt, liegen die auch heute noch sehr eindrucksvollen Ruinen von Herodes' imposantem Winterpalast, dem größtenteils die Reste eines älteren Hasmonäerpalastes eingegliedert wurden. Hasmonäisch ist auch der Teich neben Herodes' Hauptpalast. Eine schwache Vorstellung der einstigen Pracht vermitteln die Reste des vertieft angelegten Gartens mit der großartigen Fassadenfront. Die Rudimente des Hauptpalastes und des Nordflügels geben zwar eine ungefähre Vorstellung vom Umfang der Gesamtanlage, kaum aber von dem Luxus, der hier einst herrschte.

Jerusalem

Dank der Ausgrabungen israelischer Archäologen seit 1969 ist es heute möglich, auch dem Jerusalem Davids und Salomos – bzw. dessen Überresten – einen Besuch abzustatten.

Ein Überblick über die Davidstadt, auf deren Gebiet heute das arabische Dorf Silwan liegt, macht dem Besucher deutlich, wie klein sie eigentlich war: knapp eineinhalb Fußballplatzbreiten und gerade dreieinhalb Fußballplatzlängen.

Die Davidstadt liegt heute außerhalb der Stadtmauern der Altstadt. Hier läßt sich noch der Verlauf des Kidrontals zur Linken (wenn man die von Mauern umgebene Altstadt im Rücken hat) und des Tyropoiontals zur Rechten deutlich erkennen. Innerhalb der Stadtmauern ist das letztgenannte Tal schon lange unter dem Schutt der Jahrhunderte und dem unablässigen Neuaufbau, der jeder Zerstörung folgte, verschwunden. Nur am Rand des Kidrontals konnten die Ausgräber bisher den Spuren Davids und Salomos nachgehen. Trotz dieser Beschränkungen ist das, was sie bisher ans Licht gebracht haben, aussagekräftiger, als erhofft werden durfte.

Die englische Archäologin Kathleen Kenyon legte in den sechziger Jahren an dem Steilhang, der zum Kidrontal abfällt, Reste der ersten Stadtmauer Jerusalems frei (vgl. S. 88). Weiter oben, am Rande des Hangs, ist die gestufte Steinpyramide zu sehen, die Shiloh als eine Futtermauer (vgl. S. 95 f.) identifizierte; sie verstärkte die Verteidigungsanlagen um Salomos Palast, der sich zwischen Davidstadt und Tempelberg erhob. Unterhalb dieser Futtermauer sind am Hang die Reste mehrerer israelitischer Häuser – eins davon sogar mit einem Toilettensitz – zu erkennen, die im Jahr 587/86 v. Z. von dem Babylonier Nebukadnezar II. zerstört wurden. Unter den israelitischen zeichnen sich wiederum Spuren jebusitischer Häuser ab.

Ebenfalls unterhalb dieser Mauer wurde von der für den Schutz der Altertümer zuständigen Behörde ein Tunnel zum Warrenschacht angelegt, durch den Davids Feldherr Joab der Überlieferung zufolge in das jebusitische Jerusalem eingedrungen ist (vgl. S. 86 ff.). So kann der Besucher heute mühelos – wie einst die jebusitischen Frauen –, den Tunnel bis zu der Stelle beschreiten, an der er steil zur Gichonquelle abfällt.

Immer noch am Hang zum Kidrontal, aber weiter südlich der gestuften Steinpyramide Salomos, liegen die Reste der sogenannten »Königsgräber« aus der Zeit des ersten Tempels (9.–7. Jh. v. Z.; vgl. S. 140 ff.), wobei erklärend hinzugefügt werden sollte, daß entsprechend der jüdischen Tradition

218

Tote außerhalb der Stadtmauern begraben werden mußten und müssen. Eine Ausnahme ist nur bei Propheten und Königen erlaubt. Diese Königsgräber dienten den Römern 500 Jahre später, als sie ihre Garnisonsstadt Aelia Capitolina an der Stelle des jüdischen Jerusalem bauten, als Steinbruch. Deshalb sind heute meist nur noch die Grabböden zu sehen, und auch sie dienen den Einwohnern von Silwan als Schuttablageplatz.

Am Fuß von Davids und Salomos Stadt kann der Besucher den Tunnel durchwaten, den König Hiskia im 8. Jh. v. Z., als die Assyrer sich drohend den Grenzen seines Reiches näherten, eilig in den Fels hauen ließ, damit die Einwohner seiner Hauptstadt innerhalb der sicheren Stadtmauern Wasser aus dem Siloamteich schöpfen konnten (vgl. S. 147f.). Nahe dem Siloamteich sind mehrere Felsöffnungen zu sehen, durch die Licht in Salomos Tunnel fiel, der schon vor der Zeit Hiskias von der Gichonquelle durch den Fels führte, um solchermaßen die königlichen Gärten im Kidrontal zu bewässern.

Zu den Resten aus der Zeit des zweiten Tempels gehört die Mauer, die oberhalb von Salomos gestufter Steinpyramide zu sehen ist. Ihr gegenüber erhebt sich – etwas mehr als 300 Jahre jünger – der Stumpf eines hasmonäischen Turms (vgl. S. 177f.) als ein konkretes Zeugnis dafür, daß Jerusalem zu diesem Zeitpunkt auf der Kammhöhe der Davidstadt befestigt war. Im Gegensatz dazu verlief im Jerusalem Salomos die Stadtmauer weiter unten am Hang.

Ein weiteres Zeugnis dafür, daß Hiskia Jerusalems Stadtmauern verstärkte und die Stadt sich im Verlauf seiner Herrschaft bis auf den Westhügel ausdehnte, ist die »Breite Mauer« (vgl. S. 146f.) die der israelische Archäologe Nahman Avigad im Jüdischen Stadtviertel freigelegt hat und deren Reste der Reisende heute in Augenschein nehmen kann.

Westlich von Hiskias »Breiter Mauer«, im Keller eines neuen Hauses im Jüdischen Stadtviertel, drei Etagen unter der Straße, hat der Besucher Gelegenheit, den Turm zu besichtigen, den die Israeliten im Jahr 587/86 v. Z. verzweifelt gegen den Angriff der babylonischen Soldaten Nebukadnezars II. verteidigten (vgl. S. 147). An seine Ostseite grenzen die Reste jenes Turmes, den die Hasmonäer 400 Jahre später anbauten (vgl. S. 177f.).

Was bisher von Herodes' Jerusalem ausgegraben wurde, konzentriert sich vornehmlich um den Tempelberg. Als erstes müssen die gewaltigen Stützmauern erwähnt werden, die die erweiterte Tempelplattform trugen (vgl. S. 190ff.); sie ragten ursprünglich um ein weiteres Drittel ihrer heutigen Höhe in den Himmel. Die Ausgräber sind jener Mauer an der südwestlichen Ecke des Tempelberges bis auf das Niveau der Straße aus der Zeit des zweiten Tempels (2. Hälfte 1. Jh. v. Z.) nachgegangen, die 15 m unter dem heutigen Straßenniveau liegt. Dort, acht Quaderreihen unter der heutigen Straßenebene, wiegen die verbauten Blöcke bis zu 100 000 Tonnen und sind so groß wie ein Omnibus. Noch einmal 8 m unter dieser Straße, aus der Periode der Zeitwende stammend, verläuft der Wasserkanal, der in südlicher Richtung zum Misttor führte und Regenwasser aus der Stadt in die königlichen Gärten leitete.

An der Südmauer befinden sich unter byzantinischen Häusern (4.–6. Jh. n. Z.), auf deren Dächern sich Reste omajjadischer Bauten (8. Jh. n. Z.) erheben, israelitische Zisternen und Kellergeschosse (10.–8. Jh. v. Z.), die die Byzantiner als Keller wiederverwendeten und ihren Zwecken anpaßten. Ebenfalls vor der Südmauer, von den Anbauten aus der Kreuzfahrerzeit (12.–14. Jh.) nahezu verdeckt, ist ein Bogen des Doppelten Huldatores (vgl. S. 191f.) zu sehen, durch das die Pilger zu herodianischer Zeit den Tempelberg verließen. Die Treppe vor dem Tor wurde inzwischen restauriert. Sie beginnt oben mit einer Folge von vier Stufen, denen sich ein kleiner Absatz anschließt; die übrigen Stufen bis zum Platz vor dem Doppelten Huldator sind so angeordnet, daß nach jeder zweiten Stufe der Abstand zur nächstfolgenden etwas vergrößert ist. Nach Ansicht israelischer Gelehrter entsprechen diese Stufen in ihrer Anordnung dem Rhythmus eines Dankliedes, das die Pilger beim Verlassen des Tempels sangen.

Östlich dieser Anlage sind in der Südmauer deutlich die drei Bögen des seit der Kreuzfahrerzeit ver-

KLEINER FÜHRER ZU DEN BESCHRIEBENEN STÄDTEN

mauerten Dreifachen Huldatores (vgl. S. 191f.) zu erkennen.

Nun zur Westmauer: Dort sieht der Besucher den Ansatz des Robinsonbogens (vgl. S. 190) und etwa 13 m entfernt das Fundament, auf dem der Bogen auf der gegenüberliegenden Seite ruhte. Reste von Mauervertiefungen im Fundament lassen hier Geschäfte vermuten, die die zum Tempelberg pilgernden Gläubigen mit Waren versorgten.

Geht der Besucher die Westmauer in nördlicher Richtung entlang, kommt er zu dem als ›Klagemauer‹ bekannten Bereich, der den Juden als Ort des Gebets heilig ist. Wie in Synagogen üblich, beten hier Männer und Frauen getrennt. Zuerst gelangt man zum Frauenbereich. Wenn man Glück hat, gelingt es, einen Blick auf das Kiphonus-Tor (vgl. S. 191) zu werfen, das hier unter dem heutigen Zugang zum Tempelberg liegt. Weniger problematisch ist die Besichtigung des Wilsonbogens, heute an den Männerbereich vor der Westmauer grenzend und von außen von späteren Anbauten verdeckt.

Auf dem Tempelberg, wo einst der Tempel Salomos und später der monumentale Neubau des Herodes stand, dessen Vorderfront eine Höhe von 16 (!) Stockwerken erreichte, erheben sich heute zwei arabische Heiligtümer, die al-Akza-Moschee im Süden und der Felsendom in der Mitte des ehemaligen Tempelbezirks. Im Untergeschoß des Felsendoms lagert jener Stein, auf dem jüdischer Überlieferung zufolge Abraham seinen einzigen Sohn Isaak opfern wollte; zugleich war dieser Felsen gemäß jüdischer Tradition auch Grundstein des salomonischen und des herodianischen Tempels.

Den Ölberg, gegenüber dem Tempelberg, überziehen vom Gipfel bis zur Talsohle jüdische Gräber und Grabkammern, denn das Tal Josaphat (= Kidrontal), das beide Anhöhen trennt, ist der Überlieferung nach der Ort des Jüngsten Gerichts. Deshalb haben sich hier gesetzestreue Juden schon seit der Zeit des ersten Tempels begraben lassen, weil sie Zeuge sein wollten, wenn der Messias einst die Toten auferwecken und triumphal durch das – heute vermauerte – Goldene Tor in die heilige Stadt einziehen werde.

Aber zurück ins Jüdische Stadtviertel, wo in der Zeit des Herodes wohnte, wer auf sich hielt. Dort kann der Besucher das »Verbrannte Haus« (vgl. S. 198 ff.) im Keller eines im alten Stil wiedererrichteten israelischen Gebäudes besichtigen. Ein Teil der Anlage wurde von den Archäologen restauriert, um dem Besucher eine Vorstellung vom Leben im herodianischen Jerusalem vor der Zerstörung der Stadt im Jahr 70 n. Z. zu vermitteln, während man den Rest unangetastet ließ, um zu verdeutlichen, wie verheerend die Zerstörung durch die römischen Soldaten gewesen ist. Im selben Keller, in nächster Nähe zum »Verbrannten Haus«, haben die Archäologen auch eine der vielen Kloaken erhalten, die in einem komplizierten Netz die Abwässer vor die Stadttore Jerusalems leiteten. Der noch zu besichtigende Kanal ist mannshoch; über solche unterirdischen Wasserwege versuchten sich die unglücklichen Einwohner Jerusalems vor den Römern aus der Stadt zu retten.

Die beiden anderen, ebenfalls sehr beeindruckenden Häuser derselben Zeit, das »Palastartige Herrenhaus« (vgl. S. 196f.) und das »Herodianische Haus« (vgl. S. 196), liegen – ebenso wie ähnliche Funde aus herodianischer Zeit und der Zeit davor – in den Kellern moderner, teilweise noch im Bau befindlicher Häuser. Sie werden gegenwärtig sorgsam restauriert und sollen interessierten Besuchern künftig zugänglich sein.

Nahe dem Jaffator kann der Interessierte der Zitadelle (vgl. S. 187) einen Besuch abstatten und sich dabei, einfach der Treppe folgend, die abwärts führt, von der modernen Zeit über die Epoche der Türken, Mamelucken und Kreuzfahrer in die herodianische und hasmonäische Zeit zurückversetzen. Im übrigen beherbergt die Zitadelle auch das Städtische Museum.

Im christlichen Stadtviertel hat der Besucher Gelegenheit, Hinrichtungsstätte (Golgatha) und Grab Jesu zu besuchen, beide heute in der Grabeskirche gelegen. Östlich davon, im Kidrontal, breitet sich der Garten Gethsemane aus, von dessen Ölbäumen zwei angeblich bereits seit 2000 Jahren dort wachsen. Auf der gegenüberliegenden Seite der Altstadt, beim Damaskustor, befindet sich, nahe dem arabischen Busbahnhof, das »Gartengrab« (vgl. S. 214), das protestantischem Glauben zufolge das wahre Grab Jesu birgt.

Kapernaum

So wie Jerusalem ist auch das 16 km nördlich von Tiberias an der Nordspitze des Sees Genezareth gelegene Kapernaum (vgl. S. 209f.) ein bei Juden und Christen beliebtes Reiseziel.

Die Synagoge aus dem 4./5. Jh. n. Z. wurde teilweise restauriert, und mit etwas Phantasie kann sich der Besucher ausmalen, wie sie einst ausgesehen hat. Dabei helfen ihm auch die Reste der ursprünglichen Dekoration, die in ihrer unmittelbaren Umgebung ausgestellt sind.

An das Gebiet der Synagoge schließen sich unübersichtliche Mauerzüge an, Reste der aus lokalem schwarzen Basaltstein erbauten Häuser, die zwischen 300 und 400 Jahre älter sind als die Synagoge selbst.

Direkt daneben befinden sich die Überreste einer oktogonalen Kirche, die im 4./5. Jh. über einem Versammlungssaal errichtet wurde, der seinerzeit das Haus in sich schloß, in dem Petrus gelebt und Jesus während seines Aufenthalts in Kapernaum gewohnt haben soll.

Lachis

Tel Lachis (vgl. S. 39ff., 154ff.), 32 km östlich von Aschkelon, enthält auch für den Laien erkennbare Überreste seiner israelitischen Vergangenheit.

Entlang dem Hang und auf seiner Spitze erheben sich die noch immer eindrucksvollen Reste der gewaltigen Mauern, die die Stadt vor feindlichen Angriffen schützen sollten und dennoch gleich von zwei Angreifern aus dem Norden, Sanherib aus Assyrien im Jahr 701 v. Z. und Nebukadnezar II. aus Babylonien im Jahr 587/86 v. Z., überwunden wurden. Im weiteren sind die Fundamente des von Sanherib im 8. Jh. v. Z. zestörten Stadttores zu sehen, dessen rechte Hälfte von einem später an dieser Stelle errichteten – von Nebukadnezar II. zerstörten – Zugang verdeckt wird, sowie, stadteinwärts, Spuren der wuchtigen Palastburg.

Masada

Unbeeindruckt hat noch kein Besucher Herodes' wuchtige Festung Masada (vgl. S. 183) auf bzw. an einem Felsklotz (ca. 450 m hoch) am Toten Meer verlassen. Der Aufstieg ist heute leicht, denn eine Drahtseilbahn befördert den Besucher innerhalb weniger Minuten hinauf zum Gipfelplateau.

Der Rundgang beginnt bei der Gipfelstation der Drahtseilbahn am Osttor der Festung, neben dem sich ein Wachraum befindet. Im Norden sieht man die Reste teilweise rekonstruierter Lagerhäuser, daneben ein großes römisches Badehaus mit Caldarium und Frigidarium. Am nördlichen Rand der Anlage führen Stufen zu dem über drei Ebenen gestaffelten Nordpalast des Herodes. Auf derselben Ebene wie Badehaus und Lagerräume, jedoch direkt an der Felskante, blieben die Reste von Zimmern und einer großen, halbrunden Terrasse erhalten; 20 m darunter sieht man im Mittelteil des »hängenden« Herodes-Palasts ein kreisrundes Gebäude bzw. seine Überreste sowie die Fundamente mehrerer Räume direkt an der Felswand; und nochmals 15 m tiefer erreicht der Besucher eine Halle, an deren Wänden bis heute Teile von Marmor- und Quaderimitationen im »Ersten pompejanischen Stil« die Aufmerksamkeit auf sich ziehen. Hier sind auch die Überreste eines kleinen Badehauses zu erkennen.

Unterhalb des »hängenden Palastes«, allerdings weiter westlich, waren die gewaltigen Zisternen von Masada aus dem Felsen geschlagen. Auf das Gipfelplateau zurückgekehrt, ist es im weiteren möglich, auch den Westpalast, die offizielle Residenz des Herodes, in dem die Palastwache, die Bediensteten und die Verwaltung untergebracht waren, zu besichtigen.

Nahe dem Westtor befindet sich ein weiteres Verwaltungszentrum und an der Südspitze des Felsens ein von Steinmauern umschlossener Teich. Auf halbem Weg zwischen West- und Südtor erhebt sich ein Kolumbarium; nach Ansicht einiger Gelehrter barg es die Urnen mit der Totenasche ausländischer Söldner, die in Herodes' Diensten gestanden hatten.

Den Berggipfel umgibt eine Kasemattenmauer. In ihren engen Räumen lebten – 70 Jahre nach dem prunkliebenden Herodes – die jüdischen Zeloten, die den römischen Legionen unter dem Feldherrn L. Flavius Silva drei Jahre lang Widerstand leisteten. Sie bereicherten Masada um ein Ritualbad im nördlichen Verwaltungspalast und um eine nahebei gelegene Synagoge, die zu den ältesten des Landes zählt.

Megiddo

Ca. 35 km südöstlich von Haifa gelegen, ist Megiddo (vgl. S. 68, 98 ff., 130, 134 f.) einer der eindrucksvollsten Tells in ganz Israel. Seine Siedlungsschichten bieten dem Besucher Gelegenheit, den Blick bis in das 3. Jt. v. Z. zurückgehen zu lassen.

Das jüngste Gebäude, aus den dreißiger Jahren unseres Jahrhunderts und am Eingang der Stätte gelegen, diente den Archäologen der diversen Expeditionen als Verwaltungszentrum. Von hier aus führt eine alte, schon zur Zeit Davids (10. Jh. v. Z.) angelegte Straße zum Nordhang des Tells, wo die zum Teil noch erhaltenen Fundamente des salomonischen Tors zu sehen sind. Mit seinen Türmen beiderseits des Durchgangs weist es den gleichen Grundriß wie die Torbauten von Hazor und Geser auf; auch in den Maßen weicht es nur leicht von ihnen ab. Westlich davon, auf einer tieferen Ebene, liegen die Reste eines Tores, das vom 16.–12. Jh. v. Z. benutzt wurde, sowie die Überreste eines Tores aus der Hyksos-Zeit (18. Jh. v. Z.). Nordwestlich von Salomos Tor haben sich Reste kanaanäischer Mauern aus dem 16. Jh. v. Z. erhalten, und ganz in der Nähe der Mauern befanden sich die Paläste der kanaanäischen Könige, die hier vom 16.–12. Jh. v. Z. herrschten, bevor die Israeliten eintrafen. Diese Paläste, ein jeder auf den Ruinen einer älteren Residenz errichtet, wurden von den Archäologen abgetragen, um die tiefer liegenden Schichten zu erreichen. In der Schicht des 13.–12. Jh. v. Z. fanden sie einen Schatz von geschnitzten Elfenbeingegenständen, der heute im Rockefeller-Museum von Jerusalem bewundert werden kann.

Am westlichen Rand des Tells ist dem Besucher jene eindrucksvolle Wasserversorgungsanlage zugänglich, die im 9. Jh. v. Z. König Ahab von Israel anlegen ließ: Man kann dem fast 37 m tiefen Schacht und dem ca. 66 m langen, daran anschließenden Tunnel durch den gewachsenen Fels in die Tiefe folgen.

Im südlichen Bereich des Tells befinden sich die Überreste der sogenannten »Ställe Salomos«, die nach dem gegenwärtigen Forschungsstand allerdings erst etwa hundert Jahre später, im 9. Jh. v. Z., unter König Ahab erbaut wurden. Etwas weiter östlich hat das »Haus des Gouverneurs«, ein großes, festungsartiges Gebäude, seinen Platz. In der Mitte des Tells ist, erschlossen von Treppen, ein großer Speicher aus dem 8. Jh. v. Z. zu sehen, und südlich davon weisen aufrechtstehende Pfeiler auf die Existenz eines Hauses aus israelitischer Zeit (10. Jh. v. Z.) hin, das früher einmal an dieser Stelle stand und von den Archäologen anfangs irrtümlich als Stall identifiziert wurde. Im Umkreis finden sich noch andere öffentliche und private Gebäude der israelitischen Zeit.

Am östlichen Ende des Tells sind schließlich die ältesten Reste von Megiddo zu besichtigen: ein Tempelareal mit drei kanaanäischen Heiligtümern aus dem 4.–2. Jt. v. Z., jedes bestehend aus einer großen Kammer mit einem Altar an der Südmauer. Als der interessanteste Tempel darf – im Südosten des Areals – eine runde »Höhe« aus Stein gelten, zu der Stufen hinaufführen.

Nazareth

Erst mit dem Neuen Testament erhielt Nazareth (vgl. S. 207 f.) seine Bedeutung. Die Reste aus der Zeit Jesu sind spärlich; zu ihnen gehört die Höhle unter der St. Josephskirche, in der Jesu Eltern gewohnt haben sollen. In der Mitte dieser Höhle ragt eine glatte, runde Felsplatte aus dem Boden –

möglicherweise diente sie den Bewohnern als Tisch. Die Schächte im Boden dürfte man als Kühlkammern zur Aufbewahrung verderblicher Lebensmittel benutzt haben. In eine der Höhlenwände ist ein kleiner glatter Felsring eingelassen; wahrscheinlich hielt er das Seil, an dem die Vorräte in die Schächte gesenkt und wieder heraufgezogen wurden.

In der Nähe ihres modernen Klosters haben Franziskaner die Reste des alten Dorfes Nazareth ans Licht gebracht; sie beweisen, daß in dieser Gegend zur Zeit Jesu tatsächlich Menschen lebten. Die übrigen Funde stammen jedoch aus späteren Jahrhunderten, als Nazareth schon im Mittelpunkt christlichen Interesses stand.

Der Marienbrunnen, nördlich vom Stadtzentrum an der Hauptstraße gelegen, ist sehr viel jüngeren Datums als die oben erwähnten Reste; möglicherweise ersetzt er jedoch nur einen älteren Wasserbau.

Qumran

20 km südlich von Jericho am Toten Meer liegen auf einer kleinen Anhöhe die Ruinen des Gemeindezentrums von Qumran (vgl. S. 167 ff.). Zu besichtigen sind – in den Grundmauern – der Versammlungs- und Speisesaal der Gemeinde, ein Wachtturm, ein Stall und eine Werkstatt, in der das benötigte Geschirr einschließlich der großen Vorratskrüge hergestellt wurde. In solchen Krügen wurden 2000 Jahre nach der Zerstörung des Ortes auch die »Schriftrollen vom Toten Meer« gefunden.

Zum Inventar gehören im weiteren zwei Brennöfen, ein Ofen, eine Mühle und ein Schreibzimmer. Sieben Zisternen speicherten das Regenwasser, das ein Aquädukt aus dem nahegelegenen Wadi hierher leitete.

Auch die Spuren eines Erdbebens – allem Anschein nach dasselbe, das Flavius Josephus für das Jahr 31 v. Z. erwähnt – sind an Mauerresten und Treppen klar zu erkennen. In den gut sichtbaren Höhlen am steilen Hang der Felsen gegenüber dem Gemeindezentrum hat man die berühmten Schriftrollen der Essenersekte gefunden.

Sebaste/Samaria

Zu den antiken Überresten von Sebaste/Samaria (vgl. S. 128 ff., 204 f.), 29 km östlich von Natanja gelegen, gehören Teile einer Mauer aus behauenen Quadern, die unter Omri (878–871 v. Z.) und seinem Sohn Ahab (871–852 v. Z.) um Zitadelle und Stadt gezogen wurden. Die wichtigsten Funde aus Ahabs Samaria, die Elfenbeintäfelchen aus seinem »Elfenbeinhaus«, können heute im Rockefeller-Museum (Jerusalem) besichtigt werden.

Von Herodes' Samaria, das er zu Ehren seines Gönners Augustus in Sebaste umbenannte, haben sich Reste der mit Türmen bewehrten Stadtmauern sowie Stufen und Gebäudeteile des Augustus-Tempels erhalten.

Die eindrucksvollsten Ruinen in Samaria/Sebaste gehören jedoch zu einem Korentempel, den Kaiser Septimius Severus (193–211 n. Z.) erbauen ließ; aus der gleichen Zeit stammen auch das römische Theater sowie zahlreiche Säulen – Hunderte waren es ursprünglich –, die damals das Dach der Hauptstraße trugen.

Wieder aufgerichtet wurden auch die Säulen der Marktbasilika – das bekannteste Gebäude von Samaria/Sebaste. Der Bau wird von einigen Wissenschaftlern dem Herodes, von anderen dem Septimius Severus zugeschrieben.

Tel Arad

Knapp 10 km westlich der modernen israelischen Stadt Arad liegen auf einer Doppelhöhe die große Tempelfestung aus der Zeit Salomos und die Reste einer sehr viel älteren Stadt aus dem 3. Jt. v. Z. (vgl. S. 103 ff.).

Beide Orte wurden teilweise restauriert. Heute kann der Besucher sich in den bis zu einer Höhe von 6 m wiederaufgerichteten Mauern der Zitadelle umsehen und einen Blick in den Tempel Salomos werfen, der noch König Josias religiöse Reform 300 Jahre später überdauerte und erst dem Babyloniersturm unter Nebukadnezar II. (587/586 v. Z.) zum Opfer fiel.

Weiter kann man die Straßen entlangbummeln, in denen vor 4000 bis 5000 Jahren Kanaanäer lebten, die von hier aus ihre hervorragende Tonware bis nach Ägypten ausführten. Weitläufige, rechteckige Steinhäuser fügten sich – dies ist nach der Restauration klar zu erkennen – zu regelmäßigen Wohnblöcken. Unterbrochen wurde dies Raster städtischer Quartiere von Plätzen und öffentlichen Einrichtungen, einem Doppeltempel etwa und einem großen Wasserreservoir in der Stadtmitte.

Tel Beerscheba

Vor dem Stadttor aus der Zeit König Davids findet der Besucher von Tel Beerscheba (vgl. S. 107ff.) einen sehr alten Brunnen, der bereits bis in eine Tiefe von 40 m geräumt wurde. Hat man das teilweise restaurierte Tor passiert, empfiehlt sich ein Spaziergang zu den Lagerhäusern, in denen Getreide, Wein und Öl für den König gehortet wurde. Auf dem Weg kommt man auch an Resten israelitischer Häuser vom Vierzimmertyp vorbei, für deren Rekonstruktion die Archäologen erneut die traditionelle Technik der Lehmziegelherstellung erlernten.

Tel Dan

8 km östlich von Kirjat Schemona erhebt sich Tel Dan (vgl. S. 112ff.) auf dessen Höhe König Jerobeam I. (926–907 v. Z.) nach der Spaltung des Königreiches ein Goldenes Kalb aufstellte.

Der Tell, der sich nachweisbar in drei Bauphasen entwickelte, blieb allem Anschein nach bis zur byzantinischen Zeit Bestandteil eines »heiligen Geheges« (Bezirks); der Besucher kann ihn heute besteigen.

Tel Dan besitzt mehrere Stadttore aus den verschiedenen Epochen seiner Besiedlung, von denen das Lehmziegeltor aus dem 19. oder 18. Jh. v. Z. das interessanteste sein dürfte, weil es vollständig erhalten ist. Auch die Stufen, die zu ihm hinaufführten, sind teilweise noch unversehrt. Seinen guten Zustand hat das Tor – und die Nachwelt – der Tatsache zu danken, daß es ein oder zwei Generationen nach dem Bau verschüttet und durch ein anderes Tor ersetzt wurde.

Weniger gut erhalten, aber in der Anlage immer noch deutlich erkennbar ist dagegen ein jüngerer Durchgang aus israelitischer Zeit (9. Jh. v. Z.), dessen Innenbau aus zwei Türmen und vier Kammern, Räumen für die Wachen, bestand. Zwischen diesem inneren und dem Außentor erstreckt sich ein gepflasterter Platz. Vom Innentor führt eine gepflasterte Straße, die bald hinauf zum Berg schwenkt, zu einem dritten Stadttor, das Werk späterer Eroberer – möglicherweise der Assyrer, die die israelitische Stadt im 8. Jh. v. Z. zerstörten.

Tel Qasile

Da das Ausgrabungsgebiet von Qasile (vgl. S. 102) mitten auf dem Gelände des Museums Ha'aretz vor den Toren von Tel Aviv liegt, sollte ein Museumsbesuch auch eine Besichtigung dieses teilweise restaurierten Ortes einschließen.

Am beeindruckendsten ist wohl der philistäische Tempel der obersten Schicht (11./10. Jh. v. Z.). Man sieht noch die Basen der Säulen, die einst das Dach des Tempels trugen. Solche Stützen brachte der geblendete Simson – nach biblischem Bericht – zum Einsturz, wobei er gleichzeitig die Mehrzahl der im Tempel anwesenden führenden philistäischen Fürsten tötete (Rich. 16, 29 + 30).

Das israelitische Haus aus der Zeit der vereinten Monarchie (10. Jh. v. Z.), im Ausgrabungsgebiet restauriert, kann in einem Pavillon des Museumsgeländes auch in einer modernen Rekonstruktion besichtigt werden. Dort wurde es mit verschiedenen für die Zeit typischen Einrichtungsgegenständen ausgestattet.

Nach Ansicht des israelischen Archäologen Amihai Mazar, der in jüngster Zeit Ausgrabungen auf dem Tell Qasile durchgeführt hat, trafen Salomos Zedern aus dem Libanon hier und nicht in Jaffa ein, das sich in feindlicher Hand befand.

Zeittafel

Periode (alle Daten v. Z.)	Personen, Ereignisse in Israel	im Ausland
Paläolithikum (Altsteinzeit) 250 000–10 000		
Mesolithikum (Mittlere Steinzeit) 10 000–7500		
Neolithikum (Jungsteinzeit) 7500–4000	Feste Siedlungen	
Chalkolithikum (Kupferzeit) 4000–3150	Städte, Dörfer	
Bronzezeit:		
Frühe Bronzezeit 3150–2200	Befestigte Städte	In Mesopotamien: Sumerer, dann Akkader; in Ägypten: Altes Reich
Mittlere Bronzezeit 2200–1500	Zeit der Patriarchen: Hyksosherrschaft 18./17. Jh.	Ächtungstexte (Ägypten) um 1550 Vertreibung der Hyksos aus Ägypten
Jüngere Bronzezeit 1500–1200		Amenophis III. 1403–1364 Amenophis IV. Echnaton (Amarnabriefe) 1364–1347 Ramses II. 1290–1224
	Moses; Auszug der Israeliten aus Ägypten; Landnahme	
Eisenzeit:		
Eisenzeit I 1200–922	Richterzeit 12./11. Jh. Invasion der »Seevölker«	Pharao Merenptah 1224–1204 Ramses III. 1184–1153
	Herrschaft der Philister in Kanaan um 1050 Ansiedlung israelitischer Stämme	
Zeit der Könige um 1020–587	Saul vor 1004	

ZEITTAFEL

Periode (alle Daten v. Z.)	Personen, Ereignisse in Israel				im Ausland	
Vereinte Monarchie um 1020–926	David 1004–965 Ende der Philisterherrschaft um 998 David erobert Jerusalem und macht es zur Hauptstadt des Reiches Salomo 965–926 Tempelbau in Jerusalem; größte Ausdehnung des Reiches					
Eisenzeit II 922–587						
Geteilte Monarchie 926–587	*Reich Juda*		*Reich Israel*			
	Rehabeam	926–910	Jerobeam I.	926–907	Scheschonk I.	945–924
	um 925 Palästinafeldzug Scheschonks I. und Raub der Tempelschätze					
	Abia	910–908				
	Asa	908–872	Nasab	907–906		
			Baësa	906–883		
			Ela	883–882		
			Simri (herrschte 7 Tage in Tirza)	882		
			Tibni	882–871		
			Omri (Interregnum) Kämpfe um die Herrschaft zwischen Omri und Tibni	878–871		
	Josaphat	872–852	Ahab Krieg mit Benhadad, aramäischer König in Damaskus	871–852	Salmanassar III. in Assur	859–824
	Joram	852–845	Ahasja	852–851		
	Ahasja	845–844	Joram	851–845		
	Athalja	845–839	Jehu	845–818		
	Joas	839–800				
			Joahas	818–785		
	Amazja	800–785	Joas	802–787		
	Usia	785–747	Jerobeam II.	787–747		
	da vom Aussatz befallen, Regentschaftsführung durch Jotham und Ahas		Sacharja	747–746		
			Schallum	747–746		

Periode (alle Daten v. Z.)	Reich Juda	Reich Israel	im Ausland
	Jotham 758–743	Menachem 746–737	Tiglatpilesar III. (Assyrien) 745–727
	Ahas 742–725	Pekachja 736–735	
		Pekach 734–732	
		Hosea 732–724	Salmanassar V. (Assyrien) 726–722
		Sargon II. nimmt Israel ein. Untergang des Nordreiches	Sargon II. (Assyrien) 722–705
	Hiskia 725–697		Sanherib (Assyrien) 704–681
	Sanherib zerstört Lachis, belagert Jerusalem		
	Manasse 696–642		
	Amon 640–639		
	Josia 639–609 von Pharao Necho getötet		
	Joahas 609		
	Jojakim 609–598		
	Jojachim 598		
	Zedekia 598–586		
	587/586 Nebukadnezar II. (605–562) erobert Jerusalem		586–538 Babylonische Gefangenschaft
Persische Zeit 586–332	Rückkehr der Juden aus dem Exil		538 Edikt Kyros' II. 559–529
	um 521 Serubabbel Statthalter von Juda Rekonstruktion des Tempels		
	gegen 458 Esra kommt nach Jerusalem		
	um 445–425 Nehemia persischer Statthalter der selbständig verwalteten Provinz Jehud		
Hellenistische Zeit 332–63	312–198 Judäa unter der Herrschaft der Ptolemäer		332 Alexander der Große erobert Palästina
	198–167 Seleukiden Hellenisierung		
	167–141 Freiheitskampf der Makkabäer		
	Mattathias gest. 165 Söhne:		
	Elasar gest. 162		
	Johanan gest. 160		
	Juda Makkabi 165–160		

ZEITTAFEL

Periode	Personen, Ereignisse in Judäa	im Ausland
	Jonatan 160–142	
	Simon 142–134	
	141–63 Dynastie der Hasmonäer	
	Simon 142–134	
	Johannes Hyrkanus I. 134–104	
	Juda Aristobulos I. 104–103	
	Alexander Jannai 103–76	
	Salome-Alexandra 76–67	
	Aristobulos II. 67–63	
Römische Zeit 63 v. Z. – 324 n. Z.	Hyrkanus II. 63–43 (nomineller Herrscher)	63 Pompejus gliedert Palästina der römischen Provinz Syria an
	Mattathias Antigonos 40–37 vorübergehende Wiedererlangung der Selbständigkeit, letzter Hasmonäerherrscher	
	Herodes der Große 37–4 v. Z.	Augustus röm. Kaiser 27 v. Z. – 14 n. Z.
	um 20 v. Z. Um- und Neubau des zweiten Tempels	
	vor 4 v. Z. Geburt Jesu	
	Nach Herodes' Tod Aufteilung des Reiches unter seine Söhne:	
	Archelaos 4 v. Z. – 6 n. Z. Ethnarch von Judäa, Idumäa und Samarien	
	Herodes Antipas 4 v. Z. – 39 n. Z.	Tiberius römischer Kaiser 14–37 n. Z.
	Tetrarch von Galiläa und der Peräa	
	Herodes Philippos 4 v. Z. – 34 n. Z.	
	Tetrarch von Nordtransjordanien	
	Pontius Pilatus 26–36 römischer Statthalter in Judäa	
	Joseph Kaiphas 18–37 Hohepriester	37 Geburt des jüdischen Historikers Flavius Josephus
	30 Kreuzigung Jesu	

Periode (Daten n. Z.)	Personen, Ereignisse in Judäa	im Ausland
	Herodes Agrippa I. 41–44 (Enkel Herodes des Großen) König von ganz Palästina)	
	Agrippa II. 53–92/93 (Urenkel von Herodes d. Gr.) König über Nordpalästina	
	66–70 Erster jüdischer Krieg gegen Rom (Zelotenaufstand)	
	70 Eroberung und Zerstörung Jerusalems und des Tempels durch den röm. Kaiser Titus	

Liste von Museen mit archäologischen Funden

Akka
Städtisches Museum in der Altstadt,
Tel.: 04/91 02 51.
Archäologische Funde aus der Gegend, von der frühen Bronze- bis zur osmanischen Zeit.

Ajelet Haschachar (Kibbuz)
Hazor Museum,
Tel.: 0 67/3 73 13.
Funde von archäologischen Ausgrabungen auf dem Tel Hazor, von der frühkanaanäischen bis zur hellenistischen Zeit.

Beerscheba
Negev-Museum, Rehob Ha'atzma'ut,
Tel.: 0 57/3 91 05.
Archäologische Funde aus prähistorischer bis arabischer Zeit.

Beth Schean
Städtisches Museum, Rehov Dalet 1,
Tel.: 0 65/8 82 21.
Archäologische Funde aus Beth Schean und Umgebung aus 7000 Jahren; prähistorische Funde bis zu Funden aus der Kreuzfahrerzeit.

Dan (Kibbuz)
Beth Ussishkin.
Archäologische Funde aus der Gegend.

Deganja Alef (Kibbuz)
Beth Gordon – The A. D. Gordon Agriculture, Nature and Kinneret Vally Study Institute,
Tel.: 0 67/5 00 40.

En Harod (Kibbuz)
Beth Sturman,
Tel.: 0 65/8 16 05.
Archäologische Funde aus der Gegend.

Haifa
»Dagon«-Getreide-Museum,
Tel.: 04/66 42 21.
Lagerung und Verarbeitung von Getreide im Land Israel im Laufe der Jahrhunderte; damit zusammenhängende archäologische Funde; landwirtschaftliche Geräte in biblischer Zeit.

Haifa-Museum –
Museum für alte Kunst, Rehov Shabtai Levi 26,
Tel.: 04/52 32 55.
Funde von den Ausgrabungen in Schikmona; andere archäologische Funde aus dem Mittelmeerraum.

Staatliches Seefahrtsmuseum, Rehov Allenby 198,
Tel.: 04/53 21 35.
5000 Jahre Seefahrt auf dem Mittelmeer, dem Roten Meer und dem Indischen Ozean, mit zahlreichen Modellen ägyptischer, phönikischer, jüdischer, griechischer, römischer und jüngerer Schiffe; auch archäologische Funde; Münzen, alte Karten; Navigationsinstrumente.

Hanita (Kibbuz)
Hanita-Museum,
Tel.: 04/96 82 71–4.
Archäologische Funde aus der Gegend, von der Kupfer- bis zur byzantinischen Zeit.

Jerusalem
Israel-Museum, Hakirya,
Tel.: 02/63 62 31.
1. Samuel-Bronfman-Museum für Bibel und Archäologie. Archäologische Funde und alte Kunstgegenstände, von prähistorischer bis zur Kreuzfahrerzeit; Münzen; Nachbarländer.
2. Schrein des Buches. Die »Schriftrollen vom Toten Meer«; Schriftrollenfragmente von Masada; die Bar-Kochba-Briefe und damit zusammenhängende archäologische Funde.
3. Rockefeller Museum, Ostjerusalem,
Tel.: 02/28 22 51.
Archäologische Funde im Land Israel aus allen Perioden.

Städtisches Museum von Jerusalem
Zitadelle in der Altstadt,
Tel.: 02/28 57 70.
Funde, die die Geschichte der Zitadelle seit der Zeit der judäischen Könige bis zur Gegenwart illustrieren. Rundgang durch die archäologischen Ausgrabungen im Hof der Zitadelle. Audiovisueller Vortrag über die Geschichte Jerusalems seit der Zeit von König David bis heute.

Kefar Menahem (Kibbuz)
Shephelah Educational Regional Museum,
Tel.: 055/9 15 77.
Archäologische Funde aus der Gegend.

Ma'abarot (Kibbuz)
Kibbuz-Museum,
Tel.: 053/3 32 41–2.
Archäologische Funde aus der Gegend; Steinwerkzeuge; Tonware, Münzen und Waffen aus verschiedenen Perioden.

Midreshet Ruppin
Regionalmuseum von Emeq Hefer,
Tel.: 053/9 86 44.
Archäologische Funde aus der Gegend.

Naharija
Städtisches Museum, Rathaus,
Tel.: 04/92 21 21.
Archäologische Funde aus der Gegend, von der prähistorischen bis zur byzantinischen Zeit.

Palmahim (Kibbuz)
Beth Miriam,
Tel.: 03/94 81 49.
Archäologische Funde aus der Gegend, von der prähistorischen bis zur römischen Zeit.

Petach Tikwa
Beth Jad la-Banim, Rehov Arlosoroff 30,
Tel.: 03/92 34 50.
Archäologische Funde aus der Gegend.

Tel Aviv
Beth Hatefutsoth-Museum der jüdischen Diaspora,
Rehov Klausner, Ramat Aviv,
Tel.: 03/42 51 61, 51 26 44.
Ständige thematische Ausstellung über das jüdische Leben in der Diaspora seit der Zerstörung des zweiten Tempels bis heute; Aufnahmen, Modelle, Multimedia-Darstellung; Chronosphäre gibt chronologische Darstellung des jüdischen Diasporalebens.

Museum Ha'aretz, Ramat Aviv,
Tel.: 03/41 52 44–8.
Umfaßt 11 Museen, die Ausgrabungen von Tell Quasile und das Lasky-Planetarium.
1. Keramik-Pavillon.
Erfindung der Töpferei und ihre Anfänge im Land Israel; Tonware in der Archäologie.
2. Glas-Pavillon.
Geschichte der Glasherstellung, Methoden und Stile, insbesondere im Mittelmeerraum im Altertum seit der Jüngeren Bronzezeit.
3. Kadman numismatischer Pavillon.
Griechische, jüdische, nahöstliche, römische, byzantinische und arabische Münzen sowie solche aus der Zeit der Kreuzfahrer und des britischen Mandats; moderne israelische Münzen, Banknoten; Waagen aus den diversen Perioden.

4. Nehushtan-Pavillon.
Archäologische Funde aus dem Tempel des antiken Kupferbergwerkes in Timna im Negev, die die Kupferherstellung in verschiedenen Perioden illustrieren.

Tel Aviv-Jaffa
Städtisches Museum für Altertümer, Rehov Mifratz Shelomo 10, Altjaffa, Tel.: 03/82 53 75.

Archäologische Funde aus der Gegend, von der prähistorischen bis zur byzantinischen Zeit; Monumente, Schmuck, Inschriften und Münzen.

Tiberias
Städtisches Museum für Altertümer.
Geschichte von Tiberias einschließlich Gegenständen aus alten Synagogen und Gräbern.

Literaturhinweise

Ein Teil der Information in diesem Werk stammt direkt von den betreffenden Archäologen und von Besuchen der Ausgrabungen vor Ort. Darüber hinaus dienten die folgenden Werke als wichtige Quellen:

Aharoni, Y./Avi-Yonah, M.: The Macmillan Bible Atlas. Jerusalem und New York, 1968.
–: The Land of the Bible. London, 1967.
Albright, W. F.: The Amarna Letters from Palestine. Cambridge, 1966.
–: From the Stone Age to Christianity. New York, 1957.
–: The Archaeology of Palestine. London, 1954.
–: The Archaeology of Palestine and the Bible. New York, 1935.
Amiran, R.: Jerusalem Revealed. Jerusalem, 1975.
Avissar, E.: Die Kriege des Juda Makkabäus (Hebr.). Tel Aviv, 1965.
Avi-Yonah, M. (Hrsg.): Encyclopedia of Archaeological Excavations in the Holy Land. Jerusalem, 1975.
–: Geschichte des Heiligen Landes. Jerusalem, 1969.

Babylonische Texte, Heft 7 und 10–12: Cyrus, King of Persia, König von Babylon (538–529 v. Chr.) von den Throntafeln des British Museum kopiert und autographiert von J. N. Strassmaier. Leipzig, 1890. Darius I., Inschriften von Darius, König von Babylon (521–485 v. Chr.). a. a. O., Leipzig, 1892-97.
Ben-Dov, M.: Ausgrabungen am Tempelberg (Hebr.). Jerusalem, 1982.
Biblical Archaeologist. Bulletin of the American Schools of Oriental Research. Cambridge MA., Vol. 43, No. 3, Sommer 1980.
Biblical Archaeological Review. Washington, Ausgaben 1978–Dez. 1984.
Catalogue of the Nimrud Ivories with Other Examples of Ancient Near Eastern Ivories in the British Museum. London, 1957.
Clermont-Ganneau, Ch.: Archaeological Researches in Palestine during the Years 1873-4. London, 1896–1899.
Comay, J.: The World's Greatest Story. New York, 1978.
–: The Temple of Jerusalem. New York, 1975.
Conder, C. R./Kitchener, H. H.: The Survey of Western Palestine. Bde. I–III: Galilee; Samaria; Judea. London, 1881–83.

Crowfoot, J. W./Kenyon, K. M./Sukenik, E. L.: The Buildings at Samaria. London, 1942.
Dever, W. G. u. Mitarb.: Gezer I and II. Jerusalem, 1970, 1974.
Dothan, T.: The Philistines and their Material Culture, New Haven und Londen, 1982.
Dupont-Sommer, A.: The Jewish Sect of Qumran and the Essenes, New York, 1956.
Flavius Josephus; The Jewish War. Baltimore.
–: Jüdische Altertümer. Wiesbaden.
Glueck, N.: Rivers in the Desert. New York, 1959.
–: The Other Side of the Jordan, New Haven, 1940.
Gorys, E.: Das Heilige Land. Köln, 1985.
Harel, M.: Dwellers of the Mountain – The Geography of Jewish Habitation of Ancient Judea. Jerusalem, 1977.
Israel Exploration Journal. Jerusalem, 1954–1984.
Kardom. Bi-Monthly Magazine of the Tourist Office (Hebr.). Jerusalem, 1979–1983.
Kenyon, K. M.: Digging up of Jerusalem. London, 1974.
–: Royal Cities of the Old Testament. London, 1971.
–: Digging up of Jericho. London, 1957.
–: Archaeology of the Holy Land. London, 1960, 1979.
Koldewey, R.: Das Ischtar-Tor in Babylon, nach den Ausgrabungen durch die Deutsche Orient-Gesellschaft, Osnabrück, 1970.
–: The Excavations at Babylon. London, 1914.
Kramer, S. N.: History begins at Sumer. London, 1958.
Lamon, R. S./Shipton, G. M.: Megiddo I (1925–34). Chicago, 1939.
Layard, A. H.: Discoveries in the Ruins of Niniveh and Babylon. London, 1853.
–: Niniveh and its Remains. London, 1850.
Loud, G. und Mitarb.: Megiddo II (1935–39). Chicago, 1948.
–: The Megiddo Ivories. Oriental Institute Publications LII. Chicago, 1939.
Macalister, R. A. S.: The Excavations at Gezer 1902–1905 and 1907–1909. London, 1912.
Naveh, J.: Early History of the Alphabet. Jerusalem, 1982.
Odenthal, J.: Syrien. Köln, 1982.
Perowne, S.: Herodes der Große. Stuttgart, 1957.
Petrie, W. M. F.: Researches in Sinai. London, 1906.
–: Methods and Aims in Archaeology. London, 1904.
Pritchard, J. B.: The Ancient Near East in Pictures Relating to the Old Testament. Princeton, 1954.
Qadmoniot (Hebr.): Jerusalem. 1969–1984.
Qedem: Monographs of the Institute of Archaeology, The Hebrew University of Jerusalem. 1970–1984.
Rawlinson, H. C.: The Persian Cuneiform Inscriptions of Behistun. London, 1846.
Reisner, G. A./Fisher, C. S./Lyon, D. G.: Harvard Excavations at Samaria, 1908–10. Cambridge (Mass.), 1924.
Schalit, A.: König Herodes. Berlin, 1969.
Scheck, F. R.: Jordanien. Köln, 1985.
Schubert, K.: Die Kultur der Juden im Altertum. Wiesbaden, 1970/1977.
Starkey, J. L.: Excavations at Tell ed-Duweir/Lachish. London, 1934.
Stern, M.: Dokumente aus der Zeit des Makkabäeraufstands. (Hebr.), Tel Aviv, 1965.
Sukenik, E. L.: The Dead Sea Scrolls of the Hebrew University. Jerusalem, 1955.
Tur-Sinai, H.: The Lachis Letters. Oxford, 1938.
Ussishkin, D.: The Conquest of Lachish by Sennacherib. Tel Aviv, 1982.
Warren, C./Conder, C. R.: The Survey of Western Palestine: Jerusalem. London, 1884.
Wiseman, D. J.: Chronicles of the Chaldean Kings (626–556 BC). London, 1956.
Yadin, Y. (Hg.): Jerusalem Revealed. Archaeology in the Holy City, 1968–1974. Jerusalem-New Haven, 1976.
–: The Message of the Scrolls. London, 1957.
Yadin, Y./Aharoni, Y./Amiran, R./Dothan, T./Dunayevski, I./Perot, I.: Hazor II (nur Tafeln). Jerusalem, 1961.
–: Hazor III–IV (nur Tafeln). Jerusalem, 1961.
–: Hazor I. Jerusalem, 1958.
Zadok, R.: The Jews in Babylonia during the Chaldean and Archemenian Periods according to the Babylonian Sources. Haifa, 1978.

Danksagung

Den folgenden Personen sei hier für ihre Hilfe, Mitarbeit und Beratung gedankt (in alphabetischer Reihenfolge): Yoseph Aviram von der Israel Exploration Society, Shery Kuriel von der Abteilung Altertümer, Irene Lewitt von der fotografischen Abteilung des Israel-Museums und Yael Olenik vom Keramik-Pavillon des Ha'aretz-Museums; weiterhin den Archäologen Professor Nahman Avigad, Dr. Gabriel Barkay, Dr. Meir Ben-Dov, Professor Avraham Biran, Professor Mordechai Gichon, Dr. Amihai Mazar, Dr. Zeev Meshel, Dr. Ehud Netzer, Professor Yigal Shiloh und Professor David Ussishkin, die mir nicht nur bereitwillig Einblick in ihr Bildmaterial gewährt und es mir zur Verfügung gestellt, sondern auch geduldig meine zahlreichen Fragen in bezug auf ihre Ausgrabungen und Funde beantwortet haben.

Foto- und Copyrightnachweis

Athenäum-Verlag, Königstein   Abb. 93
Nahman Avigad, Jerusalem   Farbt. 9, Abb. 73 b, 92, 106–110
Gabriel Barkay (Tel Aviv University, Institute of Archaeology), Ramat Aviv   Abb. 72
C. H. Beck-Verlag, München   Abb. 88
Meir Ben-Dov, Jerusalem   Abb. 44
Avraham Biran (The Hebrew Union College – Institute of Jewish Religion), Jerusalem   Abb. 18, 57–61, 70
British Museum, London   Abb. 13 a, b
CARTA, Jerusalem   Abb. 11, 17, 22, 23, 41, 115
Maurice Chuzeville, Paris   Abb. 14
Judith Dekel, Ramat Aviv   Abb. 15 b, 29
Mordechai Gishon (Tel Aviv University, Division of Classical Archaeology), Ramat Aviv   Abb. 114 a, b
Erhard Gorys, Krefeld   Farbt. 10
Avraham Hay, Herzliya   Umschlag Rückseite, Abb. 15 c, 19, 20, 28, 53, 55, 68, 69, 81 a, b, 104
Claudia Himmelman, Jerusalem   Abb. 102, 116
Verlag Hoffmann & Campe, Hamburg   Abb. 56
Israel Department of Antiquities & Museums. Israel Museum, Jerusalem   Farbt. 2, 7; Abb. 1 (Frontispiz), 6, 9, 25, 36–38, 47, 51, 52, 63, 65, 71, 75, 76, 86, 87
Israel Exploration Society, Jerusalem   Abb. 7, 31, 42, 45, 77, 117
Israel Government Press Office, Jerusalem   Abb. 2, 8, 24, 26, 27, 34, 49, 50, 66, 67, 74 a, b, 98–101, 103, 111–113, 120
Arie Kindler, Tel Aviv   Abb. 43
M. Kospach, Köln   Farbt. 4, 8
Zeev Meshel, Jerusalem   Farbt. 3
Ministry of Education and Culture. Department of Antiquities, Jerusalem   Abb. 5, 12, 62
Musée de l'Homme, Paris (Foto Mission Citroën)   Abb. 16
Ehud Netzer, Jerusalem   Abb. 90, 94–96
Heinz-Josef Schmitz, Köln   Umschlag Vorderseite, Farbt. 6
Yigal Shiloh (The Hebrew University, Institute of Archaeology), Jerusalem   Abb. 4, 30, 46, 48, 54 a, b, 64
Achim Sperber, Hamburg   Farbt. 11, 12
David Ussishkin (Tel Aviv University, Institute of Archaeology), Ramat Aviv   Abb. 15 a–c, 78–85

Karten und Pläne: Gerda Rebensburg und Heinz-Josef Schmitz, Köln

Namens-, Sach- und Ortsregister

Aaron 51
Abia, Kg. v. Juda 136
Abimelech 48, 70, 72
Abinadab 84
Abraham 33, 44, 50, 51, 64, 109
Achämeniden 42f.
Achija 111
Achis, philist. Kg. v. Gat 72, 74, 85
Ächtungstexte 21, 33
Adiabene, Königsfamilie v. 195
Adonija 91
Ägypten 8, 15, 18, 20, 21, 22, 23, 30, 32, 33, 34f., 39, 50ff., 55, 58, 59, 71, 72, 80, 100, 101, 102, 103, 110, 111, 112, 127, 129, 136, 138, 142, 166, 169, 183
Ahab, Kg. v. Israel 20, 22, 23, 35, 97, 109, 112, 126, 128, 130, 131f., 133, 134, 137, 152, 204
Aharoni, Yohanan 26, 106, 107f., 110, 152, 153, 155
Ahas, Kg. v. Juda 144
Ai 47, 55, 56, 58, 68, 130
Akka 32, 33
Albright, William Foxwell 13, 18, 20f., 23, 80, 84, 127, 155
Aleppo 32, 93, 169
Alexander d. Gr. 166
Alexanderion 173, 179
Alexander Jannai, Hasmonäer-Herrscher 173, 174, 176, 202
Alexandria 202
Alexandros 179
Alphabet 80ff.
Amalekiter 107
Amarnabriefe 33f., 71, 127
Amenophis III., Pharao v. Ägypten 33
Amenophis IV. (Echnaton), Pharao v. Ägypten 33
Amiran, Ruth 26, 106, 150, 177
Amman, Hauptst. v. Jordanien 139
Ammon, Königreich 71
Ammoniter 55, 71, 85, 139, 151
Amon, Kg. v. Juda 150
Amoriter 51, 61, 64, 98, 139
Anab 9
Anatolien 74
Anatot 9
Andreas, Jünger Jesu 211

Anthedon 183
Anim 9
Antiochos III., d. Gr., Seleukidenkönig 166
Antiochos IV. Epiphanes, Seleukidenkönig 166, 167
Antiochos VI., Seleukidenkönig 173
Antipatris → Aphek
Antonius, Marcus 165, 183
Aphek 69
'apiru/Habiru/Chabiru 33f., 51
Aqaba (Golf v.) 8, 22, 83, 101
Arad 56
Aramäer 85, 111, 126, 144
Aram Naharajim (Mesopotamien) 48
Arauna, Jebusiter 89
Aristobulos 179
Aristobulos II., Hasmonäer-Herrscher 173, 174
Arnontal 139
Aroër 138ff.
Arslan Tasch 23
Artaxerxes, Kg. v. Persien 164
Asa, Kg. v. Juda 98, 136, 159
Asaph 90
Asaria, Hohepriester 51
Aschdod 72, 73, 75, 203
Ascherim 150
Aschkelon (bibl.: Askalon) 33, 72
Aseka 156
Aser, Jakobs Sohn u. israelitischer Stamm 56, 58, 62, 64
Assyrien, assyrisch 18, 35, 37, 39, 42, 51, 92, 103, 110, 126, 127, 132, 135, 144, 147, 150, 151, 153, 154, 156ff.
Astarte (hebr.: Aschtoret; Aschtarot) 22, 75, 132
Athalja, Kg. v. Juda 83
Atrachasis-Epos 30f.
Augustus, röm. Ks. 183, 202, 204, 205, 207
Avdat 25
Avigad, Nahman 25, 26, 140, 142, 144f., 147, 177, 196, 198
Avi-Yonah, Michael 25, 188

Baal-Sebub 75
Baal-Zephon 53
Babylonien 21, 23, 30, 39, 41, 42, 43, 93, 96, 106, 138, 140, 144, 147, 149, 151, 152, 153f., 156, 157, 162, 163, 167
Babylonische Chronik der chaldäischen Könige 39
Baësa, Kg. v. Israel 98, 128, 136
Balawat 35
Balich, Fluß (Mesopotamien) 44
Bar-Adon, Pesach 26
Barak 58
Barkay, Gabriel 140, 142, 143
Barklay, Thomas 191
Bar Kathros (auch: »Sohn des Kathros«) 200
Bar-Kochba-Krieg 26, 91
Basan 64
Basan, Berg 64
Batscheba 91
Beerscheba → Tel Beerscheba
Behistun 43
Benaja 91
Ben Ascher 169
Ben-Dov, Meier 25
Benhadad, Kg. v. Aram-Damaskus 35, 98
Benjamin, Jakobs Sohn und israelitischer Stamm 56, 62, 71, 72, 84, 93, 136
Beth El (Betel) 47, 58, 93, 112, 127, 151
Bethanien 211
Beth Guvrin 9
Beth Jerach 130
Bethlehem 15, 74, 167, 173, 207, 215
Betsaida 211
Beth Schean 21f., 33, 59, 72, 74, 75f., 93
Beth Schearim 25
Beth Schemesch 9, 68
Beth Zur 173
Biram, Avraham 112, 122, 126, 138
Bisutun → Behistun
Bitterseen 53
Bliss, Frederick Jones 16f., 177
Botta, Paul Emile 37
Broshi, Magen 26, 150, 177, 185, 200, 212

Caesarea 183, 185, 202ff., 215f.
Caesarea (Caesarea Maritima) Philippi 204

Casios → Baal-Zephon
Chaldäer 39, 153
Chassidim 166, 167, 171
Chirbet Nisia 176
Churriter, churrisch 30, 34, 48
Clermont-Ganneau, Charles 14 f., 18, 36, 100, 140, 142, 171
Cohen, Carmela 106
Cohen, Rudolph 103, 138
Conder, Claude Reignier 13
Corbo, Virgilio 209 f.
Cornfeld, Gaalya 93
Crowfoot, John Winter 23, 25

Dagon 22, 75
Dan, Jakobs Sohn u. israelitischer Stamm 56, 72, 90
Dan (früher: Lais) → Tel Dan
Dareios I., d. Gr., Kg. v. Persien 43, 164
David, Kg. v. Israel 9, 22, 25, 33, 34, 48, 54, 56, 72, 74, 84, 85–92, 95, 96, 97, 98, 102, 108, 111, 112, 137, 139, 151
Debir → Tel Beth Mirsim
Debora 58
Dever, William D. 100
Diban (bibl.: Dibon) 36
Dickie, C. H. 16 f., 177
Dimona 103
Dok 174, 183
Dörpfeld, Wilhelm 15
Dothan, Moshe 26, 79
Dothan, Trude 26, 73, 79
Drew-McCormick-Expedition 127
Dschebel Hilel 54
Dschebel Musa 54
Dschesirat el-Far'un → Koralleninsel
Dunayevski, I. 151
Dur-Scharrukin (heute: Chorsabad) 37

Ebal, Berg 65 ff., 127, 150
Ebeneser (heute: Chirbet Sarta oder Isbet Sarta) 69, 70, 72
Ebla 32 f., 93
Ebrum/Eber oder Heber 33
Echnaton → Amenophis IV., Pharao v. Ägypten
Edom, Edomiter 55, 85, 101, 111, 137, 140, 144
Eglon → Tell el-Hesi
Ehud 71
Eitan, Avraham 26, 150, 177
Ekbatana (heute: Hamadan) 42
Ekron 72 ff., 75
Elatal 9
Elath 55, 101
Elath, Golf v. → Aqaba
el-Dschib → Gibeon, Teich von
Elgavish, Yosef 102
Eljakim 21
El-Kantara 53
En Bokek 205, 216

En Gedi (auch: Engedi oder Ein-Gedi) 63, 151, 216
Ennion 198
Enuma elisch, babyl. Schöpfungsepos 30
Ephraimgebirge 8, 47, 62, 63, 64, 72, 84, 127, 183
Ephraim, Jakobs Sohn und israelitischer Stamm 56, 71, 93
Ephron, Hethiter aus Hebron 47
Esau 33
Esbon 180
Eschtemoa 9
Esra 164
Essener-Sekte 167, 171, 209
Etan 90
Euphrat, Fluß (Mesopotamien) 44, 85, 90, 151
Evilmerodach, Kg. v. Babylonien 41
Ezjon-Geber 22, 23, 54, 101, 137

Finkelstein, Yisrael 69
Fisher, Clarence Stanley 20, 21 f., 204
Fisher, Moshe 205
Flinder, Alexander 101
Flusser, David 209

Gabinius, röm. Prokurator 173
Gad, Jakobs Sohn u. israelitischer Stamm 55, 56, 61, 62, 64
Gadara 183
Galiläa 8, 9, 10, 13, 19, 25, 56, 58, 62, 64, 93, 204, 207, 211
Gamaliel, Rabbi 211
Garstang, John 23, 59
Gat 18, 72 f.
Gaza (bibl. Gasa) 15, 32, 72, 75, 183
Gemarjahu 152
Genesis, bibl. Schöpfungsgeschichte 30
Genezareth, See 9, 23, 183
Gerisim, Berg 127
Geser 15, 18, 58, 74, 96, 97, 98, 100 ff., 133, 135, 161, 172 f., 216
Geser-Bauernkalender 18
Gibea 9, 13, 20, 72, 84, 138
Gibeon 56
Gibeon, Teich von (heute: el-Dschib) 135
Gichon, Mordechai 205
Gideon 70
Gilboa, Berg 72, 74, 84
Gilead-Gebirge 47, 61, 64, 71
Gilgal 56, 72, 93
Gilgamesch-Epos 30 f.
Gilo 68 f., 70
Gitin, Seymour 73
Glueck, Nelson 22 f., 101, 102
Goliath 9, 74
Goschen, das Land 50
Guérin, H.V. 11

Hadad, kanaanäischer Sturmgott 60

Hadrian, röm. Kaiser 25, 207
Haggit 91
Haifa 216
Hamadan 43
Hamath 93
Hanani 165
Hananja 165
Haran 44
Hasael, Kg. v. Aram-Damaskus 35
Hasmonäer 13, 147, 167, 171 f., 173 f., 176, 177 f., 179, 183, 187, 202
Hazazon-Tamar → En Gedi
Hazor 23, 26, 32, 33, 58, 59 f., 67, 93, 96, 97 f., 98, 99, 125, 131–134, 161, 217
Hebräer 31, 33, 34
Hebron 8, 20, 24, 47, 48, 56, 72, 85, 93, 149, 173
Heman 90
Hermon, Berg 64
Herodes d. Gr., Kg. v. Judäa 11, 12, 13, 25, 109, 140, 164, 165, 169, 173, 178, 179–206, 212, 213
Herodes Agrippa I. 25, 140, 214
Herodes Agrippa II., Kg. von Chalkis 193
Herodes Antipas, Tetrarch von Galiläa u. Peräa 209
Herodion 180 ff., 217
Heschbon 139
Hethiter 71, 74, 98
Hinnomtal 150, 193
Hippikos 185
Hippos 183
Hiram, Kg. v. Tyros 88, 101, 102
Hiskia, Kg. v. Juda 9, 37, 90, 110, 139, 144, 147, 150, 156
Hiwwiter 98
Hor, Berg 54, 55
Horma (heute: Tell el-Meschasch) 56
Hosea, Kg. v. Israel 9
Hyksos 21, 22, 51, 55, 173
Hyrkania 173, 179
Hyrkanus II., Hasmonäer-Herrscher 174

Ibrim 34
Irak 35, 37, 41, 48
Iran 30, 42, 43
Irhuleni, Kg. v. Hamath 35
Isaak 48, 51, 64
Isebel 23
Israel, Königreich 16, 23, 34, 35, 37, 43, 83, 90, 92, 111–135, 136, 137, 144
Issachar, Jakobs Sohn und israelitischer Stamm 56, 58

Jaffa (Joppe) 183
Jakob 44, 48 f., 51, 56, 64, 127
Jarkon, Fluß 102
Jason, Hohepriester 166
Jattir 9
Jebusiter, jebusitisch 25, 56, 64, 85 f., 88, 95, 98

237

REGISTER

Jehu, Kg. v. Israel 35
Jehud → Juda, Provinz
Jeremia, Prophet 9, 163
Jericho 19, 23, 24, 56, 58, 67, 72, 130, 173f., 183, 218
Jerobeam I., Kg. v. Israel 93, 111, 112, 124f., 126, 127, 128
Jerobeam II., Kg. v. Israel 20, 112, 126, 132, 137
Jerucham 103
Jerusalem 8, 9, 11, 13, 15, 16f., 20, 23, 25f., 32, 33, 35, 37, 39, 40, 42f., 51, 56, 65, 68, 85–89, 92, 93ff., 101, 102, 106, 111, 112, 135, 136, 138, 140, 142–149, 151ff., 155, 156, 162, 163, 164, 165ff., 176ff., 179, 180, 183–202, 207, 211ff., 218ff.
– Aelia Capitolina 207
– Akra, Burg 167
– al-Akza-Moschee 177
– Antonia, Burg 183, 185, 189, 193, 214
– Barclay-Tor 191
– Bethesda-Teich (Beth Hesda) 177
– Bira, Festung 165, 183
– »Breite Mauer« 146f., 165
– Cardo maximus 146, 177
– Chanujot, kgl. Säulengang 190, 211f.
– Damaskustor 193
– Davidstadt 12, 87, 92, 95f., 140, 142, 144, 151, 152, 165
– Davidsturm → Zitadelle
– Debir, Allerheiligstes 93, 164
– Doppeltes Huldator 191f., 193, 194
– Dreifaches Huldator 191f., 193, 195
– En-Etam-Quelle 189
– Erster Tempel 11, 22, 92f., 95, 106, 144, 150, 152
– Felsendom 93, 177, 193
– Gartengrab 214
– Gichonquelle 9, 25, 86, 88, 89, 91, 147f., 189
– Giv'at Mivtar 213
– Golgatha 12f., 213f.
– Grabeskirche 213
– »Haus des Kaiphas« 29, 212
– »Herodianisches Haus« 196, 202
– »Herrenhaus« 196f., 201
– Hippikos-Turm 186f., 188
– Jüdisches Viertel 144f., 165, 166, 167, 176, 177
– Kidrontal 25, 86, 88, 91, 94, 142
– Kiphonus-Tor → Barclay-Tor
– Klagemauer → Westmauer
– Mariamne-Turm 186f.
– Millo 88, 93f., 98, 195
– Misgav Ladach, Straße 196, 198, 201
– Misttor 193
– – Moria, Berg 65, 89, 92, 94
– Oberer Markt 193

– Ölberg 140
– Omarija, Schule 183, 214
– Ophel 12, 25, 89, 94
– Phasaël-Turm 186f., 188
– Quelle Rogel (hebr.: En Rogel, arab.: Bir Ajub) 91f.
– Robinsonbogen 9, 190, 192, 193
– Siloamteich 9, 18, 147f., 193
– »Ställe Salomos« 192
– Susa-Tor 192
– Tadi-Tor 193
– Tempelberg 9, 11, 12, 13, 15, 25, 89, 144, 151, 152, 166, 176, 178, 188, 189, 190, 193, 194, 196
– Tyropoionstraße 193, 212
– Tyropoiontal 9, 166, 188, 191
– Unterer Markt 193
– »Verbranntes Haus« 198f.
– Via dolorosa 183, 214
– Warrenschacht 25, 86f.
– Warrentor 191
– Wassertor 89
– Westmauer 9, 11, 146, 166, 188, 190f., 192, 193, 212
– Wilsonbogen 11, 12, 190
– Zion, Burg 85, 95
– Zionsberg 150, 176, 185, 200f., 212
– Zitadelle 26, 88f., 93, 95, 96, 176, 187f., 214
– Zweiter Tempel 9, 11f., 164, 172, 185, 187, 189f., 211, 212, 214
Jesaja, Prophet 132, 147
Jesreelebene 58
Jesus von Nazareth 44, 183, 204, 206, 207–214
Jewish Palestine Exploration Society 25
Jiphtach 71, 139
Joab 85f.
Johannes 209
Johannes Alexander 173
Johannes d. Täufer 208, 209
Johannes Hyrkanus I., Hasm. Herrscher 127, 176
Johns, S. N. 150, 177, 187
Jojachim, Kg. v. Juda 39f., 41, 152, 153f., 164
Jojakim, Kg. v. Juda 39f., 152f.
Jonatan, Sohn Sauls 72, 84
Jonatan, Sohn des Mattathias 167, 176
Joppe → Jaffa
Joram, Kg. v. Israel 36
Jordan, Fluß 13, 22, 55, 56, 61, 71, 104, 127, 204
Jordanien 15, 127, 139
Josaphat, Kg. v. Juda 137, 151
Joseph, Sohn Jakobs u. israelitischer Stamm 50f., 56, 62
Joseph von Arimatäa 213
Josephus (Flavius J.), eigtl. Joseph ben Mathitjahu 9, 11, 167, 169, 177, 183, 185, 186, 188f., 190, 193, 195, 201, 212

Josia, Kg. v. Juda 65, 110, 138, 150f., 152, 167
Josua 16, 19, 22, 23, 24, 55, 56–64, 97, 98, 100, 104
Jotham, Kg. v. Juda 144
Juda, Jakobs Sohn u. israelitischer Stamm 56, 62, 64, 68, 71, 72, 136, 167, 173
Juda, Königreich 16, 21, 22, 34, 35, 37, 39f., 47, 85ff., 91, 92, 93, 110, 135, 136–163, 164, 167
Juda, Provinz 42, 43, 164ff.
Judäa 8, 9, 10, 18, 39, 167, 173, 179, 203, 204
Judäisches Bergland 9, 20, 56, 58, 62, 63, 64, 68f., 154
Judäische Wüste 167
Juda Makkabi 172, 173
Jüdischer Krieg, erster 140, 171, 199
Justinian I., byz. Kaiser 54

Kadesch Barnea 53, 54, 83, 103, 107, 138
Kain 90
Kaiphas, Joseph, Hohepriester 29, 212
Kairo 169
Kalach (heute: Nimrud) 23, 35, 39, 128
Kalebiter 56
Kana 199
Kanaan, kanaanäisch 16, 18, 22, 30, 32f., 34, 43, 44, 46, 48, 51, 53, 55, 56, 58ff., 63, 67, 69f., 71f., 74, 78, 80, 90, 93, 95, 100, 104, 125f., 129, 149, 159
Kapernaum 9, 19, 209f., 221
Karchemisch 151
Karmel, Berg 64
Karnak 35
Karthago 150
Kaufman, Asher 93
Kedar-Laomer, Kg. v. Elam 45
Kenas, Kenasiter 56
Kenyon, Kathleen 23, 24, 88, 94, 95, 152
Kermanschah 43
Kilikien (Türkei) 71
Kirjat-Sepher → Tel Beth Mirsim
Kirkuk 48
Kitchener, Horatio Herbert 13
Klein, F. A. 36
Kleopatra 183
Kochavi, Moshe 29, 68, 69
Kohl, Heinrich 19
Konstantin, Ks. v. Rom 127, 207, 213
Koralleninsel 101
Korazim 211
Kreta 71
Kujundschuk 156
Kuntilat Aschrud 64, 83
Kurch-Monolith 35
Kypros 183

238

Kyros II., d. Gr., Kg. v. Persien 42, 163, 164
Kyros-Zylinder 42

Laban 48
Lachis 15, 16, 23, 32, 39, 56, 58, 74, 76, 139, 154, 163, 221
Lais → Dan
Layard, Austen Henry 35, 39, 156
Lazarus 211
Lea 48 f., 56
Lea-Stämme, Nachkommen von Lea und Jakob 56
Levi, Jakobs Sohn u. israelitischer Stamm 56, 90
Libanon 13, 43, 102, 198
Lindner, Elischa 101
Löwenstein, S. 31
Loffreda, Stanislao 209
Lot, Neffe Abrahams 45
Lysias, griech. Feldherr 173

Macalister, Robert Alexander Stewart 18 f., 79, 88, 95, 100, 172 f.
Machaerus 180
Machpela 47
Makkabäer 166, 167, 172, 173, 174
Makkabäeraufstand 166 f., 172
Makkeda 58
Malki-Schua 84
Mamre 46, 47
Manasse, Jakobs Sohn u. israelitischer Stamm 56, 59, 62, 64, 71, 84
Manasse, Kg. v. Juda 150
Marescha 9
Mariamne 179, 185
Mari-Archive 34, 126
Masada 26, 174, 183, 221 f.
Masseba (Pl. Massebot) 47, 70, 150, 152
Mattathias aus Modiin, Priester 166 f., 171, 174
Mattathias Antigonos II., Hasmonäer-Herrscher 178, 179
Matthiae, Paolo 32
Mazar, Benjamin 25, 26, 68, 89, 102, 151, 193
Medinet Habu 71 f.
Megiddo 22, 31, 32, 58, 68, 72, 74, 90, 93, 96, 97, 98 ff., 109, 129 f., 130 f., 132, 133, 134 f., 151, 161, 222
Merenptah, ägypt. Pharao 34, 54, 71
Merom 58
Mesa, Kg. von Moab 36, 55
Mesa-Stele 15, 83
Meshel, Zeev 83
Mesopotamien 15, 23, 30, 32, 34, 35, 44, 55, 195
Micha, Prophet 18
Midian, Midianiter 53, 70, 102
Migdol 53
Mizpa 67, 68, 93, 136 f.
Mizpe Ramon 103
Moab 35 f., 54, 55, 71, 83, 85, 151

Moschaw Lachis 157
Moses 44, 51 ff., 55, 64, 90, 104
Muraschu-Dokumente 41 f.
Mykene, mykenisch 15, 78

Nabatäer 22, 25
Nachor 44
Nadab, Kg. v. Israel 128
Naphtali, Jakobs Sohn und israelitischer Stamm 56, 62, 64
Natan 91
Naveh, Joseph 152
Nazareth 8, 207 f., 209, 222 f.
Nebukadnezar II., Kg. v. Babylonien 23 f., 39 f., 43, 93, 106, 138, 140, 144, 147, 153 ff., 156, 157, 162
Necho, ägypt. Pharao 151
Negev 23, 25, 47, 55, 61, 63, 72, 103, 137, 138, 139
Nehemia 165
Netzer, Ehud 173 f., 180 f.
Ninive 39, 156
Nippur (heute: Niffer) 41
Nuzi (heute: Jorgan Tepe) 48 f.

Oktavian → Augustus
Omri, Kg. v. Israel 20, 35, 36, 128
Ophir 101
Osmanisches Reich 21, 189

Palästina 8, 9, 11, 13, 14, 15, 16, 18, 21, 22, 25, 127
Palestine Exploration Fund 11, 13, 14, 15
Paneas → Caesarea Philippi
Paran, Berg 64
Paulus 29, 211
Pekach, Kg. v. Israel 132
Peleg (Paliga) 44
Pentapolis (Philist. Fünfstädtebund) 74
Pentateuch (Die fünf Bücher Mose) 55
Penuël (heute: Tulul edh-Dahab) 127
Per-Atum → Pithom
Perisiter 62, 64, 98
Persisches Reich 42, 43, 163, 166, 211
Petach Tikwa 29
Petrie, Flinders William Matthew 15 f., 20, 23, 80, 155
Petrus, Jünger Jesu 209 f., 211
Pettinato, Giovanni 32
Pharaoneninsel → Korralleninsel
Pharisäer 171, 172
Phasaël 185
Philippus, Jünger Jesu 211
Philistäa, Philister 9, 18, 21, 26, 55, 67, 69, 71–80, 84, 85, 102, 137, 144
Phöniker 81, 83, 88, 93, 99, 101, 102, 111, 122, 136, 142, 150, 213
Pilatus, Pontius, röm. Prokurator 186
Pithom (heute: Tell el-Maschuta) 50, 51

Pompejus 173
Pritchard, J. B. 135
Ptolemäer 166
Ptolemäus, Schwiegersohn des Mattathias 174

Qarqar 35, 131
Qumran 26, 167–171, 209, 223

Rachel 48 f., 56
Ramallah 176
Ramat Rachel 152
Ramla 15
Ramot in Gilead 35
Ramses (Per-Ramses) → Tanis
Ramses II., ägypt. Pharao 51, 71
Ramses III., ägypt. Pharao 22, 71
Ramses IV., ägypt. Pharao 22
Rehabeam, Kg. v. Juda 9, 100, 112, 136, 159
Reich, Ronny 172
Reisner, George Andrew 20, 21, 204
Rephaimebene 72
Rephaiter 62
Resaiehsee 30
Revadim, Kibbuz 73
Revivim 103
Robinson, Edward 8 f., 11, 19, 23, 25, 139, 149
Rotes Meer (hebr. Jam Suph = Schilfmeer 53 f., 83, 101
Rothenberg, Beno 101, 102
Ruben, Jakobs Sohn u. israelitischer Stamm 56, 61, 62

Sadduzäer 171 f.
Salmanassar III., Kg. v. Assyrien 35, 39
Salmanassar V., Kg. v. Assyrien 37
Salome-Alexandra, Hasmonäer-Herrscherin 173, 174
Salomo, Kg. v. Israel 13, 15, 18, 19, 22 f., 34, 51, 89, 90, 91, 92–111, 112, 128, 130, 131, 136, 137, 178
»Salzstadt« 167
Samal 93
Samaria 20, 21, 22, 23, 25, 37, 89, 127, 128 ff., 130, 132, 135, 153, 179, 204 f., 223
Samarisches Bergland → Ephraimgebirge
Samariter 128
Samuel 84
Sanherib, Kg. v. Assyrien 23, 37 f., 90, 110, 139, 147, 154, 156 ff.
Sara 47, 48
Sargon, Kg. v. Akkad 52
Sargon II., Kg. v. Assyrien 37, 128, 130, 135, 144, 147
Sartaba → Alexanderion
Saul, Kg. v. Israel 9, 13, 20, 21, 72, 74, 75, 84, 90, 97, 107, 138, 151
Schaphan 152

239

REGISTER

Scheschonk I., ägypt. Pharao 34f., 100, 110, 127, 136
Scheschbazzar 164
Schicher (heute: Wadi el-Arisch) 72
Schikmona 102f., 216f.
Schilfmeer → Rotes Meer
Schilo 9, 72, 93, 111
Schliemann, Heinrich 15
Schuhmacher, Gottlieb 98
Schwarzer Obelisk 35, 39
Sde Boker 103
Sebaste → Samaria
Sebulon, Jakobs Sohn u. israelitischer Stamm 56, 58, 64
Seevölker 55, 71, 72, 74, 78
Seïr, Berg 64
Seleukiden 166, 173
Sellin, Ernst 19, 23, 127
Serabit el-Chadim 80
Serubbabel 43, 164
Serug (Sarugi) 44
Sesostris III., ägypt. Pharao 127
Sethos I., ägypt. Pharao 51
Shiloh, Yigal 87f., 95, 96, 151
Sichem (heute: Tell Balatha) 33, 46, 55, 67, 70, 93, 127
Sichon, Kg. der Amoriter 55, 139
Sidon 198
Sile (heute: Tell el-Heir) 53
Silwan (Siloam) 95, 140ff.
Simeon, Jakobs Sohn u. israelitischer Stamm 56, 64
Simon 167, 172, 173, 174, 176, 178
Simon-Petrus → Petrus
Simson 72
Sinai 8, 13, 54, 61, 80, 83
Sinai, Berg 54, 64
Siph 149
Sirrhonisches Meer 53
Sisera 58
Smith, Eli 8f.
Socho 9
Soko 149
Starkey, John Lesley 23f., 155f., 161, 162
Stekelis, Moshe 25
Stratonsturm → Cäsarea
Suezkanal 53

Sukenik, Eliezer Lipa 23, 25f., 140, 167
Sukkot (heute: Teku) 50, 51, 53
Sumerer 30, 129
Syrien 22, 30, 32, 34, 35, 39, 55, 85, 90, 93, 99, 166, 169, 173

Tabor, Berg 64
Tanis (bibl.: Zoan u. Per-Ramses) 50, 51, 53, 54
Tarschisch 101, 137
Teku → Sukkot
Tel Aphek 29
Tel Arad 103ff., 110, 223f.
Tel Aviv 102
Tel Beerscheba 8, 20, 48, 56, 67, 90, 103, 107ff., 150, 151, 224
Tel Beth Mirsim 20f., 56, 58, 67, 68
Tel Dan 34, 46, 79, 92, 107, 112, 122–127, 150, 151, 224
Tel Lachis → Lachis
Tell Balatha → Sichem
Tell ed-Duweir → Lachis
Tell el-Akaba 183
Tell el-Cheleife 22, 67, 101
Tell el-Dschudede (Moreschet-Gat?) 18
Tell el-Far'a – Tirza
Tell el-Ful → Gibea
Tell el-Heir → Sile
Tell el-Hesi 15, 16, 56, 58, 67, 136, 155
Tell el-Hosn → Beth Schean
Tell el-Hum → Kapernaum
Tell el-Meschasch (auch: Horma) 67
Tell el-Qeda → Hazor
Tell en-Nasba → Mizpa
Tell es-Safi → Gat
Tell es-Sultan → Jericho
Tell Mardich → Ebla
Tell Quasile 75ff., 102, 224
Tell Ta'inat 93
Teman, Berg → Kuntilat Adschrud
Terach 44
Teraphim 48f.
Theben 34, 51, 72
Thutmosis III., ägypt. Pharao 34
Tiberias 8, 207

Tiglathpileser III. (bibl.: Pul), Kg. v. Assyrien 100, 132
Timna 23, 102
Tirza 79, 127f.
Titus, röm. Ks. 189
Tobler, Titus 9
Totes Meer 26, 61, 63, 151, 167, 174, 205, 209
Transjordanien 36, 54, 55, 61, 139
Troja 15
Tryphon, griech. Feldherr 173, 176
Türkei 30, 71, 93
Tur-Sinai, H. 162
Tyros 93

Ur in Chaldäa 44f.
Usia, Kg. v. Juda 92, 137f., 140, 144, 161
Usshishkin, David 29, 140, 142, 155f., 156, 160

Vansee 30
Vaux, R. de 169
Via maris 13, 72
Vincent, L. H. 92

Wadi Tumilat (Ägypten) 50
Warren, Charles 11ff., 19, 87, 191, 193
Watzinger, Carl 19, 23, 127
Wilson, Charles William 11, 13
Wright, G. E. 127

Yadin, Yigael 19, 22, 23, 26, 59, 97, 98, 100, 110, 133, 134, 162f., 167, 213
Yeivin, Shmuel 25
Yeivin, Zeev 211

Zadok, Hohepriester 51, 91
Zedekia, Kg. v. Juda 40, 154
Zereda 111
Zertal, Adam 65, 67
Ziklag 72, 74, 139
Zimrilim, Kg. v. Mari 34
Zippora 53